Erin Falconer
How to Get Shit Done

Erin Falconer

How to Get Shit Done

Wie wir Frauen lernen, weniger zu tun,
um mehr zu erreichen

Aus dem Amerikanischen
von Nikolas Bertheau

Die amerikanische Originalausgabe »How to Get Sh*t Done« erschien 2018 bei North Star Way, New York / USA, einem Imprint von Simon & Schuster.

Externe Links wurden bis zum Zeitpunkt der Drucklegung des Buches geprüft. Auf etwaige Änderungen zu einem späteren Zeitpunkt hat der Verlag keinen Einfluss. Eine Haftung des Verlags ist daher ausgeschlossen.

Bibliografische Information der Deutschen Nationalbibliothek

Die Deutsche Nationalbibliothek verzeichnet diese Publikation in der Deutschen Nationalbibliografie; detaillierte bibliografische Daten sind im Internet über http://dnb.d-nb.de abrufbar.

ISBN 978-3-86936-972-3

Lektorat: Christiane Martin, Köln | www.wortfuchs.de
Umschlaggestaltung: Martin Zech Design, Bremen | www.martinzech.de
Titelillustration: Isabel Große Holtforth, Maisach
Autorenfoto: Revolution Pix
Satz und Layout: Das Herstellungsbüro, Hamburg | www.buch-herstellungsbuero.de
Druck und Bindung: Salzland Druck, Staßfurt

Wir drucken in Deutschland.

www.gabal-verlag.de
www.facebook.com/Gabalbuecher
www.twitter.com/gabalbuecher
www.instagram.com/gabalbuecher

PEFC zertifiziert
Dieses Produkt stammt aus nachhaltig bewirtschafteten Wäldern und kontrollierten Quellen.
www.pefc.de

Für Jocelyn und London,
die Vergangenheit und die Zukunft

Inhalt

Einführung: Wer bin ich und was will ich?

Zwölf Jahre lang (von meiner Einschulung als Fünfjährige bis zu meinem Schulabschluss) besuchte ich »Balmoral Hall«, die beste Privatschule für Mädchen in Winnipeg in der kanadischen Provinz Manitoba. Als ich in der neunten Klasse war, öffnete die bis dato beste Privatschule für Jungen ihre Pforten für Mädchen und ich verlor ein Drittel meiner Klassenkameradinnen, denn natürlich galt die Jungenschule als die bessere Schule. *Na toll.*

Ich wurde zur Schulsprecherin gewählt. Ich war Kapitänin der Debattiermannschaft. Ich hielt die Schülerinnenrede auf der Schulentlassungsfeier. Ich erhielt ein Vollstipendium für einen Sommerkurs an der »Oxford University«. Ich spielte Saxophon.

In meinem letzten Frühjahr an der Schule begann ich mich mit Stand-up-Comedy zu beschäftigen.

Mein Schock wurde nur noch von meiner Wut übertroffen, als mich Harvard auf die Warteliste (!) setzte – hätte ich also doch zu dieser bescheuerten Jungenschule wechseln sollen?

Und noch einmal wurde mein Schock nur von meiner Wut übertroffen, als die »McGill University« mir zu verstehen gab, wie egal ihr meine Anwesenheit war – oder warum verpasste sie mir im ersten Studienjahr Noten mit einem Schnitt von B–?

Ich legte mich nur noch mehr ins Zeug. Lernte, Gauloises zu rauchen. Hatte nacheinander einen asiatischen, einen israelischen und einen arabischen Freund (bitte nicht lachen!). Man könnte sagen, ich wurde Kosmopolitin – *über Nacht.* Zum ersten Mal verliebte ich mich in eine Stadt und in Poutine (eine Lokalspezialität). Ich machte meinen Abschluss mit Auszeichnung. Ich schüttelte meine »Law School Admission Tests« aus dem Ärmel und war auf dem besten Weg zum Jurastudium, als ich mich auf einmal fragte: Warum den einfachen Weg gehen?

Und so zog ich nach Toronto, um Schriftstellerin zu werden.

Sich der Tatsache wohl bewusst, dass jedes Testergebnis von unter 90 Prozent – und sei es nur ein Augentest – ihrer Tochter eine schlaflose Woche bescheren würde, signalisierten meine Eltern verhaltene Unterstützung und trösteten sich mit dem Gedanken, dass dieser Ausbruch von Lebensfreude ein kreatives, erfüllendes Experiment bedeutete, das doch gewisslich mit meiner Zulassung zur »Osgoode Hall Law School« ein Jahr später sein glückliches Ende finden würde.

Fünf Jahre später saß ich, übernächtigt von vielen kellnernd verbrachten Abenden, in einem Café in Toronto – »Eggspectation« – meinen Eltern gegenüber. Sie hatten sich ins Flugzeug gesetzt, um mir auf freundliche, kanadische Art die Meinung zu sagen. Ich sehe meinen Vater noch vor mir, wie er mit besorgtem Gesichtsausdruck verkündete: »Du hast das hier jetzt lange genug gemacht.«

»Das finde ich auch!«, sagte ich mit aller Bestimmtheit. Ein erleichtertes Lächeln (wussten wir doch, dass du früher oder später zur Vernunft kommen würdest!) erhellte die Gesichter meiner Eltern. »Und deshalb habe ich beschlossen, dass ich, wenn ich diesem Traum eine echte Chance geben will, nach Los Angeles gehen muss«, verkündete ich stolz.

Kaffee regnete über den Tisch.

Drei Tage nach 9/11 flog ich nach Winnipeg zurück, sprang in den alten Toyota Camry meiner Eltern und fuhr geradewegs über die Grenze bis hinunter nach L. A.

Ich hatte kein Geld – 700 kanadische Dollar, um genau zu sein. Ich hatte keine Papiere. Und keinen Plan.

Die nächsten zehn Jahre waren die totale Achterbahnfahrt. Ich schlug mich mit diversen Gelegenheitsjobs durch. Aufgrund des besonderen Status, den mir meine Ausbildung verschaffte (Kanadas Harvard sei Dank!), erhielt ich schließlich mein Arbeitsvisum, und meine Eltern erwähnten meine Juristenkarriere immer seltener. Alles sah vielversprechend aus. Ich schrieb fünf Drehbücher, drehte zwei Kurzfilme, die Festivalnominierungen erhielten, bewegte mich auf Inlineskates, lebte in Venice Beach, verliebte mich bis über die Ohren und wurde Ehrenbürgerin von Los Angeles.

Alles war perfekt. Bis …

Nach fünf Jahren in L. A. ereilte mich eine persönliche Tragödie (die Stoff genug für ein eigenes Buch böte). Ein Jahr später – 2008 – crashte die Wirtschaft. Mein Partner und ich verloren alles.

Wir trennten uns.

Ich blieb ohne Auto.

Mein Haus wurde gepfändet.

Mein Visum lief aus.

Ich war ruiniert.

Die Worte meines Vaters schossen mir wieder und wieder durch den Kopf: Du hast das hier lange genug gemacht. DU HAST DAS HIER LANGE GENUG GEMACHT! Ich hatte es komplett vermasselt. Wenn es einen Weg gab, den ich hätte einschlagen sollen, hatte ich den Hinweis dazu übersehen. Oder ich hatte ihn bekommen, aber ignoriert. Mein ganzes Leben lang war ich der kleinen Stimme in meinem Kopf gefolgt, die mir sagte, wo es langgeht. Als ich den Brief meiner Hypothekenbank mit der Aufforderung in der Hand hielt, mein Haus »binnen 90 Tagen zu räumen«, war mir, als hätte mich diese Stimme zum ersten Mal im Stich gelassen.

Ich hatte der Welt jene Person zeigen wollen, von der ich wusste, dass sie in mir steckte – jenes ehrgeizige Mädchen, das es mit der Welt aufnehmen konnte. Stattdessen bekam ich nichts, aber auch gar nichts auf die Reihe. Schlimmer noch, ich konnte meine Puzzleteile kaum finden, geschweige denn zusammensetzen. Ich wusste schlicht nicht mehr, wer ich war. Mit Sicherheit aber war ich nicht das Tausendsassa-Mädchen, für das ich mich immer gehalten hatte.

Ich gab also auf, kapitulierte und plante meinen reumütigen Rückzug in das elterliche Haus in Kanada – mit »Ihr wusstet es schon immer«-Tattoo auf der Stirn. Ich musste mich damit abfinden, dass ich nicht dafür bestimmt war, L. A. zu erobern. Ich konnte kaum meine Miete bezahlen, geschweige denn mich als Schriftstellerin über Wasser halten. Schluchzend begann ich, mein Leben einzupacken und mich für den Umzug bereit zu machen.

Und an diesem seinem tiefsten Punkt begann sich mein Leben zu drehen.

Und eines kann ich Ihnen sagen: Wenn Sie Gott zum Lachen bringen wollen, brauchen Sie ihm nur Ihre Pläne zu erzählen.

In einem letzten verzweifelten Anlauf hatte ich mich für einen Job als Texterin beworben, den ich auf Craigslist gesehen hatte – und bekam ihn. Es war eine mit 15 Dollar in der Stunde bezahlte regelmäßige Schreibtätigkeit für ein kleines Persönlichkeitsentwicklungs-Start-up. Anfangs erschien mir das wie ein gewaltiger Dämpfer für mein Ego. Das waren nicht gerade die Art Texte, die zu schreiben ich mir vorgestellt hatte, als ich nach L. A. zog. Damals hatte ich mir vorgestellt, wie George Clooney mir meinen Oskar und seine Telefonnummer überreichen würde. Dieser Job war weder berauschend noch heldenhaft, aber ich befand mich nun einmal in einer Notlage und musste mir irgendwie Zeit erkaufen.

Ich stürzte mich mit Haut und Haaren in den Job und war in der Tat ziemlich gut darin. Ja, sogar mehr als das. Ich leistete gute Arbeit, knüpfte Kontakte und lernte viel über das Internet. Ich übernahm die Leitung eines kleinen Blogs namens »Pick the Brain« und mit dem Blog wuchs mein Selbstvertrauen. Binnen zweier Jahre wuchs PTB zu einer der erfolgreichsten Persönlichkeitsentwicklungs-Adressen im Netz heran und ich war die Chefredakteurin und Miteigentümerin. Irgendwann wurde mir klar: Ich lebte meinen Traum: Ich bezahlte meine Miete von meinen eigenen Worten! Was ich nicht erwartet hatte, war, wie viel ich am Ende von den Hunderten von Persönlichkeitsentwicklungs-Autoren lernte, die ich redigierte und betreute. Wie hätte ich, als ich anfing, wissen können, dass wir am Ende anderen Menschen helfen würden, genau die beschissenen Entscheidungen nicht zu treffen, die ich getroffen hatte. Es fühlte sich richtig, richtig, richtig gut an, anderen zu helfen, ihren eigenen Weg zu finden.

Mit den Jahren setzte noch eine andere Wandlung ein. Ich begann mich an das Tausendsassa-Mädchen zu erinnern, das ich gewesen war, bevor mir das Leben ins Gesicht trat. Ich verbrachte große Teile meiner Arbeitstage damit, Persönlichkeitsentwicklungs-Texte von Menschen zu lesen, die so viel klüger waren als ich, und verdammt, es funktionierte. »Pick the Brain« half mir, die Puzzlestücke meines Lebens wieder zusammenzufügen und mich wieder in die Verfassung zu bringen, die ich brauchte, um jenes sich in einem fort entschuldigende, immer ängstliche und zimperliche Wesen abzuschütteln, das ich mit Anfang 20 geworden war. Hier nun lernte ich, mein Ding zu machen und mich einen Sch* darum zu kümmern, was andere von mir erwarteten.

Zwei Jahre später sammelten meine Partnerin Geri Hirsch und ich eine Million US-Dollar ein, um unser eigenes Lifestyle-Start-up namens LEAFtv zu starten – die erste In-Video-Shopping-Site im Netz. Ich hatte mehr als 300 Autoren aus aller Welt, die für »Pick the Brain« schrieben. Das Wirtschaftsmagazin Forbes listete den Blog 2013 unter den »100 einflussreichsten Websites für Frauen«.

Wieder zwei Jahre später wurde LEAF vom börsennotierten Unternehmen Demand Media – der heutigen Leaf Group – übernommen. Geri und ich wurden ebenfalls für zwei Jahre »übernommen«.

Ich hatte es geschafft!

Wirklich ...?

———

Vor etwa drei Jahren jonglierte ich also mit zwei erfolgreichen Unternehmen in einer Branche, die niemals schläft, als eine abgefahrene New Yorker Literaturagentin bei mir anklopfte und mich fragte, ob ich nicht Lust hätte, ein Buch zu schreiben.

Ob ich ein Buch schreiben wollte?????

Also ... MEIN GOTT, HALLO, ICH BIN'S, MARGARET!*

Dies und nichts anderes war der ganze Grund gewesen, warum ich überhaupt nach Los Angeles gekommen war.

Aber wie in aller Welt sollte ich das anstellen? Und was das absolut Absurdeste war: Sie wollten, dass ich ein Buch über Produktivität schreibe! Aber wie es aussah, hatte ich keine Wahl.

Ich musste irgendwie die Zeit dazu finden.

Wir unterzeichneten die Papiere, und 13 Jahre nach meinem Umzug nach L. A. war ich offiziell eine Autorin unter Vertrag. Ich konnte es kaum fassen.

———

* Anspielung auf den 1970 erschienenen Jugendroman der US-amerikanischen Schriftstellerin und Pädagogin Judy Blume »Are You There God? It's Me, Margaret«

Sieben lange Monate gingen ins Land, und ich hatte kein einziges Wort geschrieben. Kein. Einziges. Wort.

Zu meiner Überraschung ließ die Begeisterung von der New Yorker Seite nicht nach – wenn überhaupt, nahm sie noch zu. Man ließ mich nicht vom Haken. Ich machte mir Vorwürfe. Wie konnte ich mir diese Chance entgehen lassen? Wie konnte ich einfach nichts tun? Ich!?

Einen Monat später war ich nahe daran, das Handtuch zu werfen. Auf meinem Plan stand ein Telefongespräch mit meiner Agentin, um ihr von meinen letzten bescheidenen Überlegungen zum Produktivitätsbuch zu berichten, mit dem ich einfach nicht weiterkam. Guter Scherz. In Wahrheit wollte ich ihr sagen, dass der Augenblick nicht der richtige wäre und ich passen müsste.

Und das hätte ich getan, hätte ich nicht kurz vor dem Anruf eine ganz bestimmte E-Mail gelesen.

Als ehemalige Schülerin der besten Mädchenschule Winnipegs bekomme ich monatlich einen Newsletter mit der Betreffzeile »Calling All Crestlines«, was frei übersetzt bedeutet: »Schreib uns und berichte uns über deine Erfolge im Leben.« Drei oder vier Jahre lang hatte ich regelmäßig diese E-Mails bekommen. Und jedes Mal hatte ich sie geöffnet und mir all die tollen Errungenschaften der Ehemaligen angeschaut:

»Mary Joe Clairmont, geb. Smith, Jg. 96, hat soeben ihren ersten Nachwuchs Max zur Welt gebracht«; »Barbara Goldberg, geb. Rosen, Jg. 99, wurde an der Dalhousie University zum Masterstudium der Ingenieurswissenschaften zugelassen«; »Ginnie Rotthousen, geb. Flugaelsteen, Jg. 57, hat ihren neuen Golden Retriever erfolgreich stubenrein gemacht«.

Und seit drei oder vier Jahren sagte ich mir jeden Monat: Ich kann es gar nicht erwarten, selbst einmal etwas vermelden zu können. Vielleicht im nächsten Monat!

Kurz bevor ich mich zum Gespräch mit meiner Agentin einwählte, poppte also der monatliche Calling-All-Crestlines-Newsletter auf meinem Bildschirm auf, und ich scrollte mechanisch durch die Meldungen und wollte schon innerlich sagen: Ich kann es gar nicht erwarten, selbst einmal etwas vermelden zu können, als ich mir selbst ins Wort fiel.

»Willst du mich verarschen?«, sagte ich laut.

Du wünschst, du hättest etwas zu vermelden???

Wie wäre es mit ... nun ja, vielleicht damit:

Du betreibst einen der meistbeachteten Persönlichkeitsentwicklungs-Blogs der Welt, hast dein Start-up nach nur zwei Jahren an ein börsennotiertes Unternehmen verkauft, stehst auf einer Forbes-Top-100-Liste, wurdest als eine der Top-Influencer in Los Angeles bezeichnet, hast heute 400 Leute, die für dich schreiben, wurdest zweimal eingeladen, einen TEDx-Talk zu halten, und hast in den sozialen Netzwerken mehr als EINE MILLION Follower ...

Und als ich all das aufzählte – und echt stolz auf mich hätte sein können! – wurde mir stattdessen bewusst, wie müde und vergleichsweise unglücklich ich war. Ich rechnete mir all das Erreichte nicht an. Und vielleicht zählte das alles in meinen Augen einfach nicht. Ich schaute in keinem Augenblick zurück – ich hetzte nur immer weiter zum Nächsten ... und zum Übernächsten! Mit anderen Worten: Ich war produktiv wie nur was, aber nicht nach meinen eigenen Maßstäben.

Und das war der Augenblick, als es mir zu dämmern begann!

Ich musste noch einmal von vorn beginnen. *Wieder einmal.* Ich musste herausfinden, was für mich selbst zählte und wie ich etwas schaffen und dabei meinen eigenen Werten und Zielen als Mensch und als Frau treu bleiben konnte. Ich wusste, dass das Zeit brauchen würde, aber ich wusste auch, dass ich da etwas Wichtigem auf der Spur war. Und weil ich, wenn eines, dann ehrgeizig bin, sagte mir mein Gefühl, dass ich einen Pfad zur Produktivität finden würde, den auch andere Frauen würden nutzen können.

Ich rief also meine Agentin an, und meine Stimme zitterte vor Aufregung.

Ja, ich werde dieses Buch schreiben!

Und ja, es wird darin um Produktivität gehen!

»Calling All Crestlines«:

»Erin Falconer, geb. Falconer, Jg. 92, wird ein Buch schreiben, in dem sie Produktivität von Frauen im 21. Jahrhundert neu definiert. Lest alles darüber. Sofern ihr die Zeit dafür erübrigen könnt ...«

Teil I

Sein

Die Macht von POP

1. Kapitel – POP (Persönlichkeit, Ort, Produktivität)

Freud fragte einst: »Was wollen Frauen?«

Verdammt. Gute. Frage.

Was ich daran am interessantesten finde, ist, dass Männer, wie es scheint, sich diese Frage regelmäßig stellen, Frauen aber so gut wie nie. Oder wenn, dann beladen mit Schuldgefühlen. (Ich kann mich nicht mit solchen Fragen abgeben, wenn ich in derselben Zeit anderes erledigen könnte oder sollte.) Frauen sind im klassischen Sinn des Wortes der Inbegriff von Produktivität. Mir fällt (außer der Blattschneiderameise) keine Spezies ein, die mehr auf die Reihe kriegt – angefangen mit der Erzeugung und dem Überleben der Gattung Mensch. Und doch wurden wir Frauen bis vor sehr Kurzem irgendwie – irgendwie – und ganz besonders durch unsere eigene Brille immer als zweitklassig wahrgenommen. Wir haben ständig das Bedürfnis, unseren Wert unter Beweis zu stellen, wo dieser doch jedem Wesen oder Ding im Umkreis von einhundert Meilen rund um den Planeten offensichtlich sein sollte.

Wir leisten eine ganze Menge, nicht wahr? Jeden Tag ein bisschen mehr – mit jeder neuen App und jedem neuen Tool. Nur dass diese modernen Tools (die besonders Frauen zugutekommen – ich werde darauf noch zurückkommen) doch eigentlich dazu genutzt werden sollten, um Zeit freizumachen, um – nun ja – leben zu können. Aber wie Frauen nun einmal so sind: Wie werden diese Tools genutzt? Richtig: um Zeit zu sparen. Und um in dieser Zeit dann noch mehr zu leisten.

Studien belegen, dass Frauen täglich im Schnitt ein bis drei Stunden länger arbeiten als Männer, wenn wir die unbezahlte Arbeit zu Hause mit einrechnen. Richtig: Nach einem vollen Arbeitstag im bezahlten

Job (in dem Sie freilich nur vier Fünftel dessen bezahlt bekommen, was Ihr männlicher Kollege für dieselbe Arbeit erhält) eilen Sie nach Hause, um sich noch ein paar Stunden um die Kinder, das Abendessen und die Wäsche zu kümmern. Und scheint es uns nicht, als wären wir, je mehr wir leisten, nur umso unzufriedener, manischer und gestresster? Anfänglich fühlt sich das gut an, so über den Tag alles auf die Reihe zu kriegen. Aber das ist wie eine Droge. Das Hochgefühl verfliegt, und am Ende des Tages sind wir erschöpft – mit schmerzendem Rücken von all der Plackerei.

Es ist absurd.

Aber warum ist das so? Wie kommt es, dass wir fleißiger sind denn je, aber dennoch nicht das Gefühl haben, irgendwo anzukommen? Was ich denke, ist dies: Viele von uns wissen gar nicht, was uns glücklich und zufrieden machen würde. Oder dass wir ein Gefühl des Glücks und der Zufriedenheit verdienen. Überdies nehmen wir uns nicht die Zeit zu analysieren, was wir tun müssten, um unsere besten Seiten zum Vorschein zu bringen. Klar, vielleicht haben wir eine vage Vorstellung davon, was uns gefällt und woran wir Spaß haben (Freitagabende mit Pizza, Wein und Freundinnen oder zuschauen, wie meine Kinder die Welt entdecken), aber wir nehmen uns nicht die Zeit, uns klar zu machen, was uns wirklich glücklich und zufrieden macht und uns Energie schenkt, statt sie zu rauben, und was aus dieser Erkenntnis für unser zukünftiges Verhalten folgen sollte. Ohne dieses Gefühl der Erfüllung – und der tieferen Zweckhaftigkeit unseres Tuns – wird wahre »Produktivität« für immer unerreichbar bleiben.

Also das müsste es sein: Wir werden im Leben nach dem beurteilt, was wir leisten. Und an Frauen werden regelmäßig strengere Maßstäbe angelegt. Eine Studie der New York University kommt zu dem Ergebnis, dass Frauen im Job sehr viel mehr leisten müssen als Männer, um als ebenso produktiv wahrgenommen zu werden. Wir frönen also weiter dem Trott. »Wie es mir geht? *Bestens.* Ich habe heute so viel geschafft!« Wir wünschen uns ein tadellos aufgeräumtes Zuhause, gesunde und wohlschmeckende Mahlzeiten, eine steile berufliche Karriere, artige Kinder, spirituelle Erfüllung, vorbildliches gesellschaftliches Engagement, heißen Sex und zu allem auch noch Zeit zum Ausspannen. Aber hier ist der Knackpunkt: Wenn wir Frauen weiter um der Produktivität willen produktiv sind, ernten wir damit am Ende das Gegenteil von Zufriedenheit.

Vielleicht kommen Sie sich wie der produktivste Mensch auf Erden vor, aber ohne ein Ziel sind Sie bestenfalls fleißig.

Die Vorgeschichte

Ich denke, es ist wichtig, dass wir uns diese Geschichte kurz anschauen – wie es dazu gekommen ist und wie unsere Beziehung zu Produktivität, Erfolg und Glück aussieht. In einer 140-Zeichen-Welt geht besagte Geschichte ungefähr so:

Alte – also wirklich alte – Produktivität bedeutete für uns Frauen: ein Kind gebären. Wenn wir das geleistet hatten, konnten wir getrost mit ca. 45 sterben – in dem Bewusstsein, dass wir superproduktiv waren und alles geleistet hatten, was von uns erwartet wurde. Fertig.

Nur dass nach einer Weile Fragen aus dem Unterbewusstsein durchzusickern begannen: Wenn wir lediglich einem biologischen Imperativ folgen, wo bleibt da unser individueller Wert? Und dann hörten die Fragen nicht mehr auf.

Cut in die Gegenwart: Seit Generationen versuchen wir nun schon zu zeigen, dass wir nicht nur einem biologischen Imperativ folgen, sondern weit mehr wert sind als die Summe unserer körperlichen Kräfte und mentalen Fähigkeiten. Besser. Intelligenter. Schneller. *Weil Frauen dazu in der Lage sind.* Wir sind nicht bloß Gebärmaschinen.

Und dann kam das Internet. Und hier schließt sich der Kreis.

Warum?

Weil sich die Mittel der Macht zum ersten Mal in der Geschichte der Menschheit zugunsten der Frauen verschieben.

Eine Kurzvorstellung der MDM (Mittel der Macht)

Das ursprüngliche Mittel der Macht (MDM) war die Körperkraft. 1:0 für die Männer. Es folgte die Kraft des Verstandes (etwas, das den Frauen lange Zeit abgesprochen wurde). 2:0 für die Männer. Aber jetzt ist das neue Mittel der Macht und der ultimative Powerfaktor (gleich nach der Erhaltung der menschlichen Gattung natürlich): Informationen. Und, ja, das könnte der Überraschungssieg für die Annalen werden. Der Zugang zu Informationen und die Möglichkeit, sie zu teilen, nehmen mit Lichtgeschwindigkeit zu. WWW – drei Buchstaben, die nicht nur die Welt, sondern mit ihr die Spielregeln verändern. Der Besitz von Informationen, die Mittel der Kommunikation und die Möglichkeit, Ideen ohne die traditionellen hierarchischen Strukturen zu teilen, die Frauen ehemals benachteiligten, bedeuten ganz neue berufliche Möglichkeiten. Weil Berufswege nicht länger an traditionelle Rollen gebunden sind, herrscht nun Chancengleichheit. Und wir machen Fortschritte. *Große Fortschritte.* Heute sehe ich rund um mich herum erfolgreiche, produktive, inspirierte und sehr einflussreiche Frauen. Und doch hängt da immer noch ein Schleier über uns.

> Der Zugang zu Informationen und die Möglichkeit, sie zu teilen, nehmen mit Lichtgeschwindigkeit zu. WWW – drei Buchstaben, die nicht nur die Welt, sondern mit ihr die Spielregeln verändern.

Warum?

Ich sehe das so: Viele von uns Frauen sind verzweifelt bemüht, Trophäen zu sammeln oder aber irgendwie durch den Tag zu kommen. Weder das eine noch das andere macht glücklich. Unsere Welt, unsere Bücherregale und Twitter-Feeds sind überladen mit viel zu vielen Analysen, wie wir noch mehr schaffen können, und viel zu wenigen Analysen, was nötig wäre, damit wir Frauen Glück und Erfüllung finden. Das meine ich jetzt nicht im Sinne so eines Selbstoptimierungsgeschwafels.

Und ich sollte es wissen. Ich verbringe viel Zeit mit meinem Blog, wo ich anderen darüber Reden halte, wie sie sich von ihren Ergebnissen lösen können, und sie ermuntere, sich – integer und maßvoll – kreativ auszuleben, um einfach zu *sein* und zu *machen*. Aber wenn ich es mir überlege: Was will ich meinen Leserinnen denn mit diesem Buch sagen? »Sei einfach«? Das klingt, wenn ich ehrlich bin, ein bisschen arg »New-Age«-mäßig. Das Gegenteil aber klingt noch weniger verlockend: eine endlose und nicht zu bewältigende Liste von zu erledigenden Aufgaben.

Aber was ist die glückliche Mitte zwischen Sein und Machen?

Da Sie schon dieses Buch lesen, darf ich annehmen, dass Sie bereits gut beschäftigt sind. Und so muss ich Ihnen sicherlich nicht sagen, wie Sie noch mehr in Ihren Tag quetschen können. Und das ist wunderbar, denn ich habe genau das Gegenteil vor. Ich werde Sie sogar auffordern, die meisten Ihrer Vorstellungen von Fleiß und Erfolg über Bord zu werfen. Denn nur so haben Sie am Ende die Chance, »Ihr Ding zu machen«.

Mit diesem Buch verbinde ich ein Ziel, das ziemlich hoch gesteckt erscheinen mag: eine veränderte Sicht von uns Frauen auf uns selbst im beruflichen und häuslichen Kontext. Das ist eine große Sache. Es ist die komplette Revision einer modernen hochkomplexen Psychologiegeschichte, in der wir Frauen viel zu lang durch das definiert wurden, was erstens andere dachten, das wir es sein sollten, und zweitens wir auf verquere Weise selbst dachten, das wir es sein sollten. Endlich haben wir nun eine Position erreicht, von der aus die Erlösung nicht mehr weit ist: Wir haben die Stärke und wir haben die Tools – wir müssen nur noch lernen, sie richtig einzusetzen. Mit geht es hier nicht allein um eine Modifikation der Regeln. Ich sage: Wir müssen die Regeln verstehen und anschließend in den Mülleimer schmeißen. Ich möchte, dass wir uns aus den Fesseln vorgefasster Annahmen, wer wir wären und was wir zu tun (und zu lassen) hätten, befreien und in einem bewussten Zustand leben, in dem einzig die Antwort auf folgende absolut fundamentale Frage zählt:

Was wollen wir Frauen?

Und zwar die von Frauen gegebene Antwort … von Ihnen, meine Leserinnen.

Wie wäre es zum Einstieg mit einer neuen Definition von Produktivität?

Ich weiß, dass eine Neukonzeption dessen, was weibliche Produktivität sein soll, absolut notwendig ist, wenn dabei am Ende ein lebenswertes Leben herauskommen soll.

Aber von vorn: Wie ist es möglich, Glück und Erfüllung in dem Sinne zu finden, dass wir in unserem Leben *wahrhaft* produktiv sind, solange wir uns selbst noch nicht einmal die fundamentalste aller Fragen gestellt haben?

Wer bin ich? Was gibt mir Kraft – also echte Kraft? In wessen Gegenwart geht es mir gut? Und natürlich: Was will ich wirklich?

Diese Fragen haben es in sich – nicht nur oberflächlich, sondern in ihrer Tiefe. Uns Frauen fällt ihre Beantwortung aufgrund unserer langen Geschichte der (äußeren wie inneren) Unterdrückung besonders schwer.

Ohne eine gründliche Analyse, wer wir sind und was wir wollen, werden uns selbst die mächtigsten Tools nicht vor dem Burn-out bewahren. Und genau das ist es, was ich zunehmend um mich herum beobachte.

Dieses drohende Burn-out – das ich nur zu gut aus eigener Erfahrung kenne – führte mich zu den Prinzipien, die das Zeug haben, wahre Produktivität zu ermöglichen. Drei Grundbegriffe kristallisierten sich für mich heraus: Persönlichkeit, Ort und Produktivität ... und siehe, der POP-Effekt war geboren.

Was ist POP?

POP kombiniert Ihre Persönlichkeit (P) – wer Sie sind – mit dem Punkt, an dem Sie sich als Frau im Leben und in der Welt befinden – Ihrem Ort (O) –, und erzeugt daraus Ihre ganz eigene Definition von Produktivität (P). In der Vergangenheit versäumten es die (meist männlichen) Produktivitätsgurus, P und O in die Rechnung einzubeziehen, wenn sie uns drängten, immer mehr und noch mehr zu leisten. Aber mit POP werden Sie ganz neu definieren, was produktiv zu sein für *Sie* persönlich in Ihrer spezifischen Situation bedeutet. Am Ende sieht Ihr Produktivitätsbegriff möglicherweise ganz anders aus als meiner. Und das ist der Punkt. Anstatt weiter einem Produktivitätsbegriff aufzusitzen, der lediglich nur immer mehr in Ihren Tag zu pressen versucht, werden wir viele konkrete, scheinbar wichtige (aber letztlich nur störende) Dinge in Ihrem Leben vereinfachen oder gleich ganz entfernen, um Platz zu schaffen für die viel wichtigeren, immateriellen, geheimnisvollen und höchst wirkungsvollen Dinge, die Ihrem Leben Klarheit und Leichtigkeit verleihen und Ihnen ein echtes Gefühl von Erfüllung und Sinnhaftigkeit vermitteln.

> POP kombiniert die Persönlichkeit (P) mit dem Punkt, an dem sich eine Frau im Leben und in der Welt befindet — dem Ort (O) —, und erzeugt daraus eine ganz eigene Definition von Produktivität (P).

Hier sind ein paar Dinge, denen wir in Zukunft keine Beachtung schenken wollen (und das wird sich verdammt gut anfühlen):

- Traditionelle Definitionen von Produktivität: Sie bilden ein starres System, das für Sie ohnehin niemals hätte funktionieren können.
- Ihre gegenwärtigen Vorstellungen, wie ein produktiver Tag aussehen müsste. Dieser vollgestopfte Kalender ist nicht Ihr Freund.
- Bei anderen Eindruck schinden, um das Gefühl zu haben, etwas wert zu sein.
- Tun, was andere von Ihnen erwarten. Sie wissen doch, dass man sagt, dass man sich als Erstes die eigene Sauerstoffmaske anziehen soll. Das ist es!

Wir werden in diesem Buch alle Schritte des POP-Systems und die Philosophien dahinter gründlich untersuchen und erklären. Zuerst aber will ich die Konzepte kurz vorstellen.

Wer sind Sie? (P für Persönlichkeit)

Wenn wir die Absicht haben, eine Vorstellung von Produktivität zu entwickeln, die auf Sie persönlich zugeschnitten ist, sollten wir zuerst einmal herausfinden, wer Sie sind. Oberflächliche Nabelschau reicht da nicht aus; bevor wir einen Handlungsplan entwickeln können, müssen wir uns selbst bis in die Tiefen kennen. Wenn wir diesen Schritt auslassen, wie es so viele von uns tun, sind wir am Ende nur permanent fleißig, ohne dass sich unser Leben wie unser eigenes anfühlt.

Ich werde Ihnen Übungen präsentieren, anhand derer Sie sich auf Ihre Träume und Sehnsüchte fokussieren können. Und das alles wird sich auf der Grundlage einer Praxis abspielen, die Ihnen vielleicht neu ist: *Selbstreflexion*. Diese neue Gewohnheit, von der wir hier Gebrauch machen wollen, ist zum Teil reine Beobachtung. Aber Sie werden bald sehen, wie sie einige unserer Verhaltensweisen verändern kann – insbesondere jene, die uns keine guten Dienste leisten.

Um zu verstehen, wie dieser Prozess funktioniert, sprach ich mit Dr. Anita Chakrabarti, Psychiaterin mit Schwerpunkt Selbstentwicklung. Sie ist zufällig meine Stiefmutter, zu der ich ein sehr nahes Verhältnis habe und mit der ich mich wunderbar geistig austauschen kann. Anitas Lebensaufgabe ist es, anderen zu helfen, sich selbst besser zu verstehen, und so war sie natürlich meine erste Anlaufadresse.

Anita beschreibt den Weg zur Selbsterkenntnis als alles andere als eine gerade Linie.

1. **Wir sind wild.** Vielleicht versuchen wir ein Leben lang, uns zu zivilisieren, aber in unserem Kern steckt etwas Urtümliches und Ungezähmtes. »Als Erstes müssen wir uns bewusst machen, dass wir Triebe und Instinkte haben. Das müssen wir akzeptieren. Zumindest müssen wir es gebührend bedenken und berücksichtigen. Denn wenn wir immer nur aus dem Unbewussten heraus handeln, fällt es uns schwer, Entscheidungen – geschweige denn gute Entscheidungen – zu treffen.«

2. **Beobachten.** »Im nächsten Schritt müssen wir versuchen, unser Tun zu beobachten. Für mich ist das der wichtigste Teil des gesamten Prozesses«, sagt Anita. Dabei geht es nicht darum zu bewerten, sondern lediglich die eigenen Gedanken und Gefühle zu registrieren. »In der dynamischen Praxis sagen wir dazu ›mit dem dritten Ohr hören‹. Es ist der Teil des Geistes, der zurücktreten und objektiv und neutral fragen kann: ›Was tue ich da? Was denke ich da? Was sagen meine Gefühle?‹« Es mag Zeiten in unserem Leben geben, in denen wir dies aktiver tun und uns vielleicht sogar von

einer Therapeutin helfen lassen, und es gibt Zeiten, in denen uns diese Fragen weniger beschäftigen. Es handelt sich jedoch nicht um eine Einmalübung, sondern um etwas, das wir unser Leben lang praktizieren sollten.

3. **Reflektieren.** Sobald wir anfangen, uns selbst zu beobachten, sollten wir mit diesen Informationen auch etwas machen. Wir können nach Mustern in unserem Leben und in der Welt suchen – beispielsweise in Form von familiären oder kulturellen Erwartungen. »Wir können die Dinge immer weiter verkomplizieren«, sagt Anita. Wenn wir beispielsweise irgendwelchen Erwartungen nicht gerecht werden, können wir diese »Schuld« wie einen schmerzhaften Stachel empfinden und uns davon lähmen lassen und in alte Gewohnheiten der Unterwürfigkeit und Verbitterung zurückfallen. »Eine andere Möglichkeit aber ist, dass wir sagen: ›Ja, ich habe Schuldgefühle. Und Ähnliches habe ich schon öfter beobachtet. Oh ja, das ist wirklich interessant. Ich werde die Augen offenhalten, in welchen Situationen ich Ähnliches beobachten kann.‹« Sobald wir in unseren Gefühlen und Verhaltensweisen Muster erkennen, können wir beginnen, uns zu fragen, woher diese Muster kommen.

4. **Komplexität akzeptieren.** Zu diesem Prozess gehört auch, dass wir erkennen, wie komplex wir sind. »Wir stellen uns selbst ein paar harte Fragen, und das schärft unser Bewusstsein für uns selbst. Und da fällt uns auf, wie orientierungslos wir sind.« Und das ist okay!

5. **Werte.** Wir sollten nicht nur versuchen, Expertinnen für unser eigenes Gefühlsleben zu werden, sondern wir sollten auch ein Bewusstsein für unsere Werte entwickeln. Und das heißt im Prinzip nichts anderes, als dass wir uns klarmachen, was uns wichtig ist. Die Fähigkeit, uns selbst, unsere Werte und unser Streben miteinander in Einklang zu bringen, ist das wahre Geheimnis der Produktivität. »Wenn Sie einen Marathon laufen wollen, können Sie sagen: ›Es wird schmerzhaft und ungemütlich werden und einige

Zeit brauchen, aber ich habe einen Entschluss gefasst und werde ihn durchziehen.‹ Und solange Sie eine Entscheidung treffen und sich daran halten, gibt es damit keine Probleme. Aber sobald Ihr Verhalten im Widerspruch zu Ihren Werten steht, ist das, wie wenn Sie mitten im Marathon auf einmal sagen: ›Ich mag nicht laufen, und ich weiß überhaupt nicht, was mich hierhergebracht hat.‹«

Wo befinden Sie sich? (O für Ort)

Ort ist hier im Sinne von Situation und Lage gemeint. Ich spreche hier von der geschichtlichen Realität der Frauen, verbunden mit einer gehörigen Prise Optimismus in Bezug auf unsere Zukunft. Wir können es auch so sehen: *Persönlichkeit* steht für das, was Sie wirklich sind, und *Ort* ist, wo Sie sich als Frau in diesem Augenblick in der Welt befinden.

Wir werden gleich darüber sprechen, wo Sie sich gegenwärtig befinden. Und wenn ich von »Ihnen« rede, meine ich »Sie«, liebe individuelle Leserin. Aber ebenso meine ich Sie als Frau in dieser Kultur. Damit wir Frauen vom Leben das bekommen, was wir wollen, müssen wir zuerst die gesellschaftlichen Barrieren erkennen, die uns daran hindern, und sehen, woher diese Barrieren kommen. Anders ausgedrückt: Ich will über die wichtigen Hürden sprechen, mit denen wir es in der Vergangenheit und in der Gegenwart zu tun hatten und haben, und über die Chancen, die sich uns in der Gegenwart und darüber hinaus bieten. Und bevor Sie jetzt sagen: »Ich bin keine Feministin; ich bin für die Gleichheit aller ...«, gestatten Sie mir, dass ich Sie unterbreche. Kein Wort!

Lassen Sie mich ein paar Fakten nennen:

- Ähnlich wie Farbige, Vertreter der LGTBQ-Community und Menschen mit Behinderungen haben generell wir Frauen in unserer Kultur weniger Entfaltungsmöglichkeiten als Männer. Nur dem konsequenten Druck seitens der Feministen (Männern ebenso wie Frauen) ist es zu verdanken, dass sich unsere Kultur ein wenig in Richtung Gleichberechtigung bewegt.

- Der US-amerikanische 19. Verfassungszusatz, der den Frauen das Wahlrecht garantiert, wurde erst 1920 ratifiziert – nach 70 Jahren erbitterten Kampfes.

- Und auch wenn wir schon vieles erreicht haben, bleibt immer noch Fakt, worüber wir Anfang des Kapitels sprachen: US-amerikanische Frauen verdienen nur 80 Prozent dessen, was ihre männlichen Kollegen für die gleiche Arbeit bekommen. Und je höher wir die Leiter klettern, desto größer wird dieser Abstand.

- Nicht nur bekommen Frauen für ihre Arbeit 20 Prozent weniger Geld; sie müssen auch für ihre berufliche Anerkennung mehr leisten und anschließend zu Hause noch weitere Stunden unbezahlter Arbeit verrichten.

- In der Vergangenheit (und wenn ich Vergangenheit sage, meine ich keineswegs die ferne Vergangenheit) war der Wert einer Frau untrennbar mit ihrer Rolle als Mutter und Ehefrau verknüpft. Unser ganzer Lebenssinn bestand in der Sorge für die Familie. Jede Abweichung davon bedeutete, als Frau nichts wert zu sein. Die Möglichkeiten der Geburtenkontrolle änderten das bis zu einem gewissen Grad. Selbst entscheiden zu können, wann wir Kinder haben wollen und wann nicht, gab uns Frauen ein mächtiges Tool an die Hand – ein mühsam errungener Erfolg. Erst 1965 erklärte der Supreme Court das letzte Gesetz in einem Bundesstaat für ungültig, das verheirateten Paaren den Zugang zur Geburtenkontrolle verwehrte. Und erst 1972 wurden dieselben Rechte Unverheirateten zugestanden. Diese gesetzlichen Änderungen und die Änderungen in den Herzen und Köpfen waren maßgeblich daran beteiligt, dass wir Frauen uns von der Beschränkung auf unsere biologische Rolle als Mutter emanzipieren konnten. Die Macht, entscheiden zu können, wann wir Kinder haben wollen, gibt uns die Chance, andere Formen des Frau-Seins in der Welt in Betracht zu ziehen.

- Wenn Sie immer noch nicht von der historischen Bedeutung des Feminismus überzeugt sind und davon, wie sehr wir ihn noch heute brauchen, werfen Sie nur einen Blick auf Twitter. Schauen Sie, was mit bekennenden Feministinnen wie Lindy West oder Jamilah Lemieux passiert, wenn sie über Frauenrechte twittern. Der Frauenhass, der ihnen entgegenschlägt, reicht von »Mädchen, entspann dich« bis zu Vergewaltigungs- und Morddrohungen.

Diese Liste soll Sie nicht deprimieren, sondern daran erinnern, dass hinter den Schwierigkeiten, denen wir im Leben begegnen, häufig historische und politische Realitäten stehen, die zu ignorieren niemandem weiterhilft. Wir können das Spiel nicht gewinnen, solange wir die Regeln nicht kennen, und das ist ein wichtiger Teil von O.

Straßensperren, Hindernisse und offene Straßen

Eine gute Möglichkeit, um weiterzukommen, besteht darin, dass Sie sich klarmachen, was Sie zurückhält. Sie können im Zustand bester Gesundheit aus Leibeskräften schwimmen, aber solange Sie sich gegen die Strömung bewegen, können Sie nur verlieren. Diese Selbsterfahrung und die Schlüsse, die Sie daraus ziehen, sind ausschlaggebend für Ihr Verständnis von dem »Ort«, an dem Sie sich befinden.

Schauen wir uns also Ihre Lage an. Welche – guten, schlechten und hässlichen – Realitäten haben Einfluss auf Ihr Leben? Wie können wir aus unserer Kenntnis der eigenen Geschichte und unserem Gefühl für unseren Platz in der Welt von heute Nutzen ziehen? So sehr ich mir wünschen würde, dass alles möglich wäre, interessiert mich hier in erster Linie, was für Sie möglich ist und was Sie sich wünschen. Der ganze Sinn dieses Buches besteht darin, Ihnen zu helfen, Ihre Bemühungen zu optimieren, damit Sie echte Fortschritte machen, anstatt sich nur abzurackern.

Straßensperren

Natürlich gibt es im Leben jeder Frau viele Faktoren, die sie nicht unter Kontrolle hat. Sie träumen vom Aufstieg an die Spitze Ihres Unternehmens, aber die Tochter des Chefs hat ein Auge auf dasselbe Eckbüro geworfen? Dann haben Sie nicht die besten Karten. Wenn Sie alleinerziehende Mutter sind, haben Sie eher nicht die Option, Ihren Job zu kündigen, noch einmal ganztägig die Schulbank zu drücken und Anwältin zu werden. Vermutlich müssen Sie Miete zahlen oder ein Hypothekendarlehen abstottern, und Sie haben familiäre Verpflichtungen wie Kinder oder Eltern, für die Sie sorgen müssen. Da können Sie es sich nicht zum Vorwurf machen, wenn Sie diese Schwierigkeiten nicht mit größter Souveränität meistern. Und wenn Sie dann auf etwas stoßen, was sich wie eine Straßensperre anfühlt, tun Sie gut daran, es einmal genauer in Augenschein zu nehmen. Befinden Sie sich in einer Situation, in der es für Sie nichts zu gewinnen gibt? Zwingen Sie sich, etwas zu leisten, was Ihnen eigentlich widerstrebt? Jagen Sie vielleicht einem Ziel hinterher, das Ihre Eltern sich für Sie ausgedacht haben? Ist es ein Job, der auf dem Papier gut klingt, Sie in der Praxis aber nicht wirklich anspricht? So eine Straßensperre ist manchmal eine schwer zu schluckende Pille, aber manchmal auch ein unerwartetes Geschenk. Sobald Ihnen bewusst wird, dass Sie etwas, von dem Sie immer dachten, dass Sie es wollen, in Wahrheit doch nicht wollen, sind Sie frei, Ihre Energie stattdessen in Ihre wahren Ziele zu investieren.

Hindernisse

Im Gegensatz zu einer Straßensperre lässt sich ein Hindernis in der Regel umfahren. Mangelndes Selbstvertrauen kann sich genauso hinderlich anfühlen wie der Nichtbesitz eines Hochschulabschlusses, aber immerhin können Sie daran arbeiten (und dabei in viel weniger Zeit Fortschritte machen, als Sie für ein Bachelorstudium bräuchten). Es fällt uns schwer, den Job zu wechseln, nachdem wir uns in einer Tätigkeit eingerichtet haben, selbst wenn unsere besonderen Stärken nicht wirklich zur Geltung kommen.

Offene Straßen

Trotz all dieser Straßensperren und Hindernisse werden Sie vermutlich auch einigen offenen Straßen begegnen. Ihre freie Zeit gehört in Wahrheit Ihnen. Wenn Sie wissen, dass Sport Ihnen guttut und Ihnen hilft, Stress abzubauen, sollten Sie dafür in Ihrem Kalender Platz machen, auch wenn die Netflix-Episode dran glauben muss. Wenn Sie nicht für jede zusätzliche Aufgabe die Hand heben, heißt das noch lange nicht, dass Sie keine Teamplayerin sind; es bedeutet lediglich, dass Sie sich vor dem Burn-out schützen.

Was werden Sie tun? (P steht für Produktivität)

Was ist überhaupt Produktivität? So viel wie nur möglich verdienen? Die längste Aufgabenliste abarbeiten? Das »Oxford English Dictionary« sagt, Produktivität sei »der Zustand oder die Eigenschaft des Produktivseins«, um sogleich anzuschließen: [Produktivität ist] die Effektivität produzierender Tätigkeiten insbesondere in der Industrie, gemessen als Output pro Input«. Auf den ersten Blick scheint diese Definition das Streben nach immer mehr und noch mehr zu favorisieren. Und unsere Kultur legt den Schwerpunkt sicherlich auf die Schinderei. Auf den zweiten Blick aber – »gemessen als Output pro Input« – gemahnt sie uns daran, dass wir nur dann von Produktivität sprechen können, wenn sich die Mühe, die wir in die Erreichung unserer Ziele stecken, auch auszahlt. Es geht um Output in *Relation* zum Input.

Ihr Gehirn signalisiert besetzt.

Vieles spricht dafür, dass Sie im Job damit, dass Sie sich halb umbringen, indem Sie immer mehr und noch mehr in Ihren Kalender stopfen, gerade keine Pluspunkte sammeln, sondern im Gegenteil Ihre Fähigkeit reduzieren, sinnvolle Arbeit zu leisten. Zahlreiche Studien aus dem Bereich der Gehirnforschung haben untersucht, was in unserem Gehirn passiert, wenn wir aktiv und fokussiert einer Tätigkeit nachgehen oder aber wenn wir uns im Wachzustand ausruhen. Wir alle wissen, wie wichtig ausreichender Schlaf für unsere körperliche und mentale Gesundheit ist (auch wenn wir unsere Prioritäten nicht immer danach setzen). Besonders unser Gehirn braucht Schlaf, um gut zu funktionieren. Nicht nur Schlaf ermöglicht es uns, unsere geistigen Batterien wieder aufzuladen, sondern auch die Ruhe im nichtschlafenden Zustand.

Im Verlauf des Tages wechseln wir auf natürliche Weise zwischen Phasen der aktiven Beschäftigung und Perioden des Abschaltens. Letzteres muss nicht heißen, dass wir uns auf dem Sofa ausstrecken – wir können auch einfach aus dem Fenster schauen, vor uns hinträumen, unseren Gedanken freien Lauf lassen oder ohne Kopfhörer spazieren gehen. All diese Formen des Abschaltens erlauben unserem Gehirn, das »Default Mode Network« (Ruhezustandsnetzwerk), wie die Neurowissenschaftler sagen, zu aktivieren. In dieser ungemein wichtigen Phase bleibt das Gehirn nicht untätig, sondern synthetisiert Daten, spielt mit Informationen und löst Probleme. Mit Mitteln der Gehirnkartierung lässt sich zeigen, dass die Synapsen besser feuern, sobald wir eine Arbeitspause einlegen. Das mag jenes »Aus-heiterem-Himmel«-Gefühl erklären, das wir haben, wenn uns unter der Dusche plötzlich eine Idee kommt. Sie kommt scheinbar von nirgendwoher, aber in Wahrheit konnte unser Gehirn, während wir singend unter der Dusche standen, in den Default-Modus wechseln und die Lösung zu einem Problem finden, das wir nicht zu lösen vermochten, solange wir ihm unsere volle Aufmerksamkeit widmeten.

Nun will ich damit nicht sagen, dass Sie auf alle konzentrierte Arbeit verzichten sollen, sondern nur, dass mehr davon nicht unbedingt mehr bringt. Eine an der Florida State University erstellte Langzeitstudie kam zu dem Ergebnis, dass die meisten Menschen sich maximal eine Stunde lang vollkommen auf eine Sache konzentrieren können und dass selbst die wahrlich Begabten – wie Hochleistungssportler, Musiker oder Schriftsteller – höchsten vier Stunden am Tag produktiv arbeiten können. Ohne Pausen und genug Schlaf droht ein lähmendes Burn-out. Das gilt für Männer und Frauen gleichermaßen, aber wenn Sie berücksichtigen, wie viel weniger Frauen davon profitieren, dass sie sich überarbeiten, werden diese Resultate noch viel eindrücklicher.

> Ohne Pausen und genug Schlaf droht ein lähmendes Burn-out.

Vergessen Sie nicht P und O!

Wie können wir Produktivität noch anders sehen? Wenn wir wissen, dass der Wunsch nach Lob und Anerkennung oder die Jagd nach Zielen, die nicht unsere eigenen sind, die Gefahr eines Burn-outs erhöhen, welche Alternativen haben wir dann? Wie ist es um die Chance bestellt, für uns selbst zu entscheiden? Ich werde Sie bitten, auf das Gelernte zurückzukommen, nachdem wir *P für Persönlichkeit* untersucht haben. Und wenn Sie dann über *O für Ort* gelesen haben, werde ich Sie bitten, sich Gedanken zu den konkreten Herausforderungen zu machen, mit denen Sie sich als Mensch und Frau konfrontiert sehen.

Im Verlauf dieses Buches werden Sie Ihre eigene Definition davon entwickeln, was es heißt, wirklich produktiv und nicht bloß geschäftig und fleißig zu sein. Wenn Ihre Selbstachtung nicht vom Stolz Ihrer Mutter über Ihren Jobs oder von Ihrer offiziellen Leistungsbewertung abhängen soll, was gibt es dann noch für Möglichkeiten? Ist es Begeisterung für Ihre Tätigkeit? Ist es Ihr eigener Stolz auf das, was Sie leisten? Wie wäre es, wenn wir uns eng auf das fokussieren würden, was uns bislang glücklich gemacht und unserem Leben einen Sinn verliehen hat? Für viele Frauen gehört es zum Schwersten, Zeit und Energie von den zermürbenden Aufgaben in ihrem Leben abzuziehen. Gewohnheiten lassen sich nur schwer brechen – besonders, wenn es um Gewohnheiten geht, die andere glücklich machen.

In jedem der folgenden Kapitel werden wir in die umrissenen Konzepte tiefer eintauchen. Wir werden die Schritte durchgehen, die notwendig sind, um uns ein klares Bild von Ihnen und Ihren Zielen zu machen, und etwas von dem nutzlosen Unrat wegräumen, der Ihnen den Weg verstellt. Anschließend werden wir Ihre authentische Produktivität in einer Art und Weise steigern, die Ihnen Kraft gibt, anstatt sie Ihnen zu rauben.

Sind Sie bereit? Dann lassen Sie uns beginnen!

Ran an die Hanteln!

Im Verlauf des Buches werde ich Sie am Ende der meisten Kapitel bitten, eine Pause einzulegen und selbst etwas zu tun. Sie werden Ihre Ziele definieren, sich überlegen, was Sie aus dem Weg räumen müssen, um diese Ziele zu erreichen, und Ihre Zeit so organisieren, dass Ihr Kalender Ihnen eine Stütze und keine Last ist. Immer wenn Sie »Ran an die Hanteln« sehen, ist es Zeit, sich Gedanken darüber zu machen, was Ihnen dieses Kapitel sagt und was daraus für Ihr Leben folgt. Vielleicht möchten Sie die Übungen auch überspringen, um sie nachzuholen, nachdem Sie das Buch zu Ende gelesen haben. Ich bitte Sie jedoch, das Buch in der vorgegebenen Reihenfolge durchzugehen, bauen doch die einzelnen Kapitel und Lektionen aufeinander auf. Viele Übungen sind eher kurz – wenn ich Sie beispielsweise bitte, sich zu drei oder vier Fragen ein paar Notizen zu machen. Eine Ausnahme bildet dieses 1. Kapitel, in dem es darum geht, überhaupt erst einmal festzustellen, wer Sie sind. Sie können Ihre Antworten entweder direkt in das Buch schreiben oder, wenn Sie mehr Raum benötigen, in Ihrem eigenen Notiz- oder Tagebuch arbeiten.

P

Jetzt kommen wir zur Sache. Weil P für *Persönlichkeit* steht, wollen wir uns anschauen, wer Sie wirklich sind, und Ihr POP-Persönlichkeitsprofil erstellen. Das wird nicht unbedingt ein Spaziergang werden. Wir sprechen hier nicht über Ihr Profilbild bei Twitter – jenes von Ihrem letzten Urlaub, wo sie so braun gebrannt und ausgeruht aussehen, und sei es auch nur wegen der drei Filter, die Sie darübergelegt haben. Wir wollen pickelgetreue Ehrlichkeit, wer Sie sind und was Sie wollen. Aufrichtigkeit bezüglich dessen, was Sie antreibt, ist Voraussetzung dafür, dass Sie bekommen, was Sie sich vom Leben erhoffen. Wie schon gesagt, lassen wir Frauen uns besonders leicht von den Bedürfnissen und Wünschen der Menschen um uns herum wie Familie, Freunde und Vorgesetzte vom Kurs abbringen, und deshalb müssen wir uns besondere Mühe geben, den Blick auf unsere eigenen Wünsche zu lenken. Nehmen Sie sich Zeit, lassen Sie Ihre Gedanken fließen und notieren Sie Ihre Antworten, ohne sich selbst zu bewerten.

- Wenn Geld kein Thema wäre, wie würden Sie dann Ihre Zeit verbringen? Beschreiben Sie in Stichpunkten einen idealen Tag.
- Was macht Sie stolz?
- Wann möchten Sie sich am liebsten im Bett verkriechen?
- Was macht Sie eifersüchtig?
- Was motiviert Sie – Geld, Anerkennung?
- Wann möchten Sie hinschmeißen?
- Möchten Sie nach einem anstrengenden Tag lieber allein oder in Gesellschaft sein?
- Worauf reagieren Sie mit Neid?
- Wann finden Sie sich selbst toll?
- Wie hat das Familienleben Sie geprägt?
- Wenn Sie sich mit drei Begriffen beschreiben sollten, welche wären das?
- Wann fühlen Sie sich am gesündesten?
- Wie oft vergleichen Sie sich mit anderen?
- Wann fühlen Sie sich am kreativsten?
- Wem wollen Sie es recht machen?
- Was raubt Ihnen Energie?
- Würden Sie lieber führen oder geführt werden?
- Was ist Ihre beste Eigenschaft?
- Was ist Ihre schlechteste Eigenschaft?
- Was zieht Sie mehr an, das Vertraute oder das Neue?
- Was macht Sie glücklich und zufrieden?
- Was macht Sie unglücklich oder unzufrieden?

_____

_____

_____

_____

_____

_____

_____

_____

_____

_____

Ja, das ist eine lange Liste! Lassen Sie sich Zeit, machen Sie sich Notizen, legen Sie sie zur Seite und kommen Sie später darauf zurück. Lassen Sie die Fragen sacken. Aber seien Sie mit Ihren Antworten nicht höflich. Niemand anderes braucht Ihre Notizen zu lesen. Spucken Sie also Ihre ehrlichsten Antworten aus! Lesen Sie, wenn Sie fertig sind, alle Ihre Antworten noch einmal durch. Beschreiben Sie in ein paar Sätzen, wo Sie sich gegenwärtig befinden.

Zum Beispiel so: »Ich brauche viel Zeit für mich allein, auch wenn mir meine Freunde sehr wichtig sind. Es macht mich stolz, dass andere mit ihren Problemen zu mir kommen, und meine beste Eigenschaft ist, dass ich auch unter Druck die Ruhe bewahre. Am glücklichsten bin ich, wenn ich ganz in meiner Arbeit aufgehe, und ich werde unruhig, wenn ich meinen Kalender nicht unter Kontrolle habe.«

Oder so: »Ich brauche viel Bestätigung. Es tut mir gut, andere zu kennen, die wie ich sind und eine ähnliche Arbeit haben. Ich bin glücklich, wenn die Menschen um mich herum glücklich sind. Ich bin nicht wild darauf, neue Dinge auszuprobieren, solange ich nicht weiß, wie gut ich darin bin.«

Behalten Sie diese Sätze – Ihre Vorstellung, wer Sie sind und was Sie wollen – im Kopf. Wir werden darauf zurückkommen, sobald wir zum *POP-Effekt* kommen.

O

Machen Sie sich ein paar Notizen dazu, wie sich Ihre Situation gegenwärtig für Sie darstellt. Keines dieser Details impliziert irgendeine Wertung – wir machen uns lediglich ein Bild von Ihrer Situation.

- Wie sehen die Straßensperren, Hindernisse und offenen Straßen in Ihrem Leben aus? Haben Sie beispielsweise ein Studiendarlehen erhalten, das Sie noch zurückzahlen müssen? Gibt es Familienmitglieder, für die Sie sorgen müssen?
- Wie viel Zeit bleibt Ihnen wirklich, um einfach nur das zu tun, was Sie selbst tun möchten?
- Was steht Ihnen im Weg – worauf haben Sie Einfluss und worauf nicht?
- Genießen Sie besondere Vorteile, wie beispielsweise eine Erbschaft, einen Job, der Ihnen viel Flexibilität bietet, oder einen gut vernetzten Mentor?

_____

_____

_____

_____

_____

_____

P

Beschreiben Sie Ihren idealen Tag. Beginnen Sie mit dem Augenblick des Aufwachens (brauchen Sie einen Wecker?) und enden Sie mit dem Einschlafen (in feinster Satin-Bettwäsche). Arbeiten Sie, sehen Sie Freundinnen, kommen Sie ins Freie? Stellen Sie sich einen Tag ohne Verpflichtungen vor – außer der, Ihren eigenen Interessen nachzugehen.

Schauen Sie jetzt in Ihren eigenen realen Kalender und greifen Sie sich einen typischen Tag aus den letzten Wochen heraus. Beschreiben Sie diesen Tag.

----

2. Kapitel — Das einzige Okay, das Sie brauchen, ist Ihr eigenes

Winnipeg, Frühjahr 1992: »*Get up, stand up*«

An einem ungewöhnlich warmen Frühlingstag in Winnipeg summte ich zur Emo-Musik im Autoradio auf dem Weg zu meiner besten Freundin Joshi leise mit. Es folgte laute Werbung, in der es um einen Comedy-Wettbewerb ging und darum, dass im Vorfeld dazu in wenigen Wochen im Yuk-Yuk — einem Comedy-Club in unserer Nähe — eine Probeveranstaltung stattfinden würde, auf der sich jeder und jede, die wollte, versuchen konnte. Ich weiß nicht, was in mich fuhr — obgleich ich ein großer Stand-up-Comedy-Fan war, war mir niemals zuvor der Gedanke gekommen, mich selbst auf die Bühne zu stellen —, aber als ich Joshis Haus erreichte, vibrierte ich nur so vor Energie und einem strahlenden neuen Projekt: Joshi und ich würden ein Skript verfassen und dann gemeinsam am Wettbewerb teilnehmen — nein, ihn gewinnen!

Verständlicherweise war Joshi ein wenig geschockt, als ich atemlos in ihrer Tür stand. Ein *Stand-up-Comedy-Skript??* Sie zögerte einen Augenblick, aber dann nahm sie den ihr allzu bekannten Blick in meinen Augen wahr. Wenige Minuten später befanden wir uns, bewaffnet mit Stift und Papier, in ihrem Keller und sammelten Ideen.

Während der nächsten Wochen probten wir bei jeder sich bietenden Gelegenheit — nach der Schule, während des Mittagsessens, in den Zwischenpausen — und probten emsig an unseren groben, hoffentlich witzigen Sketchen. Ich hatte mich nie zuvor so lebendig gefühlt.

Als der große Abend näher rückte, polierten wir unser Skript und begannen, uns über die letzten Details klar zu werden, wie zum Beispiel:

Was sollten wir anziehen?? Für uns, die wir von einer reinen Mädchenschule kamen, in der wir jeden Tag mit Uniform zu erscheinen hatten, war die Kreation des perfekten Outfits total aufregend. Sexy, aber nicht zu sexy. Sympathisch. Nahbar. *Witzig?*

Als wir (mit gefälschten Ausweisen in der Hand) den Club betraten, fühlten wir uns dementsprechend gut. Wir waren an diese Aufgabe herangegangen, wie wir es mit jeder Chemieprüfung machten: vorbereiten, vorbereiten, vorbereiten! Nichts in unserem bisherigen Leben hatte uns jedoch darauf vorbereitet, vor einem leibhaftigen zahlenden Publikum zu stehen, das gekommen war, um sich unterhalten zu lassen und den Gegenwert des Eintrittspreises zurückzubekommen.

Auf einer großen Tafel standen die Namen der Amateurdarbieter des Abends, und als unser Auftritt immer näher rückte, überfiel mich Panik. Mit Entsetzen beobachtete ich, wie wenig gelacht wurde – mehr ein Grunzen als ein Lachen – und wie ein Möchtegern-Comedian nach dem anderen deprimiert von der Bühne schlich. Auch fiel mir auf, dass sowohl die Besucher als auch die Darbieter in der Mehrzahl männlich waren. Ich schaute meine Partnerin an, und meine Augen schrien »*Das ist hier absolut nicht unsere Liga*«, als unsere Namen aufgerufen wurden.

Wenn ich an diese Geschichte zurückdenke – die ganzen zehn Minuten –, fällt mir auf, was für ein unglaublicher Mikrokosmos das war, in dem so vieles von dem eine Rolle spielte, über das wir in diesem Kapitel sprechen wollen.

> Es war irre – von dem Augenblick an, in dem uns egal war, was sie über uns dachten, hatten wir ihre ungeteilte Aufmerksamkeit.

Als wir die Bühne betraten, zitterte ich bis ins Mark und mir war unmittelbar bewusst, dass ich, vielleicht zum ersten Mal in dieser Art, von oben bis unten gescannt – und bewertet – wurde. Bewertet in Bezug auf mein Gesicht, meinen Körper, mein Alter und meine Energie. Meine instinktive Reaktion war, mich vollkommen in mich zurückzuziehen, mich zu verkriechen. Das exakte Gegenteil dessen, was geschehen muss, wenn Sie eine Bühne betreten, um Ihre Darbietung abzuliefern. In dieser Form – wie ein Gegenstand – inspiziert zu werden, machte mich innerlich total verletzlich. Sofort begann ich, meine Entscheidungen – bezüglich meines Outfits und bezüglich meines Lebens – und meine Fähigkeiten infrage zu stellen. In den 20 Sekunden, die wir brauchten, um unseren Platz auf der Bühne zu erreichen, fiel mein gesamtes Selbstbild in sich zusammen.

Als wir es schließlich auf die Bühne geschafft hatten, hätte man eine Nadel fallen hören können. Hier nun, im vollen Scheinwerferlicht, sah ich vor mir eine dunkle, gesichtslose, Arme verschränkende Masse. Natürlich gibt es so etwas wie ein natürliches Lampenfieber – ich hatte bereits vor Hunderten von Zuhörern in nationalen Meisterschaften debattiert und wusste, was die Nerven mit einem machen –, aber dies hier war ganz etwas anderes. Dieses von schalem Fassbier schon ziemlich angetrunkene Publikum zeigte sich von zwei 16-jährigen verschüchterten Mädchen vor ihnen vollkommen unbeeindruckt. Noch dazu spürten sie die Panik, die von uns herüberwehte. Sie schauten uns nicht an. Sie schauten durch uns hindurch. Ich habe mich nie im Leben so nackt gefühlt.

Was also war meine erste Reaktion auf diese Situation? Jedenfalls nicht, mich an alles zu erinnern, was wir uns erarbeitet hatten. Und auch nicht, mich auf mein Selbstwertgefühl und meinen Ehrgeiz zu verlassen. Nein, mein erster Verteidigungsimpuls war *zu gefallen*. Ich wollte, dass sie mich mochten – was per definitionem der Feind jeder Comedy ist.

Meine Stimme wurde augenblicklich dünn. In der Hitze des grellen Scheinwerferlichts hatten wir lediglich unser Mikrofon und unsere Stimme. Kraftlos gaben wir unseren ersten Sketch zum Besten. Nichts rührte sich, bis schließlich von ganz hinten eine Stimme schrie: »Wir können euch nicht hören.« Joshi starrte mich im Zustand totaler Panik an, während ihr der Schweiß von den Brauen rann. Ich musste die argwöhnischen, glotzenden Blicke dieser Leute abwehren, indem ich ihnen unsere Worte entgegenschleuderte – in der Hoffnung, dass ihr Lachen sie anstiften würde, über sich selbst nachzudenken, anstatt uns zu kreuzigen. Ich beugte mich zu Joshi hin, um ihr flüsternd eine veränderte Reihenfolge zu signalisieren. Wir hatten vorgehabt, uns unseren besten Sketch bis zum Schluss aufzubewahren, aber jetzt brauchten wir ihn sofort oder nie. Sie schluckte und nickte, als ich sagte: »Stell dir einfach vor, wir stünden hier in unseren Schuluniformen.«

Wir holten tief Luft. Und dann begannen wir. Wir lieferten unseren besten Sketch mit mehr Bravour ab als in allen unseren Proben, und zu unserer größten Erleichterung ernteten wir dröhnendes Gelächter.

Wir hatten sie. Und von diesem Augenblick an ließen wir sie nicht mehr vom Haken. Wir machten Druck und feuerten die gesamte Munition ab, die wir mitgebracht hatten. Binnen Sekunden wechselte unsere innere Einstellung von »Mögt uns doch bitte« zu »Fresst oder sterbt«. Es war irre – von dem Augenblick an, in dem uns egal war, was sie über uns dachten, hatten wir ihre ungeteilte Aufmerksamkeit.

Wir verbeugten uns nach unserem letzten Sketch – und wurden wild beklatscht. Später am Abend wurden wir als die Gewinnerinnen ausgerufen. Erst als sie unsere Tickets für den Flug nach Toronto zum Finale buchen wollten, fiel ihnen auf, dass wir minderjährig und somit gar nicht zugelassen waren. Aber das tat nichts zur Sache. Während dieser zehn Minuten hatten wir mehr über das Leben gelernt, als wir jemals in der Schule hätten lernen können. Viele dieser Lektionen trage ich bis heute mit mir herum.

POP-Wahrheit

Wer hat Ihnen was zu sagen?

Nehmen Sie Ihr Leben in die eigene Hand, indem Sie:

- sich vom Objekt zum Subjekt machen,
- aufhören, um des Fleißes willen fleißig zu sein,
- den Klang Ihrer Stimme kennenlernen.

»Du hast mir nichts zu sagen!« Das ist eine häufig von Füßestampfen begleitete Äußerung, die man von einem kleinen Kind zu hören bekommt. Kinder wissen intuitiv, dass der zentrale Kampf des Aufwachsens dem Wechsel von der Abhängigkeit in die Selbstständigkeit gilt. Und auch wenn es den meisten von uns gelingt, sich weitgehend aus der Abhängigkeit von ihren Erzeugern zu lösen, sind wir damit noch lange nicht immer autonom. Autonomie ist definiert als die Freiheit von äußerer Kontrolle und Einflussnahme. Vielleicht werden wir nie eine Welt schaffen, in der wir ausschließlich auf unsere eigenen Stimmen hören (wer würde sich das wünschen?). Aber wo sind unsere eigenen Stimmen in der Hierarchie aller Stimmen, auf die wir hören?

Auf wen hören Sie im Verlauf eines gewöhnlichen Tages? Wenn Sie an Ihre Arbeit denken, geht Ihnen da immer wieder dieses Meeting mit Ihrer Chefin durch den Kopf, als diese so unzufrieden wirkte? Wenn Sie sich morgens kleiden, machen Sie sich da Vorwürfe, dass Sie nicht häufiger Sport treiben, damit Ihr Rock wieder besser passt? Wenn Sie an Ihren Partner denken, hören Sie da Ihre Mutter fragen, wann er Ihnen wohl einen Ring zu schenken gedenkt? Es fällt uns mitunter verdammt schwer, zu unterscheiden, was wir selbst wollen und was die übrige Welt von uns will, aber ohne das bewegen wir uns nie in Richtung Autonomie.

Wir haben bereits festgestellt, dass Fleiß allein um des Fleißes willen der sichere Weg zum Ruin ist. Besser ist es, wenn wir eine neue Produktivitätsschneise nach unseren eigenen Regeln schlagen, was bedeutet, dass wir auf Ziele hinarbeiten, die wirklich unsere eigenen sind. Was wiederum voraussetzt, dass wir unsere Ziele kennen. Und dazu müssen wir uns erst einmal selbst kennenlernen – wir müssen uns selbst zuhören. Wenn wir uns mit unseren eigenen Gedanken, Gefühlen und Werten vertraut machen und allen äußeren Einflüssen, die nicht zu unserem Vorteil sind, entschlossen widerstehen, ist das, wie wenn wir den ersten Dominostein anstoßen.

Was also hindert uns, unser Ding zu machen?

Oh ja, sehr viel!

Seit eh und je gibt es wenige Gruppen, die nicht versuchen, uns Frauen ihren Willen aufzudrücken. Denken Sie an die Kirche, den Staat, die Väter, die Schönheitsexperten, die Schlankheitsindustrie ... ich könnte immer so weitermachen. Wäre es nicht so verdammt anstrengend, könnten wir uns sogar geschmeichelt fühlen. Ursprünglich war es leibhaftige, auf körperlicher Kraft basierende Macht. Die Frauen durften nicht wählen, nichts besitzen und nicht selbst über ihre reproduktive Gesundheit bestimmen. Aber als sich die diesbezüglichen Gesetze änderten, traten andere Möglichkeiten, die Autonomie der Frauen zu unterdrücken, in den Vordergrund, und die Kontrollinstrumente bekamen einen stärker emotionalen und psychologischen Charakter – sie wurden heimtückischer und unterschwelliger. Die Welt kennt viele unsägliche Methoden, um uns Frauen dazu zu bringen, nicht auf uns selbst zu hören. Aber keine Sorge, wir werden ihnen allen schon bald eins überbraten; zuerst aber müssen wir sie verstehen.

Vom Objekt zum Subjekt

> »Wenn ich ein Objekt male, dann mit der Absicht,
> ihm eine neue Bestimmung zu geben.«
> GEORGES BRAQUE

Dieses Konzept zu verstehen, ist essenziell, damit Sie eine der allerersten fundamentalen Fragen von P – Persönlichkeit – beantworten können, nämlich die Frage: Wer sind Sie in Ihren eigenen Augen und nicht in den Augen derer, die Sie sehen? Mit anderen Worten: Jeder Versuch, zu verstehen, wer Sie wirklich sind (und folglich, was Sie wirklich wollen), setzt voraus, dass Sie sich zum Subjekt jeder Geschichte und jedes Szenarios statt zum Objekt machen. Sie werden die aktive und nicht die passive Spielerin sein.

In meiner obigen Geschichte wechselte ich binnen weniger Minuten vom Subjekt zum Objekt und zurück zum Subjekt, aber diese Wechsel veränderten meine Realität jedes Mal von Grund auf. Als ich auf die Bühne ging, um einen Raum voller Menschen zum Lachen zu bringen, sah ich mich als Subjekt. Unter den kalten Blicken der Anwesenden schwand mein Selbstvertrauen jedoch dahin und ich wurde in meiner Selbstwahrnehmung zum Objekt – zu einem Ding, das begutachtet und für Sachen kritisiert wurde, die nichts mit meiner bevorstehenden Darbietung zu tun hatten, wie beispielsweise mein Aussehen, mein Alter und mein Geschlecht. Solange es mir in diesen entscheidenden Sekunden nicht gelang, mir meine Macht zurückzuerobern, wurde ich inspiziert – und fühlte mich schwach. Trotz aller Vorbereitung und allen Mutes blieb meine Wirkung auf das Publikum begrenzt. Erst als ich den festen Entschluss fasste, mir die Kontrolle über den Raum zurückzuholen, wurde ich wieder zum Subjekt der Situation, schwang mich zur Siegerin des Abends auf und lernte eine Lektion fürs Leben.

Wie werden wir zu Objekten?

Was bedeutet das nun für Sie? Schauen wir uns einige interessante kulturelle und historische Beispiele an, wie Frauen in die Rolle von Objekten anstelle von Subjekten gedrängt werden.

Auch wenn wir Frauen mittlerweile mancherorts mehr als 50 Prozent der Studierenden ausmachen, bemisst unsere Kultur den Wert einer Frau nach wie vor nach ihrer Attraktivität. Man könnte ganze Büchereien mit dem füllen, was über die Objektifizierung von uns Frauen durch Kunst, Werbung, Medien und Kultur geschrieben wurde. Einen Kernaspekt des Phänomens benennt jedoch die Filmtheoretikerin Laura Mulvey in ihrem Essay »Visual Pleasure and Narrative Cinema« (»Visuelle Lust und narratives Kino«), wenn sie vom »männlichen Blick« spricht. Mulvey erklärt, dass die Kamera – und damit das Publikum, dem erst die Kamera den Blick in den Film freigibt – in klassischen Hollywoodfilmen den männlichen Blickwinkel einnimmt. Das visuelle Vokabular macht die Sehgewohnheiten des heterosexuellen Mannes zur Grundlage des präsentierten Frauenbildes. Wenn wir also einen Film betrachten und eine weibliche Figur die Szene betritt, wird sie von der Kamera so eingefangen, wie ein Mann sie sehen würde, und gemäß seinen Standards mit den Attributen »gefällig« oder »nicht gefällig« belegt. Während Mulvey vom »männlichen Blick« in einer feministischen Filmkritik spricht, begegnen wir dieser Brille auch außerhalb alter Schwarz-Weiß-Filme. Bis vor Kurzem kam es höchst selten vor, dass in Werbung, Zeitschriften und Fernsehen weibliche Figuren aus einem anderen als dem männlichen Blickwinkel präsentiert wurden.

Diese Erwartung, dass Frauen – in Bildern, wenn nicht gar in der Realität – dazu da sind, von Männern »konsumiert« und als Lustobjekte wahrgenommen zu werden, ist mit dem Wechsel vom Schwarz-Weiß- zum Farbfilm nicht verschwunden. Es ist ein offenes Geheimnis, dass Schauspielerinnen bei so manchen Hollywoodbossen erst den

»Fuckability-Test« bestehen müssen, bevor sie eine Starrolle angeboten bekommen. Amy Schumer nahm dieses Klischee in ihrem beißend humorvollen Clip »The Last Fuckable Day« auf die Schippe. Schumer spielt darin sich selbst, wie sie bei einem Spaziergang auf Tina Fey und Patricia Arquette trifft, die an einem reich gedeckten Tisch gemeinsam mit Julia Louis-Dreyfus auf deren »letzten Tag als attraktive Schauspielerin« anstoßen. Als Schumer nicht glauben kann, dass eine so schöne Frau wie Louis-Dreyfus ihr Haltbarkeitsdatum bereits überschritten haben soll, zuckt diese nur mit den Schultern. »Niemand war mehr geschockt als ich, dass man mir erlaubte, durch meine Vierziger hindurch und bis hinein in meine Fünfziger noch als ›fuckable‹ durchzugehen ... Ich dachte, ›Us Weekly‹ muss sich da verschrieben haben.«

Während viele weibliche Autorinnen und Regisseurinnen das Eigentumsrecht am Frauenbild aktiv einfordern, zeugt die Notwendigkeit dieses Einforderns davon, dass dieses Bild bislang vom männlichen Blick bestimmt ist. Und der hohe Verbreitungsgrad dieser Art von Bildern hat den heterosexuell-männlichen Blick in einem Maße zur Norm gemacht, dass diese Werte nicht nur von Männern, sondern auch von Frauen hochgehalten werden. Quer durch unsere Kultur werden wir zu der Vorstellung verleitet, Frauen seien dazu da, gesehen zu werden, statt selbst zu sehen, und Objekte und nicht Subjekte zu sein. Wir haben diese Botschaft in unseren Gedanken und Gefühlen verinnerlicht. Wir Frauen sind so sehr darauf sensibilisiert, beobachtet zu werden, dass wir etwas machen, was Psychologen als »*Habitual Body Monitoring*« bezeichnen: das ständige Nachdenken über den eigenen Körper und seine Wahrnehmung durch andere. Viele Frauen bringen es hier auf Wiederholungsfrequenzen von bis zu *einmal pro Minute*. Vielleicht sitzen Sie in einem Meeting und denken: »Wie sehen meine Beine aus, wenn ich so sitze? Wirken meine Arme schwabbelig, wenn ich sie so kreuze? Bemerkt mein Gegenüber meine grauen Haare?« Da ist es nicht verwunderlich, wenn »Habitual Body Monitoring« regelmäßig mit Unzufriedenheitsgefühlen einhergeht. Mit anderen Worten: Wir sagen uns nicht: »Wow, ich sehe gut aus in diesem Meeting!« Die Belegung von mentaler und emotionaler Bandbreite mit Gedanken dazu, wie unser Körper auf andere wirkt, ist bestenfalls eine Ablenkung und schlimmstenfalls eine Form der Selbstquälerei. Wenn Sie sich solche Gedanken machen, verschenken Sie damit Kapazitäten, die Sie stattdessen nutzen könnten, um relevante Dinge zu erledigen.

Ein anderer Ort, an dem unsere gut entwickelten Selbstobjektifizierungsfähigkeiten zur Geltung kommen, ist das Schlafzimmer. Vielen von uns Frauen fällt es schwer, in intimen Augenblicken ganz bei uns zu sein. Stattdessen tun wir etwas, das Masters & Johnson als »*Spectatoring*« bezeichnen: Wir schweben über uns und unserem Partner und beobachten das Geschehen, anstatt in diesem Geschehen präsent zu sein. Auch das ist nichts Positives. Solange wir das tun, kritisieren wir unseren eigenen Körper und fragen uns ständig, ob wir dem Partner gefallen. Wie bei der Arbeit reißt uns diese Objektifizierung aus dem Geschehen und drängt uns an die Peripherie des Geschehens, wo wir viel weniger Einfluss haben und viel weniger von dem passiert, was wir wirklich wollen.

> Die Zusammenhänge zwischen Selbstobjektifizierung, sexueller Dysfunktion und Essstörungen sind gut dokumentiert.

Eine an der Royal Holloway, University of London, erstellte Studie kommt zu dem Ergebnis, dass Frauen, die zur Selbstobjektifizierung neigen (also dazu, ihr Aussehen wichtiger zu nehmen als ihre Kompetenzen), weniger in der Lage waren, ihren eigenen Herzschlag zu spüren (ein von Wissenschaftlern häufig verwendeter Körperwahrnehmungstest). Die Forscher konnten nicht sagen, ob diese Frauen weniger sensibel für ihre eigenen Körper waren, weil sie sich objektifizierten, oder ob sie sich als Objekte begriffen, weil ihr Empfinden für den eigenen Körper weniger ausgeprägt war. Unabhängig von der Antwort auf diese Henne-oder-Ei-Frage ist jedoch klar, dass eine mangelnde Nähe zu uns selbst und unserem Körper einen enormen Einfluss auf uns Frauen hat.

Diese unsichtbaren Gewohnheiten scheinen vielleicht vordergründig wenig mit Produktivität zu tun zu haben, aber das beweist nur, wie heimtückisch das Patriarchat ist. Die Zusammenhänge zwischen Selbstobjektifizierung, sexueller Dysfunktion und Essstörungen sind gut dokumentiert. Diese kulturellen Kräfte und die daraus resultierenden deprimierenden Gewohnheiten wirken sich jedoch auch auf profanere Weise auf uns aus. Auf der elementaren Ebene verleiten sie uns dazu, mehr auf andere und weniger auf uns selbst zu hören. Und wir verwenden viel mentale Energie darauf, uns Gedanken darüber zu machen, wie wir mit unserem Äußeren auf andere wirken und wie gut wir vorgeformte Erwartungen erfüllen. Frauen werden immer schon beobachtet, bewertet und inspiziert, und deshalb haben wir uns angewöhnt, uns so zu verhalten, wie es anderen gefällt, und nicht, wie es uns selbst gefällt. Angesichts dessen, dass wir unseren Selbstwert an der Erfüllung äußerer Erwartungen festmachen, verwundert es da, dass wir ständig bemüht sind, immer noch mehr zu leisten? Solange wir nicht alle Menschen um uns herum zufriedenstellen, haben wir das Gefühl, nicht zu genügen.

Der Wechsel vom Objekt zum Subjekt ist ein entscheidender Schritt, um autonom zu werden, uns mit den eigenen Zielen zu identifizieren und ihrer Verwirklichung näher zu kommen. Wenn wir die Kontrolle über unser Leben, unser Glück und unsere Produktivität erringen wollen, dürfen wir nicht länger darauf reagieren, wie andere uns wahrnehmen. Im Klartext heißt das, dass wir knallhart wir selbst sind und uns einen Dreck darum scheren, ob sich davon jemand angepisst fühlt. Wir müssen lernen, unser eigenes Bild und unseren eigenen Lebensweg aktiv zu gestalten (und nur auf unser eigenes Urteil zu hören).

Okay, ich gebe zu, das ist leichter gesagt als getan.

Hier sind ein paar Ideen, wie Sie üben können, Subjekt statt Objekt zu sein:

1. **Treiben Sie Sport.** Denken Sie, wenn Sie Ihren Körper bewegen – laufen, wandern, tanzen oder schwimmen –, daran, welch ein Wunder er ist. Indem Sie sich auf die Fähigkeiten Ihres Körpers statt auf Ihre Attraktivität konzentrieren, können Sie Ihre Gefühle positiv beeinflussen.

2. **Achten Sie darauf, wie Sie selbst andere Frauen bewerten.** Wenn Sie andere Frauen wegen ihrer »schlampigen« Kleidung schief ansehen, sollten Sie sich klarmachen, dass Sie damit den Kontrolljob der Kultur übernehmen.

3. **Achten Sie auf die doppelten Standards um Sie herum.** Im Fernsehen, in Filmen und Musikvideos werden die Körper von Frauen häufiger gezeigt – und besprochen – als die Körper von Männern.

4. **Reduzieren Sie Ihren Konsum von Glamour-Medien.** Wenn Prominente nach ihrem Körper und ihrem Aussehen beurteilt werden, handelt es sich fast immer um Frauen.

5. **Gönnen Sie sich eine Pause.** Wenn Sie sich selbst beim »Body Monitoring« ertappen, sollten Sie versuchen, es abzustellen. Fokussieren Sie sich wieder auf das, was Sie tun, und nicht darauf, wie Sie aussehen.

Die Fleißfalle

> »Hüte dich vor der Öde eines dem Fleiß gewidmeten Lebens.«
>
> Sokrates

Haben Sie schon einmal eine Frau gefragt, wie es ihr geht, und eine wesentlich andere Antwort bekommen als »Ich habe *so viel* zu tun!«? Und ich glaube, das ist noch nicht einmal Angeberei. Wenn wir Arbeit, unbezahlte Hausarbeit und Emotionsarbeit zusammenrechnen, dann *haben* wir viel zu tun. Und wir wissen, dass ein Leben tagaus, tagein im fünften Gang uns früher oder später ins emotionale und körperliche Burn-out treibt. Aber was hat das mit Produktivität und Selbstbestimmung zu tun? Ist nicht Fleiß der Weg, um etwas zustande zu bringen? Die kurze Antwort lautet: nein. Für alle, die süchtig danach sind, Aufgabenlisten abzuarbeiten, ist das harter Tobak. Wie können wir produktiv sein, solange wir nicht fleißig sind? Der radikale Sprung, zu dem ich Sie ermuntern möchte, verlangt von Ihnen genau das: produktiver zu werden, indem Sie weniger fleißig sind.

In Wahrheit schränkt uns die Art, wie wir unsere Tage strukturieren, indem wir von Aufgabe zu Aufgabe hetzen und so viel wie möglich unterzubringen versuchen, nicht nur in unserer Kreativität ein, sondern beraubt uns auch der Fähigkeit, uns selbst zu kennen. Solange wir konzentrierte Arbeit leisten und ohne Pause unsere Aufgabenliste abarbeiten, verwenden wir unsere linke Gehirnhälfte. Erinnern Sie sich noch an unsere kurze Gehirnwissenschaft aus dem 1. Kapitel? Wir brauchen auch ruhige, meditative Zeiten (erinnern Sie sich an das »Default Mode Network«?), damit unsere rechte Gehirnhälfte Informationen verarbeiten und kreative Lösungen finden und wertbasierte Entscheidungen treffen kann. Mit anderen Worten: Wir brauchen weniger Aktivität und mehr Ruhe, damit wir uns buchstäblich eine eigene Meinung bilden können.

Solange wir uns mit halsbrecherischer Geschwindigkeit bewegen und deswegen nicht dazu kommen, uns unsere eigenen Wünsche und Meinungen bewusst zu machen, können andere diese Lücke leichter füllen. Solange wir nicht genau wissen, was wir denken und fühlen, können uns andere viel leichter erzählen, was wir denken und fühlen sollen. Und wie wir bereits festgestellt haben, ist die Welt nur zu gern bereit, uns Frauen Geschichten zu erzählen, die uns auf tausenderlei Weise ausbremsen.

Vor Kurzem las ich einen spannenden Bericht darüber, was mit dem Gehirn passiert, wenn wir immer nur fleißig sind. Laut Iain McGilchrist, Psychiater und Verfasser des Buches »The Master and His Emissary – The Divided Brain and the Making of the Western World«, ist das Gehirn in zwei Hemisphären unterteilt: die rechte Gehirnhälfte (Kreativität/»Meister«) und die linke Gehirnhälfte (Vernunft/»Gesandter«). Und wenngleich es sich um eine komplexe wissenschaftliche Bewertung handelt, lautet die Kernaussage ungefähr so: Alle Kreativität kommt von der rechten Gehirnhälfte. Aller Fleiß und alles Tun kommen von der linken Gehirnhälfte. Je beschäftigter die linke Gehirnhälfte ist, desto weniger Raum bleibt für die Kreativität der rechten Gehirnhälfte. Je ruhiger die linke Gehirnhälfte ist, desto mehr blüht die rechte Gehirnhälfte mitsamt ihrer Kreativität auf. Während wir beide Hälften und ihre Fähigkeiten brauchen, unterstreicht McGilchrist, dass unsere Kultur der linken Gehirnhälfte mehr Wert beimisst als der rechten.

Meiner Ansicht nach ist es besonders für uns Frauen wichtig, durch eine Favorisierung der rechten Gehirnhälfte und der Kreativität das Gleichgewicht wiederherzustellen. Kreativität steht für die wahre Stimme eines Menschen – für das, was jeden von uns einmalig macht. Kreativität ist immer wichtig, ganz gleich, ob wir künstlerisch tätig sind oder einfach nur im Rahmen unserer Arbeit Probleme zu lösen haben. Je mehr Dinge wir lediglich um des Tuns willen tun – je mehr wir tun, um es von unserer Aufgabenliste zu streichen –, desto schwerer fällt es uns, diese kreative Stimme zu hören und zu wissen, wer wir wirklich sind und was wir wollen und brauchen. Deswegen ist es unerlässlich, dass wir unsere persönliche Geschäftigkeit analysieren, wenn wir jemals beginnen wollen, den Schwerpunkt auf die Dinge zu legen und Mühe und Energie in sie zu investieren, die wahrlich repräsentieren, wer wir sind und was wir wollen, um so am Ende echte Produktivität zu erzielen.

Im 6. Kapitel werden wir uns genauer anschauen, wie wir uns ein zutreffendes Bild davon machen, was wir mit unserer Zeit anstellen.

Stimmen im Kopf

Bis kurz bevor ich in den dunklen, schmuddeligen Comedy-Club trat (siehe oben), war mein Kopf voller positiver Gedanken und bestärkender Botschaften zu dem gewesen, was ich erreicht hatte, noch bevor ich überhaupt die Bühne betrat. Ich wusste, dass ich die Arbeit geleistet hatte, und war fasziniert von den neuen Seiten, die ich dabei an und in mir entdeckt hatte. Als mich aber die Unsicherheit überkam und mein Selbstvertrauen schrumpfte (für mich ein einmaliger Fall, aber für viele ein tägliches, wenn auch vielleicht nicht ganz so dramatisches Erlebnis), da war es schon erstaunlich, wie von meiner positiven Einstellung im Nu nichts mehr übrig war. Nicht nur hatte ich meine beruhigende innere Stimme verloren; an ihrer Stelle hörte ich die Stimmen all jener, die mir immer schon erzählt hatten, was ich nicht konnte, und hatte paranoide Vorstellungen von dem, was das Publikum wohl denken mochte. In Nullkommanichts wechselten meine Gedanken von der beruhigenden Gewissheit, dass ich mich gründlich vorbereitet hatte, zu panischen Zweifeln an meinem Aussehen, meinem Wesen und meinen Fähigkeiten. Erst als ich die Kraft fand, diese Stimmen wieder aus meinem Kopf zu verbannen und durch meine eigene zu ersetzen, begannen sich die Dinge zum Besseren zu wenden.

Wem gehören die Stimmen, die wir hören, wenn wir uns unsicher fühlen? Leider haben es die negativen Stimmen aus der Vergangenheit am leichtesten, unsere Aufmerksamkeit zu erhaschen. Wenn Sie mit Ihrem Körper unzufrieden sind, erinnern Sie sich dann mental und emotional an jene Ballettlehrerin, die Sie anfuhr, Ihren Bauch mehr einzuziehen? Versetzt Sie die Nervosität vor einer Präsentation, die Sie halten sollen, in Ihre Zeit als Achtjährige zurück, als Ihre Lehrerin zu Ihnen sagte, vor Publikum zu sprechen sei wohl nicht Ihre Stärke? Selbst wenn das Feedback, das Sie erhielten, positiv und ermutigend war, half es Ihnen möglicherweise nicht, sich Ihre eigene Meinung zu bilden.

Wenn ich auf meine perfektionistischen Neigungen in meiner Kindheit zurückblicke, scheint es mir, als wäre ich schon damit geboren worden. Aber kann das wirklich sein? Wenn ich mich an frühe Gespräche mit meinen Eltern zurückerinnere, so bekam ich viel Aufmerksamkeit von ihnen, wenn ich gute Noten nach Hause brachte. Klar, welche Eltern belohnen ein gutes Zeugnis nicht mit Lob? Aber etwas in mir wurde süchtig nach dem Endorphinrausch, den die Zufriedenheit meiner Eltern in mir auslöste. Der Entschluss, nicht Jura zu studieren, fiel mir überraschend leicht. Ich wusste, dass das nicht der richtige Weg für mich war und dass ich ihn nicht gehen wollte. Aber zu Hause am Esstisch zu sitzen und meinen Eltern diesen Entschluss mitzuteilen? Das war *mörderisch*. Ich hasste es, sie zu enttäuschen, und es kostete mich jedes bisschen Stärke, das ich besaß, zu einer Entscheidung zu stehen, von der ich wusste, dass sie meine Eltern nicht glücklich machte. Noch bizarrer war, dass meine Eltern mich nach ihrem ersten Schock dann tatsächlich unterstützten (wie sie es anfangs in Toronto getan hatten). Ich hatte lediglich meine eigenen Ängste auf das projiziert, von dem ich *dachte*, dass es ihre Reaktion sein würde. Das wird hier jetzt reichlich psychologisch, und das im Einzelnen zu analysieren, bin ich sicherlich nicht die geeignete Person. Entscheidend ist, dass der erschreckte und verunsi-

cherte Geist ein ziemlich abenteuerlicher Ort voller Zweifel und Schuldgefühle ist. Ich tue bis heute nichts gern, was meinen Eltern missfällt.
Aber ich habe durch Übung gelernt, zwischen meinem Bedürfnis, ihnen
zu gefallen, und meinen eigenen Ansichten zu unterscheiden.

Das sind harte Lektionen – selbst für eine, die von sich sagt, dass sie
bereits mit einem eigenen Kopf geboren wurde. Meine Freundin Lori
Deschene, die ebenfalls über Wellness bloggt, ist die Begründerin der
Website »Tiny Buddha«. Sie erzählt mir, sie sei die Art von Kind gewesen, das trotzig zum Dinosaurier griff, wenn andere Mädchen sich im
Spielzeugladen eine Barbie aussuchten. »Ich sah mich immer schon
als die, die gegen den Strom schwimmt. Ich sah mich als Rebellin, als
Wagemutige, als Träumerin.« Sie musste sogar aufpassen, dass sie ihre
Entscheidungen nicht nur unter dem »Anti«-Gesichtspunkt traf. »Ich
musste lernen, dass meine echten Wünsche mitunter dem entsprachen,
was auch andere taten.«

Aber was ist, wenn Sie sich mit Ihrer Entscheidung definitiv außerhalb des Mainstreams bewegen? Die Kenntnis Ihrer eigenen Werte
macht die Situation für Sie noch lange nicht besser, solange die Menschen, die Ihnen lieb und teuer sind, Ihre Entscheidungen nicht nachvollziehen können. Vor rund vier Jahren verlobten sich Lori und ihr
Freund. Sie brachten diese frohe Botschaft ihren Familien und Freunden dar. Nur beschlossen die beiden kurze Zeit später, dass sie in Wahrheit zumindest vorerst nicht wirklich zu heiraten beabsichtigen. Sie
wussten, dass sie ihre Meinung jederzeit ändern konnten – beispielsweise, wenn sie Kinder haben würden. Aber zu diesem Zeitpunkt lieb-
ten sie sich, fühlten sich einander verbunden, und das genügte ihnen,
selbst wenn um sie herum alle ihre Freunde heirateten. Entgegen dem
Druck unserer Kultur auf Paare, den scheinbar unvermeidlichen Weg bis
zur Ehe zu gehen, mussten Lori und ihr Freund ehrlicherweise zugeben,
dass sie eine andere Entscheidung treffen wollten. Und so mussten sie
allen erzählen, dass es keine Hochzeit geben würde. »Wir bekamen viel
Kritik für unseren Gesinnungswechsel. Schließlich waren wir ja verlobt.
Da gab es die Überraschten und die Enttäuschten. Und für uns beide
war das sehr nervig, denn immer, wenn das Stichwort fiel, fragte irgend-
wer: ›Und, wann heiratet ihr jetzt?‹ Eine Weile lang nannte ich ihn noch
meinen Verlobten, und das brachte dann jedes Mal diese Frage auf. Jetzt

spreche ich nur noch von ›meinem Freund‹, denn wir haben nicht vor, in der näheren Zukunft zu heiraten.«

Die Entscheidung, zu heiraten oder nicht zu heiraten, ist sicherlich zu bedeutsam, um sie äußeren Kräften zu überlassen. Und doch ... kulturelle Normen gepaart mit dem Wunsch, es der eigenen Familie recht zu machen, machen es schwer, sich dagegen zu entscheiden. Das kann selbst dann schwierig sein, wenn es um weniger bedeutsame Fragen geht. Lori sagt: »Wenn ich einen Rat geben sollte, dann den, den richtigen Mittelweg zwischen purer Protesthaltung und Anpassung um der Anpassung willen zu wählen.« Herauszufinden, wo Sie im Spektrum zwischen Anpassung und Unbeirrbarkeit stehen, ist der erste Schritt. Und Lori gab mir noch ein Juwel mit auf den Weg: »Ich denke, die einzig wichtige Frage, die wir uns stellen müssen, ist: ›Was würde ich tun, wenn ich wüsste, dass niemand sich ein Urteil über mich bilden wird?‹«

Wenn Sie vor einer großen Entscheidung oder Aufgabe stehen, hören Sie häufig als Erstes in Ihrem Kopf die Antworten auf Fragen wie »Was wird er davon halten?« oder »Begehe ich damit in ihren Augen einen Fehler?«. Die Stimmen und Meinungen und die hypothetischen Antworten anderer werden mitunter so laut, dass wir unsere eigene Stimme und unsere eigenen Antworten nicht mehr vernehmen. Wir fühlen uns dann häufig hin- und hergerissen und unsicher. Für uns Frauen, denen ein feines Gespür für die Gefühle und Wünsche anderer anerzogen wurde, kann sich diese Ambivalenz wie ein zentraler Teil unseres Charakters anfühlen. Unsere Stärke – unser Einfühlungsvermögen, unsere Fähigkeit, andere Sichtweisen zuzulassen – kann zugleich unsere Schwäche sein. Die Psychiaterin Anita Chakrabarti beschreibt es so: »Unsere Unsicherheit kann daher kommen, dass wir uns all dieser unterschiedlichen möglichen Sichtweisen bewusst sind. Anstatt eine Entscheidung zu treffen und zu sagen: ›Das werde ich tun. Ich weiß, das ist nicht perfekt, aber ich habe beschlossen, diesen Weg zu gehen‹, reagieren wir auf alle diese unterschiedlichen Sichtweisen. Wir wollen die richtige Entscheidung treffen, und so bringen wir uns selbst

> Die Stimmen und Meinungen und die hypothetischen Antworten anderer werden mitunter so laut, dass wir unsere eigene Stimme und unsere eigenen Antworten nicht mehr vernehmen.

immer neu aus dem Konzept, indem wir sagen: ›Das ist richtig, nein, jenes ist richtig, nein, das ist auch richtig‹, bis wir uns vollkommen verlieren.«

Sobald Sie die Stimmen und Einflüsse identifiziert haben, die Sie aus Ihrem Kopf verbannen möchten, ist es an der Zeit, dass Sie die eine Stimme kultivieren, die Sie hören wollen: *Ihre eigene.* Voraussetzung ist natürlich, dass Sie sie überhaupt wahrnehmen können. Infolge mangelnder Verwendung ist sie möglicherweise kaum mehr als ein Stimmchen. Und wie werden Sie nun all die anderen realen oder eingebildeten Stimmen zu Ihren Entscheidungen los – wie schütteln Sie dieses Den-Wald-vor-lauter-Bäumen-nicht-sehen-Gefühl ab? Anita sagt: »Was uns hier helfen kann, ist Achtsamkeit, denn Achtsamkeit heißt, in jedem Augenblick nur genau eine Sache zu machen und sich dabei jeder Wertung zu enthalten.«

Ich habe diesen Prozess auch bei anderen Frauen beobachtet. Sam Negrin, die mit mir bei LEAF arbeitete, ist ein kreativer Mensch mit viel Zutrauen in ihre Lebensentscheidungen. Aber sogar Sam, die immer ihren eigenen Weg gegangen ist, ließ sich vor Kurzem vorübergehend aus dem Konzept bringen.

»Es ist seit jeher meine Art, mit den Leuten zu reden. Ich spreche über meine Ideen. Aber seit Kurzem arbeite ich an einem neuen Projekt, und das ist ein ziemliches Ding. Die Entscheidung dazu war nicht einfach, denn sie bedeutet eine gewaltige Lebensumstellung. Ich erzählte meinen Freundinnen davon, und eine sagte: ›Was glaubst du, wer du bist, dass du denkst, dass du das schaffst?‹ Na ja, mit unserer Freundschaft ist es seither nicht mehr weit her. Aber ich hatte nun dieses Feedback: ›Wie kommst du auf die Idee, dass du das schaffen kannst? Du wirst daran scheitern und auf die Nase fliegen.‹ Aber andere sagten: ›Was für eine tolle Idee! Mach das. Wenn du es willst, dann schaffst du es auch.‹« Nach so widersprüchlichen Reaktionen war Sam verunsichert. »Ich musste tief Luft holen und mit vielen Leuten darüber sprechen. Ich merkte, wie mich das negativ beeinflusste. Und ich war wie: Oh mein Gott, was tue ich da?«

All die negativen Kommentare und selbst die freundlicheren, aber verhaltenen Bemerkungen zehrten an Sams Entschlossenheit. Sie arbeitete zwei Monate lang nicht an dem Projekt, aber sie hörte auch auf, andere nach ihrer Meinung zu fragen. Langsam begann sie, sich wieder auf ihre eigenen Gedanken und Wünsche zu fokussieren. Mehrere Wochen lang verwendete sie täglich etwas Zeit darauf, ihre Gedanken, ihre Pläne und ihre Ziele aufzuschreiben, und das brachte sie schließlich zu ihrem Ausgangspunkt zurück. Sie liebte ihre Idee und entwickelte einen Plan zu ihrer Umsetzung. »Als ich nicht länger mit anderen darüber sprach, sondern nur noch auf meine eigene Stimme hörte und die Idee einige Wochen lang reifen ließ, kam ich schließlich zu dem Punkt, an dem ich mir sagte: ›Das ist eine gute Idee, und ich will sie unbedingt umsetzen.‹ Vielleicht wird nichts daraus. Aber ich glaube, vielen Leuten ist nicht klar: Wenn du etwas willst, dann wird daraus manchmal etwas ganz anderes, als du dir am Anfang vorgestellt hast.«

Und wenn Sie während des gesamten Prozesses immer mit Herz und Seele dabeibleiben, haben Sie auch keine Schwierigkeit damit, dass sich die ursprünglichen Ziele mit der Zeit verschieben. Jaclyn Johnson von den erfolgreichen Create-&-Cultivate-Konferenzen erzählte mir, wie sich ihre eigenen Erwartungen verschoben. Als sie ihr Unternehmen gründete und anfangs gerade einmal ihre Unkosten wieder hereinbekam, dachte sie schon, sie wäre gescheitert. Ihre Eltern, beide Unternehmer, erinnerten sie daran, dass eine schwarze Null für ein Start-up bereits ein großer Erfolg ist. Das war für Jaclyn eine wichtige Lektion in Sachen Blickwinkel. »Was du unbedingt machen musst, ist, dass du für dich selbst definierst, was Erfolg ist – dass du dir deine eigene Erfolgsmetrik schaffst.«

Beginnen Sie mit »Om«

»Die kleinen Dinge? Die kleinen Momente? Die sind nicht klein.«
JON KABAT-ZINN

Zu den mächtigsten Tools für Frauen, die auf der Suche nach klarer Orientierung und einer gesteigerten sinnhaltigen Produktivität sind, gehört Achtsamkeit. Mag das auch gegenwärtig ein Modewort sein – Achtsamkeit ist nichts anderes als wertungsfreie bewusste Präsenz im

Augenblick. Weil viele Menschen Achtsamkeit mit Meditation verwechseln, denken sie, man müsse dafür Zeit einplanen, wie beispielsweise für einen Pilates-Kurs, aber in Wahrheit können wir Achtsamkeit zu jeder Zeit und an jedem Ort praktizieren. Sie ermöglicht es uns, zur Ruhe zu kommen, weniger reaktiv zu sein, das Geschnatter der Welt auszublenden, ruhiger und klarer zu denken und bessere Entscheidungen zu treffen.

Jetzt mögen Sie vielleicht denken: Ich dachte, in diesem Buch geht es um Produktivität, aber stattdessen sprechen wir jetzt über Achtsamkeit?! Was hat das eine mit dem anderen zu tun? Vielleicht denken Sie bei Achtsamkeit an Ashrams und wallende Yogi-Gewänder, aber in Wahrheit handelt es sich um eine Voraussetzung für echte Produktivitätssteigerung. Wenn Sie in der Lage sind, das ständige Getöse im Kopf auszuschalten und die äußeren Stimmen mitsamt den an Sie gerichteten Erwartungen zum Schweigen zu bringen, und wenn es Ihnen gelingt, jede Situation auf der Grundlage einer klaren Vorstellung davon, wer Sie sind und was Sie wollen, einzuschätzen, dann sind Sie sehr viel schneller in der Lage, nicht nur Dinge zu schaffen (durch entschlossenes zuversichtliches Handeln), sondern, was noch wichtiger ist, das *Richtige* zu tun. Sie verbringen dann mehr Zeit mit Dingen, die Ihnen persönlich Erfüllung bringen, und weniger Zeit mit Dingen, die das nicht tun.

Und hier ist der Teufelskreis: Ohne Achtsamkeit sind wir unserer eigenen inneren Zickenstimme und all den realen Zickenstimmen um uns herum ausgeliefert, die uns antreiben, immer härter und immer schneller zu arbeiten. Aber Achtsamkeit erfordert Übung, und wer hat dafür Zeit?

Von jetzt an *haben Sie diese Zeit*. Okay, warten Sie, bevor Sie mich jetzt zum Teufel wünschen, weil ich schon wieder etwas auf Ihre To-do-Liste setze. Das ist nicht noch so ein Meeting in Ihrem Kalender, sondern ein lebensverändernder Ninja-Zug, der alles, was Sie tun, besser macht. Und natürlich wird er sie näher an Ihre eigenen Überzeugungen und Ansichten heranführen.

Das ist der entscheidende Paradigmenwechsel, auf den sich Tausende von Selbstermächtigungsartikeln reduzieren lassen: Wenn Sie Ihr Leben verändern wollen, müssen Sie in Ihrem Leben gegenwärtig bleiben. Sie müssen jene innere Kritikerin zum Schweigen bringen, Ihre

Ohren vor sexistischem Druck verschließen und den Sirenenrufen betäubender Dinge (wie unkontrolliertes Essen, Trinken, Fernsehkonsum, Instagrambilder-Posten oder was auch immer Sie tun, um der Realität zu entfliehen oder sich Selbstbestätigung zu holen) widerstehen. Das ist der erste Schritt, um Ihre innere und äußere Welt in die eigenen Hände zu nehmen und in jedem Augenblick uneingeschränkt gegenwärtig statt frustriert, enttäuscht und hin- und hergerissen zu sein.

Wie also machen wir das?

Achtsamkeit bedeutet schlicht, ganz im Augenblick zu leben. Häufig sind wir an fünf verschiedenen Orten gleichzeitig. Oder etwa nicht? Wir befinden uns in einem beruflichen Meeting, aber im Kopf gehen wir noch einmal die schwierige Unterhaltung durch, die wir morgens mit unserem Freund hatten. Wir sehen die gerunzelte Stirn unserer Chefin, wir überlegen uns schon mal, wie die streitlustige Kollegin auf eine bestimmte Idee reagieren wird … Und es ist sehr laut in unserem Kopf! Achtsamkeit bedeutet, dass wir ganz im Augenblick existieren, anstatt uns einem mentalen und emotionalen Multitasking hinzugeben, das uns nur ablenkt.

Wenn Sie erstmals üben, achtsam zu sein, hilft es vielleicht, wenn Sie tatsächlich Ihre aktuelle Tätigkeit unterbrechen, sich einen ruhigen Ort suchen und sich auf Ihre Atmung fokussieren. Selbst wenn Sie das nur eine Minute lang tun, lenkt es Ihren Fokus zurück auf Ihre Person und hilft Ihnen, Ihren umtriebigen Geist zur Ruhe zu bringen. Der buddhistische Mönch Thích Nhất Hanh lehrt eine rasche und einfache Gewohnheit: »Die Übung besteht darin, Einatmen als Einatmen und Ausatmen als Ausatmen zu erkennen. Wenn Sie einatmen, wissen Sie, dass Sie einatmen. Wenn Sie ausatmen, sind Sie sich dessen bewusst, dass Sie ausatmen.« Damit, dass Sie bewusst wahrnehmen, ob Sie gerade einatmen oder ausatmen, geben Sie Ihrem Geist etwas, auf das er sich fokussieren kann. »Wenn Sie das tun, hört der mentale Diskurs auf. Das ist das Wunderbare an dieser Übung.«

Wenn Sie das noch nie zuvor gemacht haben, fühlt es sich anfangs vielleicht albern oder unmotiviert an. Das ist okay. Beginnen Sie mit zweimal einer Minute täglich, in denen Sie sich auf Ihren Atem fokussieren. Vielleicht machen Sie es als Erstes am Morgen, noch bevor Sie aufstehen, und dann vielleicht ein zweites Mal abends auf Ihrem Heimweg in Bus oder Bahn. Was sich anfangs seltsam anfühlt, wird bald zur wohltuenden Gewohnheit, die Sie nach Belieben einsetzen können.

Sobald Ihr Körper und Ihr Geist wissen, wie es sich anfühlt, alle Ablenkung beiseitezulassen und zu sich selbst zurückzukehren, werden Sie in der Lage sein, häufiger und ohne Stille und Alleinsein in den Zustand der Achtsamkeit zu fallen. Ein Trick, den einige Achtsamkeitsverfechter verwenden, ist, dass Sie sich selbst erzählen, was Sie tun. Das ist eine sanfte Art, den Fokus zurück auf den Augenblick zu lenken und alle ablenkenden Gedanken und Gefühle zu dem, was war oder sein wird, draußen zu lassen. Es ist fast, als würden Sie sich Ihre Handlungen erzählen. Sie können denken: *Ich esse zu Mittag.* Und sich damit in einen Zustand der Achtsamkeit versetzen (anstatt gedankenlos zu essen). Oder: *Ich entscheide selbst, was ich als Nächstes tun will* (anstatt immer gleich zu überlegen, was andere wohl von Ihnen erwarten).

> Achtsamkeit ist nichts Exzentrisches, sondern ein Tool, um scharf zu denken, klare Entscheidungen zu treffen und produktiver zu werden.

Achtsamkeit ist nichts Exzentrisches, sondern ein Tool, um scharf zu denken, klare Entscheidungen zu treffen und produktiver zu werden. Sie können sich entscheiden, weil Sie nicht abgelenkt sind, aber Sie können auch die richtigen Entscheidungen treffen, weil Sie auf Ihre eigene Stimme hören.

Die Schritte, über die wir in diesem Kapitel sprechen wollen, setzen voraus, dass Sie eine grundlegende Entscheidung treffen: nämlich, dass Sie es wert sind. Therapeuten beschreiben häufig die Unfähigkeit von Patienten, den Unterschied zwischen »in ihrem eigenen Interesse« und »egoistisch« zu erkennen. Insbesondere für uns Frauen fühlt es sich mitunter falsch an, Mühe auf uns selbst, unsere Gedanken, Ziele und Wünsche zu verschwenden. Aber es ist wichtig zu erkennen, dass »sich selbst kennen« nicht dasselbe ist wie »sich und die eigenen Interessen über alle anderen stellen«. Es erfordert mitunter Zeit und Übung, sich daran zu gewöhnen, die eigenen Bedürfnisse obenan auf die eigene Liste zu setzen. Und sich selbst zu einer Priorität zu machen, bedeutet nicht, sich für wichtiger zu halten als andere. Wie Brené Brown* sagt: »Mitgefühl braucht Grenzen.«

Um die Kontrolle über Ihr Leben, Ihr Glück und Ihre Produktivität zu erlangen, müssen Sie Ihren Fokus von anderen und deren Wahrnehmung von Ihnen auf Ihr eigenes Urteil verlagern. Im Prinzip müssen Sie Ihr eigener Held sein und es darf Ihnen egal sein, ob sich ein paar andere davon angepisst fühlen. Die Gewohnheit zu durchbrechen, sich ständig nach Zustimmung oder einer Reaktion umzuschauen, fällt uns in dieser Gesellschaft der Sofortbelohnungen schwer, ist aber wichtig, wenn Sie den Platz hinterm Steuer Ihres eigenen Lebens einnehmen wollen.

---

* US-amerikanische Autorin psychologischer Schriften zur Lebensführung

Ran an die Hanteln

- Zählen Sie eine oder mehrere Situationen auf, in denen Sie eine Idee nur deshalb nicht umgesetzt haben, weil Sie Sorge hatten, was andere wohl davon halten würden.
- Wie fühlte sich dieser Verzicht an?
- Zählen Sie eine oder mehrere Situationen auf, in denen Sie sich über etwaige Bedenken hinweggesetzt und eine Idee einfach umgesetzt haben.
- Was wurde daraus?
- Wie fühlte sich das für Sie an?
- Auf wessen Urteil legen Sie am häufigsten Wert?
- Denken Sie an eine Situation, in der Sie eine wichtige Präsentation oder eine wichtige Ankündigung gemacht haben und Ihre Gedanken vorrangig bei dem waren, wie Sie aussahen oder was die Leute denken, und nicht bei der eigentlichen Präsentation.
- Was hat das mit Ihrem Selbstvertrauen gemacht?
- Können Sie in schwierigen beruflichen oder häuslichen Situationen ruhig, fokussiert und objektiv bleiben?
- Suchen Sie in solchen Situationen die Schuld immer zuerst bei sich selbst?
- Analysieren Sie Ihre Antworten auf die obigen Fragen und notieren Sie dann drei Ihrer stärksten Eigenschaften.
- Notieren Sie anschließend drei Ihrer charakteristischsten Wesenszüge (Überschneidungen mit der vorigen Frage sind zulässig).

_____

_____

_____

_____

_____

_____

_____

_____

_____

_____

_____

_____

_____

_____

Wenn Sie im Beruf oder zu Hause vor einer Herausforderung, einem Problem oder einer schwierigen Situation stehen, möchte ich, dass Sie sich auf diese Eigenschaften und Wesenszüge besinnen und sich klarmachen, welche davon Sie nutzen wollen, um das Problem zu lösen. Sie könnten beispielsweise sagen: »In diesem Gespräch werde ich mich klar und überzeugend ausdrücken. In diesem Gespräch werde ich kooperativ und herzlich sein. In diesem Gespräch werde ich Entschlossenheit und Humor zeigen.« Seien Sie wohlgemut. Lassen Sie nicht zu, dass sich Zweifel einschleichen und Sie infolgedessen abgelenkt sind.

3. Kapitel – Sie und Ihre kluge Sprache

Winnipeg, Winter 1992: »*Death by yes*«

Eine meiner frühesten Erfahrungen mit »Tod durch ›Ja‹« machte ich in meinen letzten Jahren an der Highschool. Aber das wurde mir erst bewusst, als ich mich vor ein paar Jahren erneut in einer ähnlichen Situation befand. Zu Beginn der 11. Klasse bereitete ich mich auf den Marathon der Universitätsbewerbungen vor. Auf meiner Liste standen nur zwei Adressen: Harvard und Columbia. Für mich bestand kein Zweifel daran, dass ich auf eine dieser beiden Schulen gehen würde (auch wenn ich mit McGill noch eine Reserveoption in der Hand hatte). Ich begann also mit meiner zweijährigen Trophäen-Sammelei. Natürlich war ich bereits Klassensprecherin, aber das war nur der Anfang. Im Lauf der nächsten achtzehn Monate gab es nichts, wozu ich nicht Ja sagte. Und mit nichts meine ich nichts. Wenn es sich gut auf meiner Bewerbung machte, tat ich es. Ich besuchte jeden »Advanced-Placement«-Kurs, der sich mir bot. Ich war Kapitänin des Debattierteams, leitete das Vorbereitungsteam für die internationale Debattiermeisterschaft, die an unserer Schule stattfinden sollte, und stand dem Tanzkomitee unserer Schule vor. Ich leitete die Schulkantine (der erste bezahlte Schülerjob an meiner Schule), was bedeutete, dass ich in allen Pausen, während der Mittagszeit und nach der Schule Doritos und Eissandwichs an meine hungrigen Mitschüler verkaufte. Ich brauchte das. Dann kandidierte ich erfolgreich als Schulsprecherin (infolge der am penibelsten geplanten und längsten Kampagne aller Zeiten gewann ich mit einem noch nie gesehenen Abstand) und hielt zuletzt auch die Schülerrede auf unserer Entlassungsfeier – das alles bei einem unveränderten Notenschnitt von »sehr gut«. Und das waren nur die größeren Dinge, die ich tat.

Erkennen Sie das Muster?

Als ich in den abschließenden Bewerbungsprozess mit mehreren Interviews bei meinen beiden Topkandidaten startete, war ich mir meiner Sache verdammt sicher. Wie konnten sie mich *nicht* zulassen? Meine einzige Rivalin war eine Austauschstudentin aus Thailand, die in der 11. Klasse an meine Schule gekommen war. Sie hatte eindrucksvolle Noten und einen unglaublichen Arbeitseifer, aber im Gegensatz zu mir konnte sie nur eine einzige außerunterrichtliche Aktivität vorweisen: Sie hatte den neuen Ableger des Roten Kreuzes in Winnipeg gegründet und war dessen Leiterin. Sie verwendete darauf zugegeben viel Zeit – und machte ihre Sache gut –, aber das war nur *eine* Sache!

Sie können sich also meinen Schock vorstellen, als ich beim Briefkasten stand und Briefe von beiden Universitäten las, in denen sie mir mitteilten, dass sie mir lediglich einen Platz auf der Warteliste gegeben hatten. Dieser Schock war jedoch nichts im Vergleich zur Nachricht des folgenden Morgens: Meine Rivalin war von beiden Universitäten angenommen worden.

Ich konnte mir nicht erklären, wie das geschehen konnte. Ich hatte ein Gefühl, wie wenn man mich bestohlen hätte. Es gab schlechterdings nichts, was ich noch hätte tun können. Die Zeit hätte das nicht zugelassen. Und jetzt hatte sich der Lauf meines Lebens, wie ich ihn geplant hatte, unwiderruflich verändert. Ich fühlte mich machtlos. Nach einer Weile sammelte ich alle meine Kräfte, packte meine Sachen und besuchte McGill – eine Erfahrung, die ich im Nachhinein um nichts in der Welt missen wollte. Das Rätsel meiner Niederlage aber ließ mich die nächsten 20 Jahre nicht mehr los. Alles, was ich in der Folge tat, war mit einem schwachen Unsicherheitsfaktor verbunden. Es war nicht das Ergebnis, das mich lähmte – es war der Umstand, dass ich mir so sicher gewesen war, dass ich alles richtig gemacht hatte, und dass mich dieses Gefühl getäuscht hatte, ohne dass ich wusste, warum.

So war es denn eine große Erleichterung für mich, als ich vor einigen Jahren, während ich eine Bloggerin für »Pick the Brain« coachte, plötzlich eine Erleuchtung hatte. Diese Bloggerin war intelligent und erfolgreich, aber ständig erschöpft und ohne Energie. Als ich sie fragte, wie ihre typische Woche aussah, legte sie mir eine lange Liste vor. Ich war schon vom Durchlesen müde! Ihr Problem war offensichtlich: Sie machte zu viel. »Kraft kommt aus der Einfachheit«, höre ich mich noch erwidern, und als die Worte aus meinem Mund kamen, ging mir ein Licht auf. Ich musste plötzlich an den Briefkasteninhalt von vor 20 Jahren denken. Jetzt begriff ich. *Endlich.* Mit jedem unnötigen Ja, mit jedem unnötigen Gremium und mit jeder Anstrengung in Richtung von etwas, das nicht voll und ganz meinen Wertvorstellungen und Prioritäten entsprach, hatte ich mein Angebot geschwächt. Ich hatte mich selbst geschwächt. Triumphiert hatte stattdessen meine »Rivalin«, die sich auf ihre Kernstärken fokussiert und alles andere weggelassen hatte. Eine Riesenlast fiel von mir ab. Ich begann, mein gegenwärtiges Leben neu zu bewerten und überlegte, wo ich alles Ja gesagt hatte, obwohl ich genauso gut hätte Nein sagen können.

Das klingt jetzt vielleicht nach einem trivialen Beispiel – was für eine Krise, du hast es nur bis McGill geschafft! –, aber die Lektion ist diese: Indem ich ständig und überall Ja sagte, hatte ich meine Optionen und Möglichkeiten eingeschränkt. Und damals handelte es sich um die größten und folgenreichsten Entscheidungen in meinem Leben. Unsere Kraft kommt von den Entscheidungen, die wir treffen. Wie schon gesagt, ich möchte meine McGill-Erfahrungen um nichts in der Welt missen, aber es war pures Glück, dass sich meine Rückfalloption am Ende als so gut für mich herausstellte. Wenn ich heute vorsichtig bin, zu etwas Ja zu sagen, dann erinnere ich mich an diese Zeit in meinem Leben und wie sie sich für mich anfühlte.

POP-Wahrheit

Sprache prägt uns

Drei Wörter, die Sie umgehend neu bewerten sollten:

- Fangen Sie an, **Nein** zu sagen!
- Hören Sie auf, **Entschuldigung** zu sagen!
- Und befreien Sie sich aus den Fängen von »**sollte**«!

Ich bin Autorin, und Wörter sind mir wichtig. Schließlich lebe ich davon. Aber für jemanden, der großen Wert auf ihre Bedeutung legt (häufig verbringe ich viele Minuten mit der Wahl eines einzigen Wortes), war es erschreckend zu sehen, wie sorglos ich in meinen täglichen Formulierungen war. Warum gab ich mir so viel Detailmühe, wenn es um die Gefühle und Wünsche meiner ausgedachten Figuren ging, und warum war ich so nachlässig in Dingen, die meine eigenen Bedürfnisse und Wünsche betrafen? Klar, eine direkte Ausdrucksweise ist die Grundlage des Erfolgs und Teil seiner Verwirklichung. Das artikulieren zu können, was wir wollen, was wir können, wofür wir uns verantwortlich fühlen und *wer wir sind*, ist die unabdingbare Voraussetzung dafür, irgendetwas effektiv tun zu können.

Wie oft haben Sie sich schon mit etwas einverstanden erklärt und Ihre Worte, kaum dass Sie sie ausgesprochen haben, schon bereut?

Wie oft haben Sie sich für Ihr eigenes Verhalten entschuldigt, obgleich es dort nicht das Geringste zu entschuldigen gab?

Wie oft verzichten Sie darauf, etwas zu tun, was Sie tun möchten, um stattdessen etwas zu tun, von dem Sie denken, dass andere es von Ihnen erwarten?

Wenn Sie der Person ähneln, die ich war, lautet die Antwort auf diese Fragen: täglich. Wenn ich nicht abends nach der Arbeit noch mit dem Besuch von Veranstaltungen mein Netzwerk pflegte, war ich damit beschäftigt, mich bei einer Freundin dafür zu entschuldigen, dass ich am Wochenende keine Zeit zum Ausgehen hatte. Immer war irgendetwas los. Und während ein solches Verhalten auch kurzfristige Auswirkungen hat – ein ständiges unterschwelliges Gefühl, dass etwas nicht stimmt –, sind die langfristigen Folgen die eigentlich problematischen. Mir ist wichtig zu betonen, welche Kraft darin liegt, dass wir sagen, was wir wirklich meinen. In dieser Phase des POP-Systems sind wir dabei zu klären, wer Sie sind und was Sie wollen; die Sprache, die Sie in der Welt und im eigenen Kopf verwenden, hat daran entscheidenden Anteil. Ihre persönliche Kraft hängt grundlegend davon ab. Das Gegenteil ist ebenso wahr: Wenn Sie etwas anderes sagen, als Sie meinen, wird Sie das unweigerlich schwächen. Und jedes Mal, wenn Sie das tun, geht das auf Kosten Ihrer persönlichen Kraft. Es untergräbt Ihr Selbstvertrauen. Es bringt Ihre innere Stimme zum Schweigen. Und das Resultat ist, dass es Ihnen unmöglich ist, Dinge auf sinnvolle Weise zu tun. Wie könnte es auch anders sein? Sie können sich nicht effektiv vorwärtsbewegen, solange Sie nicht mit Ihrer ganzen Person dahinterstehen.

Auf unserem Weg zur Entfesselung Ihres authentischen Ichs werde ich einiges aus Ihrem Vokabular streichen, aber anschließend werde ich Ihnen auch etwas zurückgeben. Klingt das fair? Dieser linguistische Tausch scheint vielleicht klein, aber ich verspreche Ihnen, dass seine Dividende gewaltig sein wird. In Wahrheit zählen natürlich alle Worte, aber kleine Änderungen können sehr viel bringen und sind ein guter Ausgangspunkt.

Nein heißt Nein

> »Sag nicht Ja, wenn du eigentlich Nein sagen willst.«
> PAULO COELHO

Beginnen wir mit dem, was ich Ihrem täglichen (sowohl äußeren als auch inneren) Dialog hinzufügen will. Zu dem Mächtigsten, was die Sprache zu bieten hat, gehört meines Erachtens das Wörtchen *nein*. Es ist ein kleiner Einsilber, der so wenig Platz auf der Seite einnimmt, dass er kaum der Erwähnung wert zu sein scheint. Im Leben aber ist er eine Kraftquelle heroischen Ausmaßes. Nein ist Ihr Zauberumhang, Ihr Wonder-Woman-Armband, Ihre ultimative Superpower. Wie jede Superpower müssen Sie sie verstehen und entwickeln und lernen, sie mit Zuversicht einzusetzen.

Warum tun wir es?

*»Im Zentrum deines Seins weißt du die Antwort;
du weißt, wer du bist, und du weißt, was du willst.«*
LAOTSE

Die traditionelle Vorstellung lautet, dass Sie, wenn Sie es zu etwas bringen wollen, bei jeder sich bietenden Gelegenheit Ja sagen müssen. Und wenn das, was sich Ihnen bietet, eine Tür ist, die sich zu Ihren wahren Zielen hin öffnet, dann sagen Sie natürlich Ja dazu. Wenn es Ihr Traum ist, ein Blumengeschäft zu eröffnen, brauchen Sie lediglich Ihre eigene Erlaubnis (und ein Gefühl für Ihren eigenen Wert), um Ja zu sagen, wenn Sie das erste Mal gebeten werden, die Blumendeko für eine Hochzeitsfeier zu arrangieren. In einem Seminar mit einem bekannten Vertreter Ihres Fachs wird ein Platz frei, und ich packe für Sie die Koffer, während Sie Ja sagen. Wenn Ihr Partner, der ein wahrer Partner im Spaß, in der Verantwortung und in der Liebe ist, die Dinge auf die nächste Ebene heben und mit Ihnen zusammenziehen will, dann sagen Sie natürlich aus vollem Herzen Ja.

Ja sollte aber niemals ein Blankoscheck sein, und für viele von uns ist es das. Nachdem wir zu freundlichen, hilfsbereiten, netten Mädchen erzogen wurden, sind wir Frauen geneigt, Ja zu sagen, ohne zu bedenken, was das für uns bedeutet. Wir wurden so sehr darauf getrimmt, anderen zu helfen, dass es uns ein gutes Gefühl gibt, bestätigt es doch unser positives Selbstbild, das man uns anerzogen hat. Ich wette, dass bei Ihnen schon die Alarmglocken schrillen, wenn Sie dies lesen. *Will Erin, dass ich nicht mehr an andere denke? Ermuntert sie mich wirklich dazu, egoistisch zu sein? Wer wird mich noch mögen, wenn ich mich an die erste Stelle setze?* Lassen Sie mich das klarstellen: Natürlich ist nichts Schlechtes dabei, anderen zu helfen. Aber schon die Tatsache, dass allein die Frage nach all den Dingen, die Sie für andere tun, ohne zuerst an sich zu denken, Ihnen

> Nachdem wir zu freundlichen, hilfsbereiten, netten Mädchen erzogen wurden, sind wir Frauen geneigt, Ja zu sagen, ohne zu bedenken, was das für uns bedeutet.

Unbehagen bereitet, zeigt, wie wenig hilfreich es für uns Frauen ist, »hilfreich« und »auf sich selbst bedacht« als Gegensätze zu begreifen.

Schauen wir uns im Detail an, wie das Ja-Sagen häufig im Leben einer Frau funktioniert.

Ja-Szenario Nr. 1. Sie sitzen in einem Meeting mit, sagen wir, acht oder neun Männern und Frauen um einen Tisch. Ihre Vorgesetzte braucht jemanden, der mitschreibt, die Notizen anschließend abtippt und an alle herumschickt. »Katie, würde es dir etwas ausmachen, dir ein paar Notizen zu machen?« Natürlich wird Katie das tun. Sie kann so etwas. Und sie ist hilfsbereit. Und sie will es Ihrer Vorgesetzten recht machen, die sie in Kürze anlässlich Ihres Mitarbeitergesprächs sehen wird. Nichts Großes. Aber es bedeutet, dass Katie nicht wirklich an diesem Meeting teilnehmen wird. Sie war mit dem Plan in das Meeting gekommen, einige Ideen für ein bevorstehendes Projekt vorzustellen. Aber es fällt schwer, Dinge artikuliert vorzutragen, während man gleichzeitig für das Protokoll zuständig ist. Nach dem Meeting eilt Katie an ihren Platz zurück und verbringt weitere 45 Minuten mit der Abschrift und dem Versenden des Protokolls, anstatt sich gleich wieder ihrer Arbeit zu widmen.

Ja-Szenario Nr. 2. Enge Fristen führen dazu, dass alle in Julias Büro Überstunden machen. Vermutlich wird es heute Abend wieder 21 Uhr werden. Als Julias Manager die Mitarbeiter um sich schart, um ihnen mitzuteilen, dass es wieder ein langer Abend werden wird, wendet er sich an Julia und sagt: »Macht es dir etwas aus, die Abendessen zu bestellen?« Um ehrlich zu sein, würde sie lieber mit ihrer Arbeit fortfahren, um schneller damit durch zu sein, aber was soll sie machen – vor versammelter Mannschaft Nein sagen? Stattdessen sagt sie also: »Klar.« Was dasselbe ist wie Ja. Julia verbringt anschließend nicht weniger als 30 Minuten damit, nach der Bestellkarte des Lieferanten zu suchen, von Tisch zu Tisch zu gehen, sämtliche Bestellungen entgegenzunehmen, die Bestellungen telefonisch durchzugeben und die Mahlzeiten schließlich beim Gebäudeeingang entgegenzunehmen.

Ja-Szenario Nr. 3. In Janes Wirtschaftsprüfungsfirma erscheint alle sechs Monate eine neue Gruppe von Studenten, die mit den Bürogepflogenheiten vertraut gemacht und, um ehrlich zu sein, mehrere Tage lang gehätschelt werden müssen. Genau genommen wäre es ein Job für die Personalabteilung, aber weil die Wirtschaftsprüfer sich in Wahrheit besser damit auskennen, fällt der Job in der Regel einem von ihnen zu. Die letzten drei Male hatte Janes Vorgesetzte sie gefragt, ob sie nicht »ein Auge auf die neuen Studenten haben« könnte. Die Arbeit mit den eifrigen Neueinsteigern kann Spaß machen, bedeutet aber in Wahrheit, dass ungefähr einmal in der Stunde jemand bei ihr am Tisch steht, der Hilfe mit dem Softwaresystem braucht – wo die Dateien liegen, wie die Dinge in diesem Unternehmen gehandhabt werden und dergleichen.

Das sind nur drei Beispiele für klassische »häusliche« Aufgaben, die regelmäßig vorzugsweise an Frauen delegiert werden. Es gibt noch sehr viel mehr kleine Tätigkeiten, die das Leben im Büro verbessern. Und ist das erstaunlich? Es ist doch schön, wenn jemand für eine Verabschiedungsparty Muffins mitbringt. Es ist wunderbar, wenn sich jemand die Zeit nimmt, endlich mal den Bürokühlschrank auszuwischen. Es ist total liebenswürdig, wenn jemand eine Geburtstagskarte besorgt und alle darauf unterschreiben lässt. Es sind diese Gesten und Bemühungen, die den Betriebsablauf schmieren und womöglich dafür sorgen, dass alle jeden Tag gern zur Arbeit kommen. Jemand muss es tun, und dieser Jemand hat in aller Regel eine Vagina. Aber machen Sie keinen Fehler: So wichtig diese Tätigkeiten sind – sie fördern nicht Ihre Karriere. Ihre Vorgesetzte weiß Ihren Teamgeist möglicherweise zu schätzen und findet es toll, dass Sie sich für diese kleinen Dinge nicht zu schade sind, aber in Ihrem nächsten Mitarbeitergespräch wird das nicht ins Gewicht fallen.

Die Soziologin Madeleine Heil bezeichnet diese Jobs als »altruistisches Bürgerengagement«. Damit wir Frauen am Arbeitsplatz als gute Bürgerinnen wahrgenommen werden, müssen wir uns für diese »häuslichen« Arbeiten anbieten. Aber denken Sie nicht, dass es für das Protokollführen, Kaffeekochen oder Geburtstagsessen-Planen Bonuspunkte gibt – diese Pflichten stellen lediglich die Mindestanforderung an uns Frauen dar. Während diese Jobs uns keinen beruflichen Ruhm einbringen, kann ihre Vernachlässigung Konsequenzen haben. Von uns Frauen wird erwartet, dass wir hilfreich sind. Von Männern erwartet man hingegen Ehrgeiz. In einer Studie untersuchte Heil, wie College-Studenten Frauen und Männer hinsichtlich dieses Bürgerengagements wahrnahmen. Die Studie schaute sich Männer und Frauen an, die halfen beziehungsweise nicht halfen, und wie die einzelnen Gruppen wahrgenommen wurden. Heil fand heraus, dass Frauen, die hilfreich waren und sich im Bereich der »häuslichen« Aufgaben engagierten, nicht als bemerkenswert oder lobenswert wahrgenommen wurden, sondern lediglich als das tuend, was Frauen eben tun sollten. Männer hingegen, die sich für »häusliche« Tätigkeiten hergaben, erlangten regelmäßig Rockstar-Status, hätte doch niemand von ihnen so viel Engagement erwartet. Wenn Frauen geschlechtsspezifische Erwartungen nicht erfüllen, werden sie sowohl von Männern als auch von Frauen sehr viel strenger beurteilt. Männer werden nicht in derselben Weise abgestraft, wenn sie sich vor der Hilfeleistung drücken.

Um es zusammenzufassen: Von uns Frauen wird verlangt und erwartet, dass wir mehr Verwaltungstätigkeiten übernehmen (die nicht in unserer Jobbeschreibung stehen), die zum reibungslosen Bürobetrieb beitragen, und man erwartet von uns die Nettigkeiten, die den Arbeitsplatz angenehm machen. Aber wir profitieren weder vom einen noch vom anderen. Wenn Frauen am Arbeitsplatz helfen, haben sie nichts davon; wenn sie nicht helfen, werden sie bestraft. Wenn Männer nicht helfen, nimmt niemand davon Notiz, und wenn sie helfen, haben sie auch selbst etwas davon.

Wenn unausgesprochener Sexismus am Arbeitsplatz seine Spielchen mit uns treibt, wie sieht es dann zu Hause aus? Wir wissen, dass Frauen im Anschluss an ihren Arbeitstag mehr Stunden investieren, um ihr Heim in Ordnung zu halten und für ihre Familien zu sorgen. Aber neben Kochen, Spülmaschine-Ausräumen, Wäschewaschen, Hausaufgabenbetreuung und so weiter wird von uns eine weitere »Hausarbeit« erwartet. Emotionsarbeit ist ein weiterer Punkt, den wir unserer To-do-Liste hinzufügen, ohne auch nur an Alternativen zu denken.

Emotionsarbeit ist für Sie kein Thema? Und ob sie das ist! Sich merken, welche Freunde unserer Kinder Allergien haben, Familienweihnachtsgrußkarten verschicken, Babysitter bestellen, Ausgeh-Abende mit Freunden organisieren, jedermanns Terminplan im Kopf haben, beschließen, was es zum Abendessen gibt, Ferienpläne recherchieren, wissen, wo was im Haus zu finden ist ... Das ist die nahezu unsichtbare Arbeit, die wir Frauen zu Hause leisten.

Ich fragte Leah McLaren, wie das bei ihr zu Hause aussieht. Sie ist eine gefragte Buch- und Drehbuchautorin mit eindrucksvollen Referenzen. Ihr Ehemann hat ebenfalls einen wichtigen Job, den er im Gegensatz zu ihr in einem Büro verrichtet. Sie haben drei kleine Söhne und den komplizierten Kalender einer modernen Familie. Sie hat über die Emotionsarbeit geschrieben, die Frauen in ihren Beziehungen leisten, und erforscht, wo die Ursprünge dieses Phänomens liegen, das Frauen in puncto Ressourcen in unfairer Weise benachteiligt. Was ihr aber nicht gelingt, ist, es aus ihrem eigenen Eheleben zu verbannen. Als das letzte Weihnachten näher rückte, ging sie los und besorgte sämtliche Geschenke, die sie und ihr Mann den Söhnen sowie ihrer und seiner Familie zukommen lassen wollten. Nun, dieser Initiative ging keineswegs ein Gespräch voraus wie: »Ich kümmere mich um die Geschenke, wenn du dafür das Abendessen planst, das wir geben werden.« Sie zog keine andere Option in Erwägung, als sich darum zu kümmern. Kurz vor dem Fest kam das Thema zur Sprache. »Rob sagte: ›Ist das alles bedacht?‹, und ich sagte: ›Ja.‹ Und das war unser gesamtes Gespräch zu den Weihnachtsgeschenken.«

Jahre des Ja-Sagens zu jeder sich bietenden Gelegenheit gehörten auch zum Leben der kanadischen Talkmasterin Tracy Moore. »Ich war absolut ein Ja-Mensch. Ich hatte immer das Gefühl, dass ich das *kann*. Und was in meinen Kräften lag, das musste ich tun. Ich musste mich dem fügen.« Als weithin sichtbare Persönlichkeit – ihr berauschendes Lächeln und ihr herzlicher Humor werden täglich in Tausende von Wohnzimmern übertragen – ist Moore sehr gefragt. Sie erhält Anfragen, auf Events zu erscheinen, für Produkte zu werben, vor Publikum zu sprechen und so weiter. »Es gab eine Zeit, da zahlte ich für ehrenamtliche Tätigkeiten noch aus meiner Tasche drauf. Ich bezahlte für ein Taxi bis nach West End in einem Schneesturm, und ich kam da an und dachte, nichts, was hier geschehen könnte, könnte mir das Gefühl geben, für diese Rolle, meine Fahrt dahin und das Geld, das ich dafür bezahlte, wertgeschätzt zu werden. Das war nicht der Sinn von ehrenamtlichem Engagement. Das sollte etwas sein, das wir gern tun, weil es sich gut anfühlt und weil wir es dort leisten, wo es sich richtig anfühlt. Ich aber hatte nur negative Gefühle. Und das war dann der Moment, an dem ich dachte: *Ich muss die Dinge anders machen.* Denn ich tat die Dinge nur um des Tuns willen und nicht, weil ich mit dem Herzen dabei war.«

All das Ja-Sagen gab ihr das Gefühl, keine Kontrolle über die eigene Agenda zu haben. »Mir wurde bewusst, dass den Preis für mein ständiges Ja-Sagen meine Familie und insbesondere mein Mann zu zahlen hatten. Ich bekomme schlechte Laune, wenn ich zu viel um die Ohren habe. Und das hatte ich. Der Preis, den er zahlte, war, dass er als Vater seiner Kinder alles kompensieren musste, was meine Kinder von mir nicht bekamen. Ich hatte das Gefühl, dass meine Kinder mir im Weg standen, während sie in Wahrheit der Weg sind. Um sie geht es doch. Mit der Zeit begriff ich also, dass mein Ja-Sagen mich nicht dahin brachte, wohin ich wollte, und so begann ich, meine Jas drastisch zu reduzieren.«

Der Wechsel von einem vollgestopften Kalender zu einem wohlüberlegten und dramatisch beschnittenen fiel ihr nicht leicht. Statt Erleichterung zu verspüren, kam sie sich anfangs wie eine Versagerin vor. Sie fragte sich, warum sie nicht das ganze Programm schaffte. »Mittlerweile schöpfe ich aus der Möglichkeit, Nein zu sagen, viel Kraft. Ich merke jetzt, dass ich mehrere Optionen habe. Ich habe die Wahl und muss nicht automatisch sagen: ›Ja, ich mache das.‹«

Anfragen abzulehnen kann sich riskant anfühlen. Was ist, wenn daraufhin weitere Anfragen ausbleiben? Was ist, wenn dieser Job – selbst wenn er Sie nicht wirklich interessiert und kaum oder kein Geld eingebracht hätte – der letzte seiner Art war? Sie brauchen ein gehöriges Maß an Selbstvertrauen und Zuversicht, um sich zu trauen, Ihren Interessen zu folgen, anstatt pauschal alles anzunehmen, was Ihnen über den Weg läuft. Und obgleich Tracy Moore es gewohnt war, andere zu enttäuschen, stellte sie nun fest, dass die Reaktionen auf ihre neue Einstellung fast durchweg positiv waren. »Die Leute sehen, dass ich bereit bin, Nein zu sagen, und das steigert meinen Wert. Und ich kann wirklich ohne das leben, was sie mir anbieten. Deshalb denken sie: Wir müssen ihr mehr bieten oder ihr ein besseres Geschäft vorschlagen.«

Nicht jeder bekommt so viele Anfragen und Einladungen wie Moore, aber selbst am Beginn einer Karriere ist es möglich, die eigenen Entscheidungen bewusst zu treffen. Und selbst in jenen blöden Situationen, in denen Sie wirklich keine Wahl haben, ist es eine gute mentale Übung, sich klarzumachen, was Sie wollen und was Sie täten, wenn Sie eine Wahl hätten, denn mit der Entwicklung Ihrer Karriere und Ihres Lebens *werden* Sie häufiger einmal die Wahl haben.

Wann und wie Sie Nein sagen können

- Machen Sie sich ehrlich klar, was Sie tun wollen und was Sie nicht tun wollen, aber weiter tun, weil sie niemanden enttäuschen wollen.
- Weisen Sie auf das Problem hin! Wenn Sie am Arbeitsplatz zu viel Zeit mit »Nebentätigkeiten« statt mit ihrem eigentlichen Job verbringen, sollten Sie Ihre Vorgesetzte das wissen lassen. Natürlich setzt das eine gewisse Nähe in der Beziehung voraus.
- Lassen Sie sich nicht länger zu Dingen breitschlagen, die Ihnen widerstreben und die Sie im Leben nicht weiterbringen. Ja, wir Frauen werden am Arbeitsplatz häufiger für unterstützende Tätigkeiten herangezogen, aber Sie können immerhin aufhören, von sich aus die Hand zu heben. Das ist manchmal sogar schwerer, als Nein zu sagen. Das Bedürfnis, hilfreich zu sein und es anderen recht zu machen, ist mitunter übermächtig. Aber fragen Sie sich einfach, ob sich die, die einflussreiche Positionen haben, mit solchen Dingen abgeben?
- Sagen Sie einfach Nein! Und bieten Sie dann eine Alternative an. »Ich möchte lieber nicht Protokoll führen, da ich selbst einiges zu diesem Meeting beizutragen habe. Ich glaube, Pete hat noch nicht Protokoll geführt – Pete, hast du einen Stift dabei?«
- Üben Sie! Wenn Sie stets zuvorkommend sind, dann erwarten die anderen, dass Sie das auch weiterhin sind. Es braucht Zeit, bis Ihr Umfeld begreift, dass Sie von jetzt an auch für sich selbst Sorge tragen werden. Das ist okay, und die anderen werden lernen, damit zu leben.
- Im häuslichen Kontext ist es produktiver, wenn Sie Ihren Partner oder Ihre Partnerin bitten, etwas zu tun, als sich zu beklagen, dass er oder sie es nicht tut – selbst wenn Ihr Partner oder Ihre Partnerin eigentlich wissen sollte, dass Sie keine Lust haben, jede Musik-

stunde, jede Nachhilfe und jede Sportveranstaltung Ihrer Kinder zu organisieren, weil er oder sie sich um nichts kümmert. Statt sich zu streiten, »wer hier mehr tut«, was unweigerlich schlecht ausgehen würde, sollten Sie sofort mit Ihrer Bitte herausrücken: »Es wäre mir eine große Hilfe, wenn du dich um die Sommercamps der Kinder kümmern würdest. Geht das?«

- Es wird besser: Sich selbst Grenzen zu setzen, kann unangenehm sein (für Sie selbst und Ihre Umwelt), aber wenn Sie konsequent sind, werden Sie sich in diesem neuen Land des Neins zunehmend zu Hause fühlen.
- Wenn Sie eine Führungskraft sind oder auf dem besten Wege, eine zu werden, sollten Sie darauf achten, dass sie nicht Teil dieses Problems werden.

Und als ob ein Nein am Arbeitsplatz nicht schon schwer genug wäre, ist es noch schwerer, wenn es um Freunde und Familie geht – also um die Menschen, die Sie eigentlich verstehen und unterstützen sollten. Ich pflegte stolz darauf zu sein, was für eine gute Freundin ich bin. Ich ging stets ans Telefon, hatte immer Zeit, mir anderer Leute Probleme anzuhören, und versuchte stets, alles zu tun, um für einen Drink, einen Kaffee oder eine Einkaufstour verfügbar zu sein. Das Problem war nur, dass ich mich, wenn ich es aus irgendeinem Grund einmal nicht einrichten konnte, total schlecht fühlte, als ob ich versagt hätte. Dieses Gefühl begleitete mich dann den ganzen Tag, während ich überlegte, wie ich meinen »Fehler« wiedergutmachen konnte, was mich wiederum von dem ablenkte, was ich eigentlich tun musste. Allmählich wurde mir bewusst, dass ich mich fühlte, als fiele ich jedes Mal, wenn ich jemanden enttäuschte, bei ihm oder ihr in Ungnade. Was total schmerzte, denn ich liebte diese Menschen! Und doch entwickelte ich negative Gefühle, weil ich ständig Kompromisse machen musste, damit nur alle anderen glücklich waren. Eines Tages, als ich besonders aufgebracht war ob der

> Ihre mentale Gesundheit und die Gesundheit Ihrer Beziehungen hängen von Ihrer Ehrlichkeit und Ihrer Fähigkeit ab, mit ebenso viel Selbstvertrauen und Zuversicht Nein zu sagen, wie Sie Ja sagen.

Vorwürfe, die man mir gemacht hatte, weil ich wegen eines drängenden Abgabetermins nicht an einem fröhlichen Umtrunk mit Freunden teilnehmen konnte, rastete ich, nachdem ich aufgelegt hatte, vollkommen aus vor Wut, während ich begann, mir alle Dinge durch den Kopf gehen zu lassen, die ich jemals für Familienangehörige und Freunde getan hatte, ohne dass man es mir gedankt hätte. Meine Wut richtete sich jetzt gegen alle und jeden. Als ich mich allmählich beruhigte, versuchte ich mir zu überlegen, wie ich in diese Lage geraten war. Und nachdem ich versucht hatte, die Schuld bestimmten Personen oder Situationen zuzuschreiben, wurde mir bewusst, dass ich selbst der gemeinsame Nenner war. Ich selbst war in Wirklichkeit das Problem. Aus dem Bedürfnis heraus, es allen recht zu machen, oder weil ich meinte, es der Welt schuldig zu sein, hatte ich mich rund um die Uhr verfügbar gemacht und so unrealistische Erwartungen geweckt. Menschen sind Menschen und wir nehmen, was wir kriegen können – und so setzen wir besser Grenzen und wecken nur solche Erwartungen, die zuerst einmal für uns selbst Sinn ergeben. Das ist naturgemäß keine leichte Sache – besonders, wenn Sie bereits in einer auf Dauer nicht haltbaren Situation gefangen sind. Aber Ihre mentale Gesundheit und die Gesundheit Ihrer Beziehungen hängen von Ihrer Ehrlichkeit und Ihrer Fähigkeit ab, mit ebenso viel Selbstvertrauen und Zuversicht Nein zu sagen, wie Sie Ja sagen.

#SorryNotSorry

> »Das Privileg Ihres Lebens ist es, Sie selbst zu sein.«
> JOSEPH CAMPBELL

Ich höre in meinem Büro den ganzen Tag lang Frauen sich entschuldigen:

> »Entschuldigung, dass ich Ihnen den Bericht nicht eher geschickt habe.« *Sie waren keineswegs zu spät.*
> »Entschuldigung, dass ich den letzten Parkplatz genommen habe.« *Sie waren zuerst da.*

»Entschuldigung, dass ich jetzt gehen muss.« *Es ist immerhin schon sechs Uhr abends.*

So geht das in einem fort. Und wieder einmal handelt es sich um eines dieser Wörter, die vollkommen falsch – häufig als Ablenkung – verwenden werden und die Ihre persönliche Macht reduzieren. Aber können Sie sich vorstellen, wie schwer dieser Teil für mich war? Ich bin Kanadierin und Frau, um alles in der Welt! Mein erstes Wort war vermutlich nicht *Mama* oder *Papa*, sondern *Entschuldigung*. Ich könnte Sprecherin für dieses Wort sein. Und als ich meine Entschuldigungssituation analysierte, wurde mir bewusst, was das größte Problem war: Ich entschuldigte mich weniger für das, was ich *getan* hatte, als vielmehr dafür, wer ich *war*. Und das ist natürlich vollkommen inakzeptabel. Das gehört zu den Dingen, die, wenn wir sie zu häufig praktizieren, unser Unbewusstes zerstören. Je mehr wir uns dafür entschuldigen, wer wir sind, desto mehr entfernen wir uns von uns selbst. Das schlägt die Brücke zurück zum vorderen Teil dieses Buches, in dem es um die Schwierigkeit ging, nicht nur herauszufinden, wer wir sind und was wir wollen, sondern auch, dazu zu stehen.

Ich kann Ihren Kampf also definitiv nachvollziehen. Aber wenn ich meine Beziehung zur Entschuldigung neu bewerten kann, dann kann das auch jeder andere.

Die Bereitschaft von uns Frauen, uns zu entschuldigen, ist so bekannt und so sehr Thema, dass sie ihr eigenes Hashtag hat. Wenn Sie die Ohren spitzen, werden Sie Entschuldigung viele Male am Tag hören – besonders, wenn Sie viel Zeit mit Frauen verbringen. Wofür entschuldigen wir uns? Für alles, wie es scheint. Wir entschuldigen uns für das, was wir nicht taten. Wir entschuldigen uns für das, was wir taten. Wir entschuldigen uns für das, was wir zu berichten haben (ob gute oder schlechte Nachrichten). Das Mem ist so stark, dass die Shampoo-Marke Pantene es sogar als Werbegag nutzt. Wenn uns etwas nicht leid tut, dann entschuldigen wir uns zumindest dafür: #sorrynotsorry.

Warum sind Frauen so wild darauf, sich zu entschuldigen? Während es stimmt, dass Frauen sich häufiger entschuldigen als Männer, zeigt eine Studie der University of Waterloo, Kanada, dass Frauen und Männer sich ungefähr mit der gleichen Häufigkeit entschuldigen, wenn sie das Gefühl haben, dass Sie anderen Unrecht taten. Der entscheidende Punkt ist: Frauen haben sehr viel häufiger das Gefühl, anderen Unrecht zu tun, als Männer. In derselben Studie hatten Frauen auch häufiger das Gefühl, Opfer von entschuldigungswürdigem Verhalten zu werden. Allgemein haben Frauen ein feineres Gespür für emotionale Harmonie (oder deren Mangel) als Männer, und wir fühlen uns für diese Harmonie verantwortlich.

Die Linguistin Deborah Tannen weist darauf hin, dass Entschuldigung zu sagen keineswegs mit einem Schuldeingeständnis gleichzusetzen ist. Vielmehr signalisieren wir damit, dass wir um die Gefühle des anderen wissen, und versuchen möglicherweise sogar, ihn seinerseits zu einer Entschuldigung aufzufordern. Als Frauen spüren wir die emotionale Temperatur einer – beruflichen oder privaten – Situation sehr genau. Indem wir Entschuldigung sagen, versuchen wir, die Situation »weicher« zu machen – vergleichbar einer Berührung am Ellenbogen, bevor wir eine Nachricht kundtun. Oder wie es der Linguist Robin Lakoff beschreibt: Manche Frauen meinen mit Entschuldigung die Frage: »Ist das so okay?«

Wenn es uns letztlich nur darum geht, Situationen zu glätten, handelt es sich dann überhaupt um »Entschuldigungen«? Oder leistet das Wort für uns etwas anderes? Über die wahre Bedeutung des Wortes »Entschuldigung« im beruflichen Vokabular von Frauen gab es bereits hitzige Debatten. Den Anfang machte eine Flut von Artikeln, die uns Frauen vorwarfen, unsere Sprache mit Entschuldigungen zu überfrachten, und so mancher Business-Guru riet uns, das Wort komplett aus unserem Wortschatz zu streichen. Im Jahr 2016 erschien doch tatsächlich ein Gmail-Plugin namens »Just Not Sorry«, das jedes Vorkommen von »sorry« rot unterstrich, sodass wir überlegen konnten, das Wort wie jeden anderen Fehler aus unserer Korrespondenz zu streichen. Auf der Gegenseite argumentierten Ann Friedman, Jessica Grose und andere, dass es nicht sein könne, dass Frauen ihre Sprache anpassen müssten, nur um dem Sexismus am Arbeitsplatz aus dem Weg zu gehen.

In ihrem Buch »Warum sagen Sie nicht, was Sie meinen?« beschreibt Tannen den Zwiespalt, in dem wir Frauen uns wiederfinden können. Wenn wir die Sprachmuster verwenden, die als weiblich empfunden werden, können wir als schwach wahrgenommen werden; wenn wir traditionell männliche Sprachmuster verwenden, werden wir als übertrieben aggressiv wahrgenommen.

Welche unserer Entschuldigungen sollten also gehen und welche können bleiben? Beginnen wir, indem wir unsere eigene »Nulllinie« finden. Führen Sie einen Tag lang ein Entschuldigungstagebuch. Halten Sie so gut wie möglich fest, wie oft sie das Wort in den Mund nehmen. Verwenden Sie es, um auf Ihre Anwesenheit aufmerksam zu machen, wenn Sie beispielsweise den Kopf in die Tür Ihrer Vorgesetzten stecken? Sagen Sie es, nachdem jemand mit Ihnen zusammengestoßen ist? Verwenden Sie es, wenn Sie jemanden haben warten lassen?

Sie gewinnen nichts damit, dass Sie sich nicht – kurz und aufrichtig – entschuldigen, wenn Sie sich tatsächlich etwas haben zuschulden kommen lassen. Wenn Sie zu spät zu einem Meeting kommen und andere warten ließen, dürfen Sie sich gern entschuldigen. Wenn Sie zugesagt hatten, einer Freundin zu helfen, aber absagen mussten, dürfen Sie sich entschuldigen. Sie dürfen aber gern auf das Wort verzichten, wenn es um nichts anderes geht, als dass Sie im Begriff stehen, den Mund aufzumachen. Und während es sicherlich stimmt, dass man Sie anders wahrnimmt, wenn Sie sich nicht an die traditionell weiblichen Sprechmuster halten, lautet die Frage am Ende: Ja und? Wie wir im 2. Kapitel besprachen, hängen wir jetzt nur noch von unserer eigenen Meinung ab. Unser Ziel mit Blick auf das erste P im POP-System ist es, unser Gespür für uns selbst zu stärken, und nicht, uns dafür zu entschuldigen.

Der Teufel aller Teufel: Das Wörtchen »sollte«

»Was Schmerz für den Körper ist, sind Schuldgefühle für den Geist.«
DAVID A. BEDNAR

Und jetzt kommen wir zu dem letzten Wort, auf das ich Sie aufmerksam machen will – und dann ab damit in den Mülleimer! Sollte. Das Wörtchen »sollte« klingt nach Verpflichtung und Erwartung und ist häufig in Schuld-, ja sogar Schamgefühle verpackt. Es impliziert gleichzeitig Offenheit und eine Entscheidung, die noch nicht gefallen ist. Es beschreibt, was sein könnte, und nicht, was ist. »Ich sollte zum Sport gehen« ist nicht dasselbe wie »Ich gehe zum Sport«. »Ich gehe zum Sport« ist eine beschlossene Sache. Ich habe einen Plan und ich werde ihn ausführen: Wer sagt: »Ich sollte zum Sport gehen«, zieht sich entweder seine Laufschuhe an oder bleibt auf dem Sofa liegen. »Sollte« klingt nicht nur nach nicht gefallener Entscheidung; es klingt auch fast immer negativ. Ich sage selten »sollte«, wenn ich mich auf etwas freue. Wenn ich einfach nur nicht weiß, ob mir etwas gelingen wird, dann sage ich stattdessen: »Ich hoffe sehr, dass ich an dieser Konferenz nächsten Monat teilnehmen kann« oder »Ich möchte rechtzeitig hier wegkommen, um noch mit meinen Freundinnen essen gehen zu können«. Auch in diesen Fällen steht mein Plan noch nicht unverrückbar fest, aber mein Wunsch ist unzweideutig. Wann immer ich »sollte« sage, erwarte ich nichts Tolles, sondern gemahne mich lediglich an jene endlose Liste von Dingen, die ich abarbeiten sollte (und da ist es schon wieder, das Wörtchen!).

Solange ich mir selbst mit »sollte« komme, bin ich ständig hin- und hergerissen, und das geht gewaltig auf die Kräfte. Ich zwinge mich innerlich, an zwei Orten zugleich zu sein. Wenn ich, erschöpft von einer langen Arbeitswoche, dringend einen lesend im Bett verbrachten Tag gebrauchen könnte, ich aber zugleich das Gefühl habe, ich sollte meinen Eltern beim Aufräumen der Garage helfen, dann bin ich an zwei Orten. Oder, genauer gesagt, an keinem Ort. Weder kann ich, von Schuldgefühlen geplagt, meine wohlverdiente Erholung genießen, noch helfe ich meinen Eltern, weil ich mich dazu wiederum auch nicht aufraffen kann. Ich beraube mich selbst der Zufriedenheit, die mir das eine oder das andere verschaffen könnte. Wir leben niemals wirklich im Augenblick, solange wir zulassen, dass eine innere Stimme uns sagt, welche andere Entscheidung wir möglicherweise hätten treffen *sollen*.

Und das ist das wirklich Toxische an dem Wörtchen »sollte«. In Wahrheit verwenden wir es gar nicht so häufig – zumindest nicht laut. »Sollte« ist das Wort, das wir den ganzen Tag lang – von morgens bis abends – zu uns selbst sagen. Innere Dialoge führen alle Menschen – das ist das Selbstgespräch, über das wir im 2. Kapitel sprachen. Solange wir unseren Gedanken freien Lauf lassen, spielen sie uns mitunter üble Streiche und bombardieren uns mit negativen Kommentaren. Stellen Sie sich eine Sportreporterin (nicht Sie selbst!) vor, wie sie zu Ihnen spricht. »Ist das wahr? Sehen Sie nicht den Hüftring, den diese Jeans erzeugt? Bevor Sie sie tragen, sollten Sie erst einmal drei Kilo abnehmen.« »Sollte« spielt bei dieser Art von Lästerreden eine ganz entscheidende Rolle. Es lässt Ihre Alarmglocken schrillen, und Sie denken: Eigentlich sollte ich eine Runde joggen ... aber lieber möchte ich noch 15 Minuten schlafen. Mittags sagen Sie sich: Ich sollte einen Salat essen ... aber der Burger da schaut mich so verlockend an. Nach einem Telefongespräch mit Ihrer Mutter denken Sie: Ich sollte meine Eltern wirklich häufiger besuchen – am besten schon dieses Wochenende. Es spricht nichts gegen mehr Sport, gesundes Essen und mehr Aufmerksamkeit für die Familie. Aber allein die Anwesenheit des Wörtchens »sollte« in einem Satz macht deutlich, dass wir etwas entweder nicht wollen oder aber nicht wirklich die Absicht haben, es zu tun. So entsteht eine Diskrepanz zwischen dem, was wir glauben, tun zu müssen, und dem, was wir am liebsten tun würden. Indem wir das Wörtchen »sollte« gebrauchen, ohne es wirklich zu meinen, bestrafen wir uns selbst – und das ist auf die Dauer äußerst zermürbend und kräftezehrend.

Und wessen Erwartungen werden wir damit gerecht – oder, schlimmer noch, nicht gerecht –, dass wir uns in dieser Weise piesacken? Das ist ein mitunter schwer zu entwirrendes Knäuel. Aber es lohnt sich,

> Indem wir das Wörtchen »sollte« gebrauchen, ohne es wirklich zu meinen, bestrafen wir uns selbst – und das ist auf die Dauer äußerst zermürbend und kräftezehrend.

hier einen Moment innezuhalten und zu schauen, ob wir uns zu etwas gedrängt fühlen, weil wir es in der Tiefe unserer Seele selbst für richtig halten, oder weil wir damit lediglich einem gesellschaftlichen Erwartungsdruck nachgeben, der mit unserem eigenen Glück nichts zu tun hat.

Hier sind ein paar Situationen, in denen Sie nicht »sollte« sagen sollten:

- Ich sollte zu Jennys Baby-Shower-Party gehen, nachdem sie auch auf meiner war. *Falsch.*
- Ich sollte noch an diesem Artikel arbeiten, nachdem ich unerwartet noch ein paar freie Stunden habe. *Falsch.*
- Ich sollte die Kinder abholen gehen, nachdem mein Partner eine so harte Arbeitswoche hinter sich hat. *Falsch.*

Wenn Sie in einem Satz das Wörtchen »sollte« verwenden, ist seine Aussage mit 99-prozentiger Wahrscheinlichkeit falsch.

Nur wenn es um eine Priorität oder Reihenfolge im Zusammenhang mit einem quantifizierbaren Ergebnis geht, ist ein »Sollte« nicht automatisch verkehrt: »Ich sollte noch schnell vor dem Meeting die Bank aufsuchen, solange noch weniger los ist auf den Straßen und ich nicht so viel Zeit verliere.«

Es ist wichtig, dass wir unsere Worte bewusst wählen, denn mit den Worten verändert sich auch unser Denken. Wenn wir etwas jahrelang auf eine bestimmte Weise gemacht haben und es plötzlich ändern wollen, fühlt sich das unbehaglich an. Und dieses Unbehagen setzt dann unsere Alarmglocken in Gang. Anderen Unbehagen bereiten? Mir selbst Unbehagen bereiten? Das ist wie Sirenen, die in unserem Kopf aufheulen. Aber mit etwas Übung lernen wir, uns damit, dass wir genau das sagen, was wir auch denken (und nicht das, was vermeintlich von uns erwartet wird), genauso gut zu fühlen wie mit unseren alten Gewohnheiten.

Ran an die Hanteln

- Beschreiben Sie mehrere Ja-Szenarien, in denen Sie sich schon mal befanden.
- Zählen Sie mindestens drei Dinge auf, zu denen Sie gern Nein sagen würden.
- Beschreiben Sie in ein paar Zeilen, wie Sie das nächste Mal, wenn sie zur Debatte stehen, Nein zu diesen Dingen sagen wollen.
- Führen Sie einen Tag lang Buch, wie häufig Sie »Entschuldigung« oder »Tut mir leid« sagen. Wofür entschuldigen Sie sich?
- Zählen Sie mindestens drei Fälle auf, in denen Sie einem Gefühl von »ich sollte« Folge geleistet haben. Was wäre geschehen, wenn Sie diese Dinge nicht getan hätten?

4. Kapitel – Wie das Internet uns Frauen in die Hände spielt

Venedig, 2009

E s war knapp sechs Monate nachdem ich an meinem Tiefpunkt angekommen war. Meine misslungene Schreibkarriere (und die sture Art, wie ich es versucht hatte) war offiziell im Sande verlaufen und mir war nichts geblieben. (In einem der folgenden Kapitel werden Sie noch mehr darüber erfahren.) Mein Glück hatte so weit gereicht, dass ich eine Anstellung als Texterin in einem jungen Selbstoptimierungs-Start-up bekommen hatte, aber spätestens nach ein paar Monaten war mir klar, dass dieses Start-up (wie die meisten) finanziell auf wackligem Grund stand.

Ich kniete mich rein und arbeitete hart. Ich brachte eine überaus positive Einstellung mit (was selten genug ist für einen Steinbock wie mich), trotz der wöchentlichen Entlassungen. Ich hatte die Absicht, aus der Situation das Beste zu machen, und schätzte mich glücklich, dass ich überhaupt einen (wenn auch kleinen) wöchentlichen Gehaltsscheck erhielt.

Meine Zeit bei diesem Start-up fiel mit den US-Präsidentschaftswahlen von 2008 zusammen, und als der Wahlkampf in die heiße Phase trat, gab es eine wöchentliche Debatte während des Firmenmittagessens zu den Highlights der Wahlkampftour. Als Neueinsteigerin auf der untersten Hierarchieebene hatte ich kaum Kontakt zu den Entscheidungsträgern und schon gar nicht zum CEO. Während dieser wöchentlichen Debatten jedoch wurde ich dank meines lebhaften Interesses für alles Politische vom CEO wahrgenommen. Es dauerte nicht lange, bis er und ich die wöchentlichen Mittagessensmeetings mit unseren Ansichten und Prognosen dominierten. Mit großer Beklemmung betrat ich also sein Büro, nachdem er eines Dienstagnachmittags um ein Treffen gebeten hatte. Ich hatte gesehen, wie die Zahl der Entlassungen von Woche zu Woche zunahm und keine Abteilung davon verschont blieb. Ich war sicher, dass die Reihe jetzt an mich kam, versuchte jedoch, mich auf das Positive zu fokussieren: Ich hatte eine vollkommen neue Branche kennengelernt, und was ich sah, gefiel mir.

Nachdem ich mich gesetzt hatte, informierte mich der CEO, dass das Unternehmen geschlossen oder, wenn möglich, verkauft werden würde. Ich war geschockt. Ich wusste, dass die Dinge schlecht standen, aber nicht so schlecht. Die zweite Überraschung aber folgte sogleich. Es gab da einen kleinen Blog namens »Pick the Brain«, den er gerade erst von einem ehemaligen Mitarbeiter gekauft hatte. Jetzt, wo er plante, das Unternehmen zu verkaufen, wollte er »Pick the Brain« vom größeren Unternehmen abspalten und als eigene Einheit weiter betreiben. Und ... *er wollte, dass ich die Leitung übernahm.* Ich wusste nicht, was ich sagen sollte. Ich war so aufgeregt, dass ich kaum an mich halten konnte. Warum ich??? Ich wusste nicht einmal genau, was ein Blog war! Wie auch immer – ich sagte augenblicklich zu; der Rest würde sich dann schon finden. Sechs Wochen später, nachdem das Büro geschlossen worden war, lehnte ich mich in meiner kleinen Pension in Venice zurück und loggte mich zum ersten Mal per FTP auf PicktheBrain.com ein. Ich war jetzt Chefredakteurin oder auch Chefin für alles.

So eingeschüchtert ich anfangs war – bis ein Jahr zuvor war ich praktisch Computer-Analphabetin gewesen –, so sehr gefiel mir der sehr neue Raum, der sich hier auftat und gerade zu explodieren begann. Das bedeutete, dass wir sehr viele Leute waren, die versuchten, dieses Neuland zu erkunden – unabhängig von unseren technischen Fähigkeiten. Natürlich musste ich auf Aufholjagd gehen, mir ein paar elementare Programmierfähigkeiten aneignen und bei meinem Studium der aufkeimenden sozialen Medien auf Schnellvorlauf schalten. Aber wenn es eines gibt, was ich kann, dann ist es, mir schnell Neues anzueignen. Und das Internet war eine so aufregende und rasch getaktete Welt im Vergleich zu den melasselangsamen Welten meiner zurückliegenden Schreiberfahrungen, dass es sich kaum wie Arbeit anfühlte. Ich war total elektrisiert. Was mich am meisten erstaunte – und noch heute erstaunt –, war die Geschwindigkeit, mit der sich die Online-Welt bewegt. Ich knüpfte fast täglich neue Beziehungen zu Bloggerkollegen und -kolleginnen. In der traditionellen Unterhaltungswelt hätte es mich Monate gekostet, einen Termin bei jemandem zu bekommen (wenn überhaupt) – aber eine E-Mail oder ein »Anstupser« auf Facebook, und die Verbindung stand. Noch dazu gab es da eine allgemeine Kameradschaft und ein eingebautes Online-Hilfesystem. Die Bloggerszene begriff schnell, dass die Bildung von Allianzen (über Linksbacks und Social Shares) und die Schaffung eines breiten Netzwerks allen zugutekommt. Wenn ich also mit einer Reihe von Leuten verknüpft war, förderte ich aktiv ihr Wachstum, und dieses Wachstum wiederum half mir. Diese Einstellung ist das genaue Gegenteil von der Einstellung der meisten Menschen in traditionellen Jobs (besonders in der Unterhaltungsbranche), wo jeder seine Erfolge und die Taktiken zu ihrer Erlangung für sich behält. Meine Bloggerkollegen und -kolleginnen hingegen hielten nichts von Geheimniskrämerei; sie ließen alle Welt an ihren neuesten erfolgversprechenden Hacks und Techniken teilhaben. Sobald jemand etwas entdeckt hatte, schrieb er oder sie darüber einen Blogpost.

Binnen weniger Monate gelang es mir, den Traffic des Blogs zu verdoppeln. Ich tauchte tief in die Welt der sozialen Medien ein und schuf auch dort fruchtbare Netzwerke. Es war faszinierend, wie alles in Echtzeit geschah. *Kein Warten.* Es brauchte keine sechs Monate, um ein Drehbuch zu schreiben, keine zwei Monate, um jemanden zu finden, der es las, und noch einmal drei Monate, um eine Reaktion zu bekommen. Hier hieß es: Schreibe einen Blogpost, veröffentliche ihn, verlinke ihn in den sozialen Medien und beobachte die Analytics. Gefiel er den Leuten? Ich wusste es fast sofort. Und dieses Wissen wurde unendlich wertvoll. Es verschaffte mir die Tools, die ich brauchte, um auf der Basis dessen, was funktionierte und was nicht, rasch meine Richtung zu ändern. Der direkte Draht zu meinem wachsenden Publikum verschaffte mir zudem die Möglichkeit, ihnen buchstäblich das zu geben, worum sie mich baten. Beiderseitige Zufriedenheit. Das war wahrlich die Demokratisierung harter Arbeit: in der Lage zu sein, das eigene Publikum unmittelbar zu erreichen und in Echtzeit Feedback zu erhalten, anstatt auf esoterische, subjektive Meinungen traditioneller Arbeitsplatzhierarchien angewiesen zu sein. Für eine Frau war das unbezahlbar. Ein

Chef und seine Ansichten darüber, wie die Dinge geschehen »sollten«, wurden irrelevant, weil mein Publikum gesprochen hatte.

Während ich »Pick the Brain« immer weiter entwickelte, setzte ich mich mit meinem alten CEO zusammen und machte ihm einen Vorschlag. Ich zeigte ihm, wie ungeheuer erfolgreich ich in so kurzer Zeit geworden war, und erzählte ihm von meiner grenzenlosen Begeisterung für den Blog. Statt Chefredakteurin – und damit lediglich einer Angestellten –, so erzählte ich ihm, *war* ich Pick the Brain und wollte deshalb Partnerin sein. In mehreren Brainstorming-Sitzungen arbeiteten wir einen Deal aus. Ich hatte aus einer glücklichen Fügung ein funktionierendes Geschäftsmodell für mich gemacht. Offline wäre das niemals möglich gewesen.

Heute schreiben mehr als 400 Autoren und Autorinnen aus aller Welt für uns. Wir werden täglich in Dutzenden Ländern gelesen, tauchten bereits auf mehr als 100 »Best of the Web«-Listen auf, navigierten durch ein halbes Dutzend Veränderungen in den Algorithmen von Google und Facebook und gehören immer noch zu den meistgeachteten Persönlichkeitsentwicklungs-Blogs im Web.

POP-Wahrheit

Das Web ist das, was Sie daraus machen

- Wurde das Internet für uns Frauen geschaffen?
- Nutzen Sie das Internet zu Ihrem größten Vorteil?
- Wie wäre es mit mehr YOLO* und weniger FOMO**?

---

* You only live once (man lebt nur einmal).
** Fear of missing out (Angst, etwas zu verpassen).

Das Internet ist ein so wichtiger Teil unseres Lebens geworden, dass es sich normal anfühlt – wie die Dinge eben so sind. Durch die Wirkung, die es auf unsere Art zu leben hat, fühlt es sich an wie die Luft selbst. Natürlich ist es das nicht. Unsere tägliche Abhängigkeit vom Internet, in dem wir Nachrichten lesen, ein Taxi bestellen, Anziehsachen kaufen und den Dating-Status unserer Lieblings-Celebritys checken, ist erst ungefähr 20 Jahre alt. Das ist ein Wimpernschlag verglichen mit dem Alter der Menschheit. Als die »Datenautobahn« entstand, wurde sie als die radikalste moderne Annehmlichkeit aller Zeiten empfunden. Sie erlaubte uns, Dinge in Windeseile zu erledigen, die uns zuvor viel Zeit gekostet hatten, verschaffte uns größere Freiheiten, half den Menschen, einfacher miteinander in Kontakt zu kommen, und demokratisierte Informationen und Chancen.

Wie jede größere kulturelle Veränderung wird das Internet von den einen gepriesen und von den anderen verdammt. *Video killed the Radio Star*, nicht wahr? Hier aber interessiert uns in erster Linie, was das Internet und das digitale Zeitalter für uns Frauen bedeutet. In meinem eigenen Leben bedeutete es buchstäblich den Unterschied zwischen Erfolg und Misserfolg. In der Welt der traditionellen Unterhaltung war ich frustriert, fühlte mich herumkommandiert und ohne Zukunftsaussichten. Ich hing von Kräften ab, die ich nicht immer verstehen konnte. Im damals neuen Zeitalter des digitalen Publizierens war ich plötzlich nicht mehr zu bremsen. Ganz buchstäblich, denn es gab niemanden, der mich hätte aufhalten können. Wenn etwas nicht funktionierte, wusste ich es sofort, konnte meine Richtung wechseln, und weiter ging die Fahrt.

Etwas an der Funktionsweise des Internets spielte mir in die Hände. Im Unterschied zur trüben, undurchschaubaren Welt der traditionellen Unterhaltung fühlte sich das Internet (oder zumindest mein Winkel darin) hell und klar an und ich konnte darin für mich einen Weg vorwärts erkennen. Es fühlte sich wie eine Gemeinschaft und nicht wie ein Schlachtfeld an. Die Mauern, die in der alten Landschaft berufliche Geheimnisse abgeschirmt hatten, wurden niedergerissen. Ich hatte einen Chef und später einen Partner, aber das eigentliche Sagen hatte unser Publikum und meine Erfolgschancen hingen von meiner Bereitschaft ab, auf dieses Publikum und seine Wünsche zu hören. Ich fühlte mich schon immer wohl in Situationen, in denen Ideen nur so hin- und herfliegen – und genau das war es ja auch, was meinem Chef ganz zu Anfang schon aufgefallen war. Ich liebe eine gute Diskussion und das Internet bietet Spontanbegegnungen wie nichts sonst.

Und sah ich richtig? Sprangen immer mehr Frauen in diese neue Arena? Ob redaktionelle Plattformen, Online-Shops oder große und kleine Blogs – allerorten tauchten täglich neue von Frauen betriebene Web-Seiten auf. Frauen wie Sophia Amoruso (Nasty Gal), Heather Armstrong (Dooce), Garance Doré (Atelier Doré) und Natalie Massenet (Net-a-Porter) wurden die Stars dieser neuen Landschaft. Ihre Interessen und Sichtweisen konnten nicht vielfältiger sein, aber was sie alle verband, war, dass sie online eine Chance erblickten, die zuvor nicht existiert hatte.

Meine eigene Geschäftspartnerin Geri Hirsch hatte einen Platz in der ersten Reihe bei diesen Veränderungen. Eine Idee, die sie aufgrund des Widerstands, auf den sie in der traditionellen Unterhaltungswelt gestoßen war, schon fast aufgegeben hatte, hob in digitaler Form ab. Geri hatte die Idee für unsere Firma LEAFtv schon vor langer Zeit gehabt und sie damals Fernsehproduzenten und -sendern vorgestellt. Alle fanden die Idee gut, wussten aber nicht, wie sie im Fernsehen funktionieren sollte. »Das Frustrierende war, dass ich nicht wusste, wie ich die richtige Demo machen sollte. Bis YouTube kam.« Als die Menschen nicht länger Shows im Fernseher sahen, sondern Videos auf ihre Geräte streamten ... voilà! Eine kombinierte Shopping- und Videoplattform, die Frauen von überall erreichen konnten, ergab auf einmal Sinn.

»Das Internet ist tatsächlich die Demokratisierung der Inhalte – wenn den Leuten gefällt, was du ihnen bietest, schauen sie es sich an. Wenn nicht, kannst du einpacken. Das hat jedem, der etwas zu sagen hat, diese große Straße geöffnet. Und ich hatte etwas zu sagen«, sagt Geri. Das andere, was das Internet geöffnet hat, ist Skalierung. Geri verweist auf Sophia Amoruso: »Sie fing an, Anziehsachen zu fotografieren und auf eBay zu stellen. Hätte sie ohne das Internet ein Viele-Millionen-Dollar-Business aufziehen können? Vermutlich nicht. Sie können in San Francisco einen kleinen Eckladen kaufen. Wird er das nächste Victoria's Secret? Vermutlich nicht. Aber Amoruso schaffte es, den richtigen Zeitpunkt abzupassen und Frauen auf eine Weise anzusprechen, wie es vor ihr niemand getan hatte.«

Der Erfolg von Nasty Gal, einem frühen Online-Shop, öffnete die Schleusen für andere Händlerinnen. Er bewies nicht nur, dass Frauen bereit waren, online einzukaufen, sondern dass die Leute zusammen mit dem Warenkorb auch Persönlichkeit haben wollten. Am gehobenen Ende setzte Natalie Massenet dieselben Puzzlestücke zusammen und verband bei Net-a-Porter das Einkaufserlebnis mit redaktionellen Inhalten. Und das taten wir auch bei LEAFtv – einer Wellness-Videoplattform, wo Frauen vertrauenswürdige Inhalte lesen und, wenn sie wollten, auch shoppen konnten. Diese Fähigkeit, miteinander in Kontakt zu treten, schuf eine neue Form von Geschäftsaktivität und ebenso eine neue Form von Publikum beziehungsweise Kundschaft. Und bei beidem sitzen Frauen zunehmend hinterm Steuer.

Laut einem Bericht des Institute for Women's Policy Research ist die Zahl der Unternehmen in Frauenbesitz in den Vereinigten Staaten seit 2007 um 68 Prozent gestiegen.

Frauen – und insbesondere farbige Frauen – gründen in immer schnellerer Folge ihre eigenen Unternehmen. Laut einem Bericht des Institute for Women's Policy Research ist die Zahl der Unternehmen in Frauenbesitz in den Vereinigten Staaten seit 2007 um 68 Prozent gestiegen, verglichen mit 47 Prozent für alle Unternehmen. Je mehr Informationen und Trainings das Internet verfügbar macht, desto mehr wird diese Zahl noch wachsen. Hightech-Unternehmerin Jewel Burks (die Schöpferin der cleveren App Partpic) sieht die Wirkung, die das Internet auf junge Frauen hat: »Mir scheint, dass die Spielregeln gerechter werden, und das liegt am Informationszugang. Barrieren existieren nach wie vor. So haben Sie möglicherweise zu Hause keinen Internetzugang. Aber je besser der Zugang wird, desto mehr verschwinden die Mauern. So müssen Sie beispielsweise keine technische Schule mehr besuchen, um programmieren zu lernen. Dafür gibt es Codecademy. Sie können sich in der Tat sehr viel davon selbst beibringen. Und so muss, wer etwas auf die Beine stellen oder herstellen will, nicht mehr Unsummen in einen akademischen Abschluss investieren. Ich denke, solange Sie nur kreativ, umtriebig und bereit sind, sich hineinzuknien und sich selbst etwas beizubringen, können Sie Dinge in die Welt setzen und erfolgreich sein.«

Die Gründung eines Online-Shops ist für Frauen auf mindestens so viele Weisen attraktiv, wie der traditionelle Arbeitsplatz ihnen Chancen verbaut hat. Digitale Arbeit ist ihrer Natur nach flexibel. In dem Maße, wie stationäre Büros zögern, Frauen die Flexibilität einzuräumen, die diese sich wünschen, ist die Gründung eines Online-Unternehmens, das sich orts- und zeitunabhängig betreiben lässt, eine attraktive Alternative. Und selbst wenn sie keine eigenen Unternehmen gründeten, setzten Frauen in Scharen ihre eigenen Blogs auf. Blogs zu Kindererziehung, Schönheitsprodukten, Kochen, Finanzen, Politik, Prominentengetratsche – zu allem, was die halbe Bevölkerung interessiert – sprossen wie die Pilze aus dem Boden. Frauen nutzten Blogs, um mit der Welt und miteinander zu kommunizieren – vorbei an den Türhütern der traditionellen Medien.

Dass Frauen für sich online einen Platz fanden, geschah in einer kritischen, von einem tiefen konjunkturellen Abschwung gekennzeichneten Zeit. Wir bewegten uns von der verarbeitenden Wirtschaft – in der traditionell Männer selbst ohne akademischen Abschluss das Sagen hatten – in eine informationsgestützte Wirtschaft, für die wir Frauen uns seither bestens gerüstet zeigen. In ihrem Bestseller »Das Ende der Männer und der Aufstieg der Frauen« aus dem Jahr 2012 spricht Hanna Rosin darüber, wie dieser wirtschaftliche Wandel wie Öl in einem Feuer für uns Frauen wirkte. Schon 2010 entwickelte sie ihre These in einem kurzen, aber eindrucksvollen TED-Talk. Darin beschreibt sie die Fertigkeiten, die in dieser neuen Weltordnung plötzlich gefragt waren. »Intelligenz, die Fähigkeit, stillzusitzen und zuzuhören, offen zu kommunizieren, den Leuten zuzuhören und sich in einem Arbeitsumfeld zu bewegen, das fließender ist, als wir es gewohnt sind. Das alles sind Dinge, in denen wir Frauen, wie wir feststellen, extrem gut sind.« Rosin sprach nicht nur über das Internet, sondern über das Informationszeitalter, das sich überwiegend online abspielt. Und ich zweifle nicht daran, dass es die Fähigkeiten des Zuhörens und Kommunizierens sind, die uns Frauen im digitalen Raum so erfolgreich machen.

Ob arbeitend, als Betreiberin eines Selbstverlags oder einfach nur in Alltagsdingen – Frauen sind online sehr viel zahlreicher vertreten als Männer. Laut comScore verbringen Frauen 24,8 Stunden im Monat online, verglichen mit 22,9 Stunden, die Männer durchschnittlich online sind. Und wir Frauen nutzen das Internet mehr als die Männer dazu, um miteinander in Kontakt zu kommen – gemessen an der Zeit, die wir auf sozialen Plattformen verbringen. Frauen verbringen 16,3 Prozent ihrer Zeit in sozialen Medien, Männer hingegen nur 11,7 Prozent. Man könnte sagen, dass Frauen mehr auf Online-Erlebnisse stehen als Männer. Frauen machen den größeren Teil der Nutzergemeinde der sozialen Medien aus. Mehr Frauen als Männer nutzen Facebook, Instagram und Pinterest (eine Ausnahme bilden YouTube und LinkedIn). Das alles sind Plattformen, die auf Kommunikation und Austausch reagieren, und wir Frauen, die wir zu kommunikativen und empathiefähigen Wesen erzogen wurden, gedeihen dort besonders gut.

In diesen vollgestopften Zeiten, in denen wir Frauen häufig den Löwenanteil der häuslichen und familiären Arbeiten erledigen, kann uns das Internet das Leben deutlich erleichtern. Die eigene To-do-Liste abzuarbeiten, ist hart genug, aber wenn dann noch Haushalt und emotionale Stütze für jedermann hinzukommen, fühlt sich Produktivität schnell wie etwas an, das außerhalb jeder Reichweite liegt. Aber das Internet hat das Potenzial, uns einige dieser Aufgaben abzunehmen, sodass wir mehr Zeit zu Hause (mit unseren Lieben) so produktiv wie nur möglich verbringen können. Wir können Lebensmittel nach Hause bestellen, eine Kindergeburtstagsparty bestellen, einen Klempner finden und unsere nächste Ski-Reise buchen. Als Frauen, die wir sind, haben wir jedoch die Tendenz, das Internet zu nutzen, um uns noch mehr Verpflichtungen aufzuladen und unser eigenes Leben ständig mit dem anderer Frauen zu vergleichen.

Das Internet ist gut für uns Frauen. Meistens. Wir haben seine Macht bezwungen. Bis zu einem gewissen Grad. Wir nutzen es für unsere eigenen Ziele. Manchmal.

Gewinnen wir also im Internet? Lassen Sie uns das auf die altmodische Weise machen, einverstanden?

Pro

Flexibilität. Das digitale Zeitalter bedeutet, dass sehr viel mehr Tätigkeiten ortsunabhängig geleistet werden können. Flexible Arbeitszeiten und die Möglichkeit, von zu Hause aus zu arbeiten, spielen insbesondere Frauen in die Hände (wenn Sie für Unternehmen arbeiten, die mitspielen). Aber es ist nicht nur die Arbeit, die anderswo stattfinden kann. Der Rest unseres Lebens begleitet uns auch zur Arbeit. Und die Möglichkeit, eine Arbeitspause zu nutzen, um Lebensmittel zu bestellen oder Einladungs-E-Mails für eine bevorstehende Geburtstagsparty zu verschicken, ist ein weiteres Stück Flexibilität, mit dem Frauen ihr Leben effizienter gestalten können.

Aufgabendelegation. Steht auf Ihrer To-do-Liste ein Posten, den Sie delegieren möchten? Es ist sehr wahrscheinlich, dass es jemanden gibt, der ihn gern übernimmt. Nicht zum Nulltarif natürlich. Die meisten von uns können von einer Ganztagshilfe nur träumen, aber auf Adressen wie Upwork oder Freelancer finden Sie Tausende von Interessenten, die bereitstehen, Ihnen einzelne Aufgaben wie Terminvereinbarungen, Reiseplanung etc. abzunehmen. Und natürlich finden Sie online auch vertrauenswürdige Hunde-Sitter, Handwerker, Gebäudereiniger und mehr.

Kontrolle. Ganz gleich, ob es um eine redaktionelle Website, ein Beratungsunternehmen oder ein Portfolio Ihres Angebotsspektrums geht – der Anfang ist online einfacher. Wenn es sich um etwas handelt, das für Sie neu ist, finden Sie mit Sicherheit ein Video im Netz, das es Ihnen erklärt. Sie brauchen niemanden zu fragen, um online etwas zuwege zu bringen.

Verbindung. Ein Leben, das hart am Wind segelt, macht es uns schwer, mit denen in Kontakt zu bleiben, mit denen wir nicht ohnehin ständig zu tun haben. Wie schön ist es da, wenn Sie online sehen können, was Ihre Cousine in Berlin in diesem Jahr an ihrem Geburtstag macht, auch wenn Sie es nicht selbst zur Party schaffen.

Kontra

Die Vergleichsfalle. Wir pflegen nicht nur online Kontakte und kaufen ein, sondern wir vergleichen uns häufig auch online mit anderen. Das Phänomen des sozialen Vergleichs nach oben und nach unten existierte schon lange vor dem Internet. Menschen werden mit dem Bedürfnis geboren, sich mit anderen zu vergleichen. Wenn wir uns mit denen vergleichen, von denen wir das Gefühl haben, dass sie mehr erreicht haben oder vom Schicksal begünstigt sind, sprechen wir vom Aufwärtsvergleich. Wenn wir uns mit denen vergleichen, die in unseren Augen weniger erfolgreich sind, sprechen wir vom Abwärtsvergleich. Das Internet und insbesondere die sozialen Medien haben diese Neigung sehr verstärkt. Der Blick auf Instagram mit nichts als sonnengebräunten Urlaubsfotos (»Sie sieht im Bikini so viel besser aus als ich!«) wird dann zu einer Folter statt zu einer Möglichkeit, mit Freunden in Kontakt zu bleiben.

Die längste Leine. Ja, E-Mail und das Internet bedeuten, dass Sie von zu Hause aus arbeiten können, aber sie bedeuten auch, dass Ihr Arbeitgeber es vielleicht für angemessen hält, von Ihnen zu erwarten, dass Sie zu jeder Tageszeit für die Arbeit zur Verfügung stehen. Für viele von uns ist es nicht ungewöhnlich, in einem E-Mail-Chat zu stecken, der noch um halb zehn abends gepflegt wird. Und solange irgendein Schleimer darauf antwortet, haben die anderen das Gefühl, sie müssten mithalten. Anfang 2017 verabschiedete Frankreich ein Gesetz, wonach Arbeits-E-Mails außerhalb der Arbeitszeit nicht mehr zulässig sind, damit die Arbeitnehmer die Möglichkeit einer echten Auszeit von der Arbeit bekommen. In Nordamerika existiert kein vergleichbares Gesetz.

FOMO*. Bevor wir unsere Leben online lebten – oder es zumindest online zur Schau stellten –, verspürten wir vielleicht ein leichtes Bedauern, wenn wir Samstagabend zu Hause geblieben sind, obgleich wir wuss-

---

* *Fear of missing out* (Angst, etwas zu verpassen).

ten, dass unsere Freundinnen noch einen Ausflug in die Stadt unternehmen. Das Internet hat dieser Erfahrung zwei neue Elemente hinzugefügt. Das eine ist, dass die Menschen ihre sozialen Medien selektiv nutzen, um ihre zumeist gefilterten glücklichsten Augenblicke zu posten. Viele Caffè Latte, lachende Kinder, coole Outfits und viele gemütliche Szenen mit Decken, Teetassen und kunstvoll zerrissenen Jeans. Oh, und dann sind da noch die Urlaube! Das andere ist, dass wir in den sozialen Medien nicht nur unseren tatsächlichen Freunden folgen. Plattformen wie Instagram machen es einfach, ein neidisches Auge auf jede Amsterdamer Style-Bloggerin im Streifenhemd, jede australische Edel-Mami und jedes arubaische Yoga-Model zu werfen. Zusammengenommen können Sie so jeden Tag der Woche ein zünftiges Neid-Sandwich verspeisen.

Verpflichtung. Wenn Sie ein großes Online-Netzwerk haben, verspüren Sie vermutlich auch ordentlich Druck, jedes Bild von jemandes neuem Welpen zu liken, bei jedem albernen Witz auf den LOL-Button zu klicken und jedes Mem weiterzuleiten. Wenn ich dies nur schreibe, muss ich schon gähnen.

Sexismus. Auf jede abgebrühte Feministin, die das Internet als Möglichkeit nutzt, um die Erfahrungen von Frauen auf neue und intelligente Art und Weise zu artikulieren, kommen zehn Trolle und Mamasöhnchen, die versuchen, sie mit Todes- oder Vergewaltigungsdrohungen zu terrorisieren. Viele Heldinnen des Internets – Kelly Oxford, Jamilah Lemieux, Lauren Duca – schlagen zurück und lassen sich in ihrer wichtigen Arbeit nicht beirren. Aber andere – Lindy West, Anita Sarkeesian und zeitweilig Jessica Valenti – sind die ewigen Drohungen und den Schwachsinn leid und ziehen sich aus den sozialen Medien zurück. Die genannten Frauen waren in dramatische Szenen involviert, aber die meisten Frauen, die sich einen Twitter-Account zugelegt haben, können die eine oder andere Geschichte von frauenfeindlichen Verbalattacken zum Besten geben. Das Internet hat uns Frauen eine Plattform gegeben, und eines Tages wird eine von ihnen einen Weg finden, diese Loser zu neutralisieren. Aber noch ist es nicht so weit.

Sie und das Internet

Wie stellen Sie sicher, dass Sie Ihre Online-Zeit so nutzen, dass Sie Ihren Zielen näher kommen, anstatt sich lediglich ablenken zu lassen? Apps wie RescueTime ermöglichen Ihnen, ehrlich Buch darüber zu führen, was Sie mit Ihrer Online-Zeit anstellen. Während die meisten von uns vermutlich denken, dass sie den Großteil ihrer Online-Zeit berufsbezogen nutzen, verbringen wir in Wahrheit bis zu 40 Prozent in den sozialen Medien. Eine solche Protokollierungs-App kann Ihnen zeigen, wie Sie Ihre Tage in Wirklichkeit verbringen. Und sobald Sie die Ergebnisse vorliegen haben, sollten Sie sich ehrlich Rechenschaft darüber ablegen, welche Gefühle die auf den diversen digitalen Plattformen verbrachte Zeit in Ihnen hinterlässt. Gibt es Ihnen einen Stich, wenn Sie auf Instagram zwei Freundinnen sehen, die heute Morgen ohne sie auf Wandertour gingen? Macht es Ihnen etwas aus, die Urlaubsfotos Ihres Ex-Freunds auf Facebook zu sehen? Bedeutet ein kurzer Austausch auf Twitter mit einer Freundin, dass Sie sich nicht die Mühe machen, Ihr wiederholtes Versprechen eines gemeinsamen Abendessens wahrzumachen?

Eine vom Graduate Institute of Education in Changhua, Taiwan, durchgeführte Analyse von 40 Studien kam zu dem Ergebnis, dass das eine kleine, aber signifikante negative Auswirkung auf das generelle Wohlbefinden hat. Eine deutsche Studie ergab, dass Facebook ein stressiges Umfeld sein kann, das Neidgefühle begünstigt und die Lebenszufriedenheit der Nutzerinnen und Nutzer schmälert. Eine Studie des Center for Research on Media, Technology, and Health an der University of Pittsburgh stellte eine starke Korrelation zwischen dem exzessiven Aufenthalt in sozialen Medien und Depressionen fest. Besonders jenen, die ohnehin depressionsgefährdet sind, können die sozialen Medien schwer zu schaffen machen. Wer niedergeschlagen ist und in den sozialen Medien Trost und Unterstützung

> Eine Studie ergab, dass Facebook ein stressiges Umfeld sein kann, das Neidgefühle begünstigt und die Lebenszufriedenheit der Nutzerinnen und Nutzer schmälert.

sucht, fühlt sich möglicherweise noch schlechter, nachdem er all die glücklichen Urlaubsfotos gesehen hat. Andere Wissenschaftler setzen dagegen, dass die sozialen Medien Vertrauen und Nähe zwischen den Menschen und das politische Engagement verstärken können. Der Unterschied zwischen diesen Ergebnissen erklärt sich möglicherweise aus einem wichtigen Faktor: dem Handeln. Wer die Bilder und Beiträge in den sozialen Medien lediglich passiv konsumiert, wird davon in seiner Stimmung eher negativ beeinflusst. Wer sich hingegen aktiv einbringt, indem er beispielsweise Beiträge kommentiert oder selbst Bilder oder Artikel postet, fühlt sich dadurch stärker mit der Welt verbunden und glücklicher.

Eines kann man jedenfalls nicht behaupten: dass unsere online verbrachte Zeit neutral wäre. Ein wichtiger Schritt auf Ihrem Weg besteht darin, dass Sie sich darüber klar werden, welche Wirkung Ihre Online-Zeit auf Sie persönlich hat. Raubt sie Ihnen Kräfte? Fühlen Sie sich anschließend besser informiert?

Hier ein paar Tipps, wie Sie Ihre Online-Ablenkungen verringern können:

1. **Blocken Sie die Übeltäter!** Wenn Sie – weil Sie Ihre Hausaufgaben gemacht haben – wissen, dass Sie für die Sirenengesänge von Pinterest oder Ihrem bevorzugten Online-Shop empfänglich sind, können Sie das Problem anpacken. Sie können sie entweder ganz blocken oder sie beispielsweise mithilfe von SelfControl zeitweise blocken, sodass Sie diesen Versuchungen nur zu bestimmten Zeiten nachgeben können.

2. **Sammeln Sie alle Aufgaben, die Sie offline erledigen können,** und schalten Sie Ihr WLAN für Teile des Tages aus.

3. **Sehen Sie in Ihrem Kalender explizit Zeiten für Ablenkungen vor!** Wenn Sie wissen, dass Sie in Ihrer geplanten Pause um halb drei in Ihren sozialen Medien vorbeischauen können, hilft Ihnen das, sich bis dahin auf Ihre Arbeit zu konzentrieren.

4. Ziehen Sie Ihre gegenwärtige Arbeit groß! Lassen Sie nicht zu, dass die sichtbaren Tabs für Facebook, Twitter und Apartment Therapy Sie bei jeder Minipause verführerisch anschauen.

5. Folgen und / oder treffen Sie sich nicht länger mit Leuten, die Sie runterziehen. Selbst durch die Schnittstelle der sozialen Medien können andere sich auf Ihre Stimmung auswirken. Wenn Sie mit den Augen rollen, sobald Sie den Avatar einer Ihrer Kolleginnen auf Twitter sehen, sollten Sie ihr fortan einfach nicht mehr folgen.

Mir bot das Internet einen klaren Weg zum Erfolg, der mir zuvor nicht zugänglich war. Nicht nur gab es dort Tools, die mir bei den ersten Schritten halfen, sondern es stellte sich heraus, dass diese Art von Umgebung viel besser zu meinem Temperament und dem Lebensstil passt, den ich mir wünsche. Und als ich LEAFtv, mein anderes Geschäftsprojekt, startete, brauchten meine Partnerin und ich einen Machbarkeitsnachweis, bevor man uns in irgendeiner Form ernst nahm. Wie konnten wir das machen? Ganz einfach. Da gab es keine Eintrittsbarrieren, keine Antragsformulare, die wir ausfüllen müssten – wir brauchten von niemandem eine Erlaubnis. Wir begannen einfach, mit minimalem Budget Video-Content zu produzieren, zu editieren und hochzuladen, und konnten in Echtzeit beobachten, ob die Leute auf das, was wir taten, reagierten. Diese Form der Effizienz und des einfachen Eintritts in einen völlig neuen Markt war für mich (oder wen auch immer) vor der Zeit des Internets niemals auch nur im Entferntesten erreichbar gewesen. Das Internet hat die Art verändert, wie wir Geschäfte betreiben und Dinge erledigen. Ich bin zudem überzeugt, dass der ungehinderte Zugang – der es mir ermöglichte, ohne die Erlaubnis von irgendwem auf eigenes Risiko zu experimentieren – gerade mir als Frau besonders zugutekam. Unser Content war entweder gut oder nicht. Und wir bekamen für jede Seitenimpression genauso viel Geld, wie jeder Mann bekommen hätte – was, wie wir mittlerweile wissen, nicht die Gehaltsstrukturen an traditionellen Arbeitsplätzen widerspiegelt.

Ran an die Hanteln

- Protokollieren Sie Ihre Online-Zeit mit einer App wie RescueTime und analysieren Sie die Ergebnisse!
- Nennen Sie drei Möglichkeiten, wie Sie das Internet nutzen können, um Ihr Leben effizienter zu gestalten.
- Nennen Sie drei Gelegenheiten, bei denen die sozialen Medien Sie mehr bedrückt als aufgebaut haben.
- Zählen Sie drei Möglichkeiten auf, wie Sie Ihre Online-Zeit so organisieren können, dass sie Sie unterstützt und nicht behindert.

Teil II

Machen

Wie Sie Ihre Produktivität
steigern

5. Kapitel – Fokussieren Sie sich auf drei Dinge

Los Angeles, Herbst 2001

Eine Woche nach »Nine Eleven« fuhren meine Freundin und ich von der kanadischen Prärie über die Grenze bis hinunter nach Los Angeles, der Stadt der zerbrochenen Träume – zuversichtlich, dass wir die Ausnahme und nicht die Regel sein würden. Kanada gehört möglicherweise zu den patriotischsten Flecken auf der Erde, aber als wir durch ein Meer von amerikanischen Flaggen fuhren und so gut wie keinem Auto begegneten, das nicht auf diese Weise nach den erst wenige Tage zurückliegenden Anschlägen seine Solidarität bekundete, war ich überwältigt von so viel Einigkeit und Kraft. Ich fühlte mich wie eine Außenseiterin, aber mehr denn je wollte ich eingelassen werden.

Wir hatten einen Traum und grenzenlosen Enthusiasmus – *aber das war es auch*. Als wir eine Woche später ankamen, fanden wir die dunkle, abgewohnte Wohnung in West-L.A. vor, wo wir unser Couchsurfing-Abenteuer der nächsten zwei Monate beginnen würden, und begannen uns einzurichten. Nach ein oder zwei weiteren Wochen des Touristenlebens in unserer neuen Stadt, während derer uns die zwei einzigen Menschen, die wir hier kannten, herumführten, waren wir maximal gespannt: Wir konnten spüren, welche Möglichkeiten hier auf uns warteten. Die Energie schrie: *Alles kann geschehen!* Nach jedem weiteren anstrengenden ausgelassenen Tag auf Rollerblades auf den Bordsteigen von Venice, Mittagessen in Beverly Hills und Drinks in Hollywood kehrten wir abends in unser dunkles Loch zurück und sprachen über all die »Könnte-Seins« in unserer näheren Zukunft. Und jeden Abend fragte ich mich, kurz bevor ich meine Augen schloss, wann die Dinge wohl ihren Lauf nehmen würden.

Bis ich eines Morgens mit der soliden Erkenntnis aufwachte, dass vom Warten allein noch lange nichts geschehen würde. Wir mussten endlich damit beginnen, uns einen Plan zu machen.

Mit großem Elan beschlossen wir an diesem Vormittag, uns von jetzt an um das Geschäftliche zu kümmern. Wir würden unsere Bankkonten eröffnen und den Weg des selbstverantwortlichen Lebens einschlagen. Wir sammelten alle Ausweisdokumente, die wir brauchen würden – Pässe und Führerscheine sowie unser gesamtes Bargeld –, und machten uns auf. Wir hatten zudem an diesem Morgen beschlossen, eine Wandertour auf den Runyon Canyon – ein berühmtes Wanderziel oberhalb von Hollywood – zu unternehmen. Als wir das Auto beluden, beschlossen wir, dass es besser wäre, erst wandern zu gehen, solange es nicht zu heiß war, und anschließend die Bank aufzusuchen.

Als wir die letzte steile Anfahrt zum Canyon hinauffuhren, war ich ganz aufgeregt von der Vorstellung, dass wir unserem Traum, es in Hollywood zu schaffen, einen Schritt näher kamen. Ich stellte das Auto auf einem staubigen improvisierten Parkplatz oben auf dem Gipfel ab und stieg aus. Zur Sicherheit legten wir alle Wertsachen in den Kofferraum, schlossen das Auto ab und machten uns auf in die leicht rauchgeschwängerte frische Luft. Während wir durch das Rotlehmgelände ab- und anschließend wieder aufstiegen, staunten wir über die fantastische Sicht und die Größe der Stadt zu unseren Füßen. Wir dachten an all die wunderbaren Dinge, die die Zukunft für uns bereithielt. Als wir atemlos auf dem Gipfel ankamen, klopften wir den Staub von uns ab, warfen einen letzten Blick auf unsere Zukunft und wandten uns dann in Richtung Auto. Ich glaube, wir waren gerade bei der Frage, welchen Jamba-Juice wir zum Mittagessen trinken wollten, als ich in der Ferne mein Auto erblickte und etwas Seltsames beobachtete: Die Windschutzscheibe war ein schillerndes Türkisblau. Ich blinzelte und versuchte mir den Grund zu erklären. Spielte die Sonne uns einen Streich? Ich stieß meine Freundin an, ob sie wohl dasselbe sah. »Hm, seltsam«, sagte sie, nachdem sie ihre Augen ebenfalls zusammenkniffen hatte.

Der Staub wirbelte auf, als ich vom erschlafften Schritttempo in einen raschen Galopp wechselte. Als wir das Auto erreichten, fiel mir die

Kinnlade herunter. In meinem Kopf drehte es sich. Das fragliche Fenster war nur noch zur Hälfte vorhanden und bestand aus tausend Bruchstücken. Der Rest bedeckte den Boden rund um die Motorhaube.

»Was zum Teufel?«, rief meine Freundin, als sie mich eingeholt hatte. »Warum tut jemand so etwas??«

Und während ihr das letzte Fragezeichen von der Lippe hing, setzte mein Herz aus und mein Mund wurde trocken.

»Der Kofferraum«, sagte ich in kaum hörbarem Flüstern. Sie schaute mich mit aufgerissenen Augen an.

Die fünf Schritte von der Fahrertür bis zur Rückseite des Autos gehörte zu den längsten in meinem Leben. Mit zitternden Händen entriegelte ich die Kofferraumklappe und hob sie in Zeitlupentempo an. Wie auf Kommando schnappten wir nach Luft.

Der Kofferraum war leer. Alles war weg: Führerscheine, Pässe, Handys und, ja, auch unser gesamtes Bargeld.

Ich hörte meinen Schrei tief aus dem Canyon widerhallen.

Mit 100 Sachen raste ich die kurvige Bergstraße hinunter und wich dem entgegenkommenden Verkehr, so gut es ging, aus, während die Glasscherben im Wagen hin und her flogen. Wir sprachen kein Wort. Wir mussten von diesem verdammten Berg runterkommen und ein Telefon finden. Wir hatten nicht einmal ein 25-Cent-Stück für ein Gespräch. Kurve für Kurve und Bodenwelle für Bodenwelle ging ich die wenigen Optionen durch, die wir hatten. 45 Minuten später standen wir vor der Wohnung eines Freundes in Century City und kletterten durch ein Seitenfenster, das er tagsüber offen gelassen hatte. Als ich erschöpft und atemlos auf dem Küchenboden niederkauerte, erblickte ich auf dem Tresen ein Telefon. Schmutzig und blutend kroch ich hinüber, um mit dem Telefonieren zu beginnen. Schnell wurde klar, dass die AmEx, die mir meine Eltern »für den Notfall« geliehen hatten, in den zwei Stunden seit Beginn unserer Klettertour am Runyon Canyon mit über 10 000 US-Dollar belastet worden war. Und das war noch die beste Nachricht unter all denen, die ich in den nächsten Tagen erhalten würde.

Dieses Mal allerdings brauchte ich einen verdammten Plan.

Zwei Wochen später war uns klar, dass wir uns in einem wahren Albtraum, in einem Geflecht von Problemen befanden. Wir konnten keine neuen Kreditkarten bekommen, weil wir keine Personalausweise hatten. Wir hatten keine Führerscheine, weshalb es riskant war, Auto zu fahren (verschärft dadurch, dass wir ein kanadisches Nummernschild hatten). Weil wir uns nicht ausweisen konnten, kamen wir auch nicht an die 1000 US-Dollar, die meine Eltern geschickt hatten. Selbst in einer außergewöhnlichen Situation wie der unseren kannte diese Regel keine Ausnahme. Der letzte Schlag aber traf uns an einem späten Freitagnachmittag, als die einzige Instanz, von der ich gehofft hatte, dass sie uns aus diesem Schlamassel befreien könnte, das kanadische Konsulat, uns wissen ließ, dass es uns nicht nur keine vorläufigen Pässe ausstellen konnte, sodass wir zumindest *irgendeine* Art von Ausweis hätten, sondern dass sich die Regeln verändert hätten. Seit dem 11. September (der gerade erst einen guten Monat zurücklag) musste jeder, dessen Pass gestohlen wurde, unverzüglich nach Hause reisen – unser Geburtsland wäre demnach der einzige Ort, an dem uns neue Dokumente ausgestellt werden könnten, und wir konnten ohne geeignete Papiere nicht länger in den USA bleiben.

Mit anderen Worten: Das kanadische Konsulat verlangte von uns, dass wir nach Kanada zurückkehrten.

Am Sonntag erklärte meine »Komplizin«, nachdem Tränenbäche zu Tausenden geflossen waren, dass sie diese Situation nicht länger ertrüge und zurückkehren wolle. Sie versprach zurückzukommen, sobald sie alles geregelt hätte – aber wir wussten beide, dass das nicht stimmte.

Zu meinem Unglück oder Glück wusste ich, dass nach gerade einmal sechs Wochen in L. A. kein Szenario existierte, in dem eine Rückkehr nach Kanada für mich Sinn ergeben würde. Ich wusste, dass mich, einmal zurückgekehrt, dasselbe Schicksal erwartete wie meine Freundin: Ich würde niemals wieder hierherkommen. Und das war schlicht keine Option. Ich wusste, dass ich aus einem guten Grund gekommen war – nur wusste ich nicht länger (oder hatte es niemals gewusst), worin genau dieser Grund bestand.

Ich stellte mich also auf die Hinterbeine und beschloss, dass ich – mittlerweile völlig auf mich allein gestellt – bleiben würde.

Dieses Mal allerdings brauchte ich einen verdammten Plan.

Was mir an jenem unheilvollen Tag oben auf dem Runyon Canyon widerfuhr, ließe sich leicht als Pech abtun. Und obgleich der unglückliche Zufall natürlich eine große Rolle spielte, würde ich sagen, dass dieses Beispiel, so extrem es ist, auf ein viel größeres Problem hinweist – und auf die Lösung. Wenn Sie ohne einen sorgfältigen Plan handeln, sind Sie der Welt um Sie herum vollkommen ausgeliefert. Wenn diese Welt nett zu Ihnen ist, lässt sie Sie eine Weile gewähren. Wenn nicht, können Sie alles verlieren. Und wenn Sie versuchen, sich einen Plan zu machen, obgleich Sie nur vage Ziele haben – zum Beispiel, »es in Hollywood zu schaffen« –, können Sie unmöglich Fortschritte erzielen. Sie jagen etwas hinterher, das in den Wolken liegt – wie die schöne Aussicht vom Gipfel eines staubigen Canyons – und das Sie niemals in die irdischen Niederungen herunterziehen können. Das sind in Wahrheit gar keine Ziele, weil sie nicht realitätsbasiert sind. Es sind Träume. Und indem wir versuchen, ihnen Sauerstoff zu geben, töten wir sie. Aus und vorbei.

Ebenso wichtig und vielleicht ein wenig kontraintuitiv ist, dass die Erstellung eines Plans gar nicht der schwierigste Teil ist. Viel anspruchsvoller ist die Entscheidung, welchen Träumen Sie folgen wollen. Sobald Sie sich auf konkrete Ziele festgelegt haben, können Sie einen Pfad samt den Erwartungen an Sie selbst entwerfen. Zuerst aber müssen Sie sich diverse Fragen stellen, die möglicherweise unbequem sind. Vielleicht müssen Sie auf etwas verzichten, von dem Sie immer dachten, dass Sie es haben wollen. Das ist schwer. Vertrauen Sie mir; ich weiß es aus eigener Erfahrung. Aber ich verspreche Ihnen: Wenn Sie es von Anfang an richtig anstellen, werden Sie sich nicht heulend am Rande der Stadt des zerbrochenen Glases – wie mein Vater sie fortan nannte – wiederfinden, sondern sich einen hell glänzenden Diamanten schaffen, der Sie durch den Rest Ihres Lebens führt.

Was wollen Sie?

»Wahrer Erfolg und wahres Glück
liegen in der Freiheit und in der Erfüllung.«
DADA VASWANI

Wäre Ihr Leben eine Wohnung, würden Sie sich umschauen und denken: Wie nett sieht es hier jetzt doch aus! Sie haben kräftig aufgeräumt. Sie haben die Psychologietextbücher, in die Sie nie wieder einen Blick werfen werden, weggepackt, die Schlabberjeans, die Ihnen von Anfang an nicht stand, entsorgt und den staubigen Ständer mit DVDs weggeworfen (also, ich denke es jedenfalls). Zumindest metaphorisch! Und Ihre metaphorische Wohnung ist vielleicht noch nicht perfekt, aber die Beseitigung all der nutzlosen Dinge hat schon viel gebracht. Marie Kondo wurde vor einigen Jahren zur internationalen Sensation, als sie ihre Philosophie von der lebensverändernden Wirkung des Aufräumens vorstellte. Kondo fand, eine einzige Frage genüge, um zu entscheiden, ob etwas in den Müllcontainer gehört oder nicht: Bereitet es mir Freude?

Das ist genau das, was Sie im ersten Teil dieses Buches getan haben. Sie haben sich aufrichtig gefragt, was für ein Mensch Sie sind und was Sie brauchen, um sich glücklich und erfüllt zu fühlen. Anschließend haben Sie Ihr gegenwärtiges Leben damit verglichen und einen strengen Blick darauf geworfen, was Ihnen wirklich hilft und was nicht. Indem Sie sich von Schuldgefühlen, Verpflichtungen, den Meinungen anderer und dem Zwang, es anderen recht zu machen, befreien, schaffen Sie buchstäblich Raum für sich selbst.

Nachdem wir jetzt den mentalen, emotionalen und *tatsächlichen* Raum von all dem Unrat befreit haben, der uns ausbremst, ist es an der

Zeit, etwas aufzubauen. Aber diesmal werden wir es anders anstellen. Anstatt Ihre Zeit mit lauter Dingen auszufüllen, die anderen wichtig sind, werden wir jetzt eine Agenda entwickeln, die sich nur nach Ihnen richtet. Natürlich können Sie jetzt nicht mir nichts dir nichts Ihren Job kündigen und aufhören, Wäsche zu waschen. Aber Sie können Ihre Zeit und Energie radikal umschichten. Und wir tun das, indem wir strategisch vorgehen. Wir werden weniger tun. Das klingt seltsam, nicht wahr? Die ganze Welt drängt uns, immer mehr und noch mehr zu leisten. Etwas für unseren Körper zu tun. Uns am Arbeitsplatz über das Erwartete hinaus zu engagieren. Noch mal schnell Kekse zu backen. Aber erinnern Sie sich an das, was wir im 3. Kapitel besprochen haben? Zu immer mehr und noch mehr sagen wir Nein und noch mal Nein! Der Mythos des Multitaskings hat uns bis zum Zerreißen gefordert.

Indem wir die Idee verwerfen, wir müssten alles leisten, öffnen wir uns die Tür zur Meisterschaft in ein paar wenigen Bereichen, die uns wirklich am Herzen liegen.

In einem Bereich Spitzenniveau zu erreichen, erfordert viel Arbeit. Zwar hat eine vor Kurzem erschienene Studie der Princeton University mit Malcolm Gladwells Theorie von den 10 000 Stunden bis zur Meisterschaft aufgeräumt (indem sie zeigte, dass diese Zahl sehr stark von dem Bereich im Leben abhängt, auf den wir uns fokussieren), aber was mit Sicherheit stimmt, ist, dass Sie desto mehr aus etwas herausholen können, je mehr Zeit und Aufmerksamkeit Sie darauf verwenden. Eine der grausamsten Fallen, die unsere Kultur uns Frauen stellt, ist, dass sie uns zwingt, so viel mehr verschiedene Dinge zu tun als die Männer; wir werden so zu eierlegenden Wollmilchsäuen, die nichts richtig können. Indem wir die Idee verwerfen, wir müssten alles leisten, öffnen wir uns die Tür zur Meisterschaft in ein paar wenigen Bereichen, die uns wirklich am Herzen liegen.

Drei Dinge

Die Regel von den drei Dingen spricht uns Menschen so universell an, dass sie sich auf die Kunst, das Lernen und das Präsentieren anwenden lässt, um nur ein paar (um genau zu sein: drei) Dinge zu nennen. Es gefällt uns, Objekte in Dreiergruppen arrangiert zu sehen, und wir nehmen gern Informationen auf, die uns in einer Folge von drei Ideen vorgestellt werden. Drei ist die kleinste Zahl, die für ein Muster stehen kann. In ihrer Übersichtlichkeit und Eleganz spricht die Zahl drei uns Menschen an. Sie werden viele Variationen dieses Themas finden, aber das Grundkonzept ist immer das gleiche: Werden Sie sich über die wenigen Dinge klar, die Ihnen wirklich wichtig sind. Indem Sie Ihren Fokus auf eine kleine Liste von Zielen richten, können Sie echte Fortschritte in ihre Richtung machen, anstatt sich lediglich im Kriechtempo auf sie und einen ganzen Sack voll anderer Dinge zuzubewegen, die Ihnen nicht wirklich am Herzen liegen.

Wir wissen, dass uns Frauen, wenn die Mainstream-Kultur mit uns umspringen könnte, wie sie wollte, dermaßen schwindlig würde vor lauter Kostümwechseln, die man uns täglich zumutet – Mutter, CEO, Mitglied im schulischen Elternrat, Yoga-Lehrerin, Nachbarschaftspflegerin, Ehefrau, Freundin, Liebhaberin –, dass wir nicht geradeaus gehen könnten. Oder, warten Sie, beschreibt das nicht eher die Wirklichkeit? Indem Sie bewusst beschließen, sich auf drei Ziele zu fokussieren, können Sie das dumpfe Gebrüll anderer, weniger produktiver Aufgaben aus Ihrem Kopf ausblenden. Ich meine es ernst: Stellen Sie sich vor, was Sie alles in Bezug auf die Ziele erreichen könnten, die Ihnen wirklich wichtig sind, wenn Sie nicht immer noch fünfzehn andere Baustellen laufen hätten.

Drei ist eine besonders gute Zahl von Dingen, auf die Sie sich gleichzeitig fokussieren können, weil das machbar ist. Es ist gesund. Sie können drei Dinge miteinander in Einklang bringen, ohne davon erschlagen zu werden. Natürlich können es auch zwei Dinge sein, und natürlich auch vier. Aber wenn es zu viele Ziele werden, werden Sie spüren, wie der familiäre Stress und die Erschöpfung erneut Einzug halten.

Das ist zweifellos nicht einfach. Aber bedenken Sie: Diese drei Dinge wählen Sie sich nur für den Augenblick – Sie brauchen sich jetzt nicht für Ihr ganzes Leben festzulegen. Sie können sich drei Dinge vornehmen, auf die Sie sich im nächsten Jahr oder auch nur während der nächsten sechs Monate fokussieren wollen. Aber es sollten Ziele sein, die genug »Masse« für die nächsten sechs Monate bieten. Wir sprechen hier nicht über eine Liste, auf der Dinge stehen wie »mehr Grünzeug essen« (obgleich ich Sie dazu nur ermuntern kann!) oder »das Arzneimittelschränkchen aufräumen«. Denken Sie an Dinge, die Ihr Herz schneller schlagen lassen. Was könnte Ihr Leben besser machen? Was wollen Sie? Schöpfen Sie aus dem Vollen! Machen Sie sich keine Gedanken, wie Sie dorthin gelangen können – darüber werden wir später noch sprechen.

Hier sind einige Beispiele:

Einen Geschäftsplan für mein Traumprojekt erstellen.

Schwanger werden.

Noch einmal die Schulbank drücken und Innenarchitektur studieren.

Die Wohnung renovieren.

Fünfmal in der Woche Sport treiben.

In der Familie neue Regeln einführen (sodass ich nicht immer alles machen muss).

Ein Haus kaufen.

Eine leitende Stelle in meiner Firma übernehmen.

Den Kontakt zu meiner Mutter wiederherstellen (mit der ich seit Jahren in einem Zustand der Funkstille lebe).

Nach L. A. ziehen.

Meine Arbeit als Publizistin aufgeben und mir eine Stelle im Nonprofit-Bereich suchen.

Südamerika bereisen und die Orte aufsuchen, an denen meine Eltern aufwuchsen.

Den Roman schreiben, den ich schon seit fünf Jahren im Kopf habe.

Fangen Sie an und erstellen Sie eine Liste, die auch mehr als drei Ziele haben darf, wenn Ihnen mehr einfällt. Wir werden in Kürze einiges davon wieder streichen. Bedenken Sie: Ihre drei Ziele müssen nicht alle dasselbe Gewicht und denselben Wert haben. Ein eigenes Unternehmen gründen und sich körperlich in Form bringen mögen zwei ungleichgewichtige Punkte sein, aber wenn Ihnen beide wichtig sind, gehören sie beide auf die Liste. Wichtig ist, dass sie konkret sind. Je klarer Sie artikulieren können, was Sie sich erträumen, desto leichter wird es Ihnen fallen, einen Plan zu erstellen, wie Sie dorthin gelangen wollen. Diese Details sagen Ihnen auch, was diese Ziele implizieren. Wenn ich »eine leitende Stelle in meiner Firma übernehmen« lese, weiß ich, dass Sie Führungsqualitäten entwickeln und innerhalb der Strukturen Ihres gegenwärtigen Jobs wachsen wollen. Wenn Sie »eine Beförderung bekommen« schreiben, weiß ich wenig mehr als eben das.

Sobald Ihre vorläufige Liste steht, ist es wichtig zu beachten, dass Ihre reduzierte Liste von drei Dingen normalerweise drei grobe Kategorien aufweisen sollte: berufliche Karriere, persönliche Entwicklung und Beziehungspflege. Auch wenn es daneben noch weitere Überschriften geben mag, sagt mir mein Gefühl, dass das die drei Hauptwege zu Wachstum, Erfüllung, Balance und einem produktiven Leben sind. Ordnen Sie die Einträge auf Ihrer Liste, so gut es geht, den drei Kategorien zu. Im Idealfall fällt dabei für jede Kategorie etwas ab. Aber wenn Sie an einem bestimmten Punkt Ihres Lebens stehen, an dem Ihnen Ihre berufliche Karriere alles bedeutet, enthält diese Kategorie möglicherweise zwei Einträge, während noch ein Eintrag auf die Kategorie der persönlichen Entwicklung entfällt. Wenn allerdings alle drei Einträge in eine Kategorie fallen, sollten Sie sich das noch einmal überlegen. Vielleicht hilft Ihnen das, kurzfristig etwas zu erreichen und viel zu erledigen, aber langfristig ist ein solcher Mangel an Ausgewogenheit riskant, weil er Sie verwundbar macht und Ihnen Kräfte raubt. Die Idee hier ist es, mit der Zeit ein Gleichgewicht zwischen diesen drei Kategorien herzustellen.

Wenn Sie fertig sind, sollte Ihre Liste ungefähr so aussehen:

Berufliche Karriere
Eine Website für mein Geschäft mit ätherischen Ölen aufsetzen.

Persönliche Entwicklung
Mindestens zweimal in der Woche Zeit für eine »digitale Entgiftung« reservieren (alle Geräte auf Flugmodus stellen).

Beziehungspflege
Herausfinden, ob mein Partner für mich langfristig der richtige ist, indem ich jede Woche bewusst gemeinsame Zeit mit ihm verbringe (mindestens ein Termin tagsüber und ein Abendtermin).

Prüfen Sie sich selbst

Bevor Sie diese Ziele in Stein meißeln, müssen Sie sie mit einigen Dingen vergleichen, die Sie bereits unternommen haben. Erinnern Sie sich noch an das 1. Kapitel, in dem Sie Ihre persönliche Bestandsaufnahme gemacht haben? Schauen Sie sich Ihre Sätze von damals noch einmal an. Passen die Person, die Sie sind, und die Ziele, die Sie sich gesetzt haben, zusammen?

Wenn Sie beispielsweise folgende Aussage zu sich getroffen haben: »Ich bin jemand, der feste Strukturen und einen verlässlichen Zukunftsplan braucht, um mein Können bestmöglich einzubringen«, und sich das Ziel vorgenommen haben, allein durch die Welt zu reisen und ein Buch zu schreiben, passt das auf den ersten Blick nicht besonders gut zusammen. Verändert sich womöglich Ihr Selbstbild? Sind Sie vielleicht abenteuerlustiger, als Sie sich selbst eingestehen? Oder ist die Reise allein und der Wunsch, Autorin zu werden, etwas, das Sie mit 14 Jahren in Ihr Tagebuch geschrieben und seither niemals mehr hinterfragt haben, obgleich sich Ihre Persönlichkeit mittlerweile in eine andere Richtung entwickelt hat? Beides ist legitim, aber Sie müssen das erkennen, bevor Sie weitermachen.

Und bevor jemand diese Übung zum Anlass nimmt, um sich in Schuldgefühlen zu ergehen: Vergessen Sie es! Dass Sie Ihre Ziele oder aber Ihr Bild von sich selbst ändern, macht Ihnen absolut niemand zum Vorwurf. Herauszufinden, was sich für Sie richtig anfühlt und was mit Ihren Werten harmoniert, ist gerade der Sinn dieser ganzen Übung. Dass Ihnen bewusst geworden ist, dass Sie lieber in ein festes Team eingebunden sind, als die selbstständige Künstlerin zu sein, von der Sie als Jugendliche träumten? Eine gute Nachricht! So kommen Sie Ihrem Ziel, weniger Zeit zu verschwenden, einen guten Schritt näher.

Aber vielleicht lautete Ihre Beschreibung der eigenen Person eher so: »Ich liebe Herausforderungen und lasse mich nicht leicht entmutigen. Veränderungen in meinem Umfeld motivieren mich zu Höchstleistungen.« Noch einmal ein Studium draufzusetzen, in eine andere Stadt zu ziehen oder Ihr eigenes Unternehmen zu gründen sind alles Dinge, die dazu passen; in diesem Fall arbeiten Sie *mit* Ihrer Persönlichkeit und nicht *gegen* sie.

Gefühle des Bedauerns – sie bleiben nicht aus

> *»Die meisten Menschen planen nicht das Versagen,*
> *sondern versagen im Planen.«*
> JOHN L. BECKLEY

In dieser Phase des Buches und der Weiterentwicklung in Ihrem Leben wollen wir einen Handlungsplan entwerfen. Jetzt wird es ernst. Und spannend. Weil wir Menschen sind – und noch dazu Frauen –, ist es wichtig, dass wir uns bewusst machen, dass Entscheidungen auch mit Trauer einhergehen können. Vermutlich gab es in Ihrem Leben – beispielsweise als Jugendliche und mit Anfang 20 – eine Zeit, als sich die

Zukunft unendlich anfühlte. Warum sich mit harten Entscheidungen herumschlagen, solange wir ewig jung bleiben werden? Dachten wir nicht alle, dass wir niemals altern werden? Ich jedenfalls dachte so.

Nur wissen Sie ... das stimmt nicht. Die Uhr tickt unaufhörlich und wir können nicht alles sein, was wir einmal sein wollten. Wir können im Lauf eines Lebens sehr viel sein, aber eben nicht alles. Sie können nicht zugleich Weltenbummlerin, knallharte CEO, Mutter und Gärtnerin sein. Sie müssen sich entscheiden. Etwas muss dran glauben. Besonders für ehrgeizige Menschen ist das ein harter Brocken. Wurden wir nicht dazu erzogen, nach den Sternen zu greifen? Warum zum Teufel können wir nicht alles machen? Nun ja, das Raum-Zeit-Kontinuum ... tut mir echt leid.

Jetzt ist vermutlich ein ebenso guter Moment wie jeder andere, um meine Gedanken zur Vorstellung vom *Alles-haben-Wollen* zu formulieren – für all die »Lean-in«-Advokatinnen da draußen. Wenn ich eines gelernt habe, dann ist es, dass wir diese Vorstellung unverzüglich aufgeben müssen, denn alles haben zu wollen, ist total unrealistisch und macht jede Hoffnung auf Glücksgefühle und echte Produktivität zunichte. Wer alles haben will, jagt ständig irgendetwas hinterher. Am Ende entsteht so eine To-do-Liste mit nichts auf der anderen Seite, außer immer noch mehr zu tun. Betrachten Sie es von der philosophischen Seite – was würde geschehen, wenn Sie alles hätten? Keine Aufgabe mehr, kein Abenteuer, keine Charakterbildung. Unser wahres Selbst zeigt sich im Kampf und im Angesicht von Herausforderungen – wo die interessantesten Eigenschaften lebendig werden. Unsere Kraft liegt in der Herausbildung und Entdeckung dieser Qualitäten.

> Unser wahres Selbst zeigt sich im Kampf und im Angesicht von Herausforderungen – wo die interessantesten Eigenschaften lebendig werden.

»Alles zu haben« ist zudem ein höchst unscharfer Begriff – noch so eine illusionistische Hoffnung ohne Realitätsbezug. Noch so ein Konzept voller Enttäuschungen und ohne einen ausführbaren Plan. Das ist das Problem, wenn man alles will: Am Ende fühlen wir uns zumeist erschöpft und leer. Es ist Zeit, dass wir loslassen. Wie heißt es doch in dem Song? Sie bekommen nicht immer, was Sie wollen, aber wenn Sie es von Zeit zu Zeit versuchen, bekommen Sie vielleicht, was Sie brauchen.

Was machen Sie also mit den Einträgen, die Sie von Ihrer Liste streichen müssen? Erstens brauchen Sie sich nicht zu schämen, wenn Sie ihnen nachtrauern. Es ist verdammt hart, dass wir nicht mehrere Leben gleichzeitig führen können. Andererseits aber ist klar, was passiert, wenn wir zu viel in das eine Leben quetschen, das uns gegeben wurde. Sie können die Trauer, die Sie bei der Gewichtung Ihrer Liste verspüren, nutzen, um zu entscheiden, wie die Liste am Ende aussehen soll. Was können Sie absolut *nicht* streichen? Wenn der Gedanke, etwas nicht mehr tun zu können, Ihnen das Herz zerreißt, wissen Sie, dass dieser Punkt auf Ihre Dreierliste gehört. Und wenn ein Traum oder Ziel es nicht in die Endauswahl schafft, heißt das nicht, dass Sie es vergessen müssen. Vielleicht wandert es auf eine Liste von Dingen, auf die Sie in 10 oder 20 Jahren zurückkommen. Das Leben ist lang, wenn wir es richtig anstellen und das Glück mitspielt.

Grenzen pflegen

»Die Ideen sind lauter, wenn es weniger von ihnen gibt.«
DAVID C. DAY

Um mit den großen Drei wirklich weiterzukommen, dürfen Sie außer ihnen nichts anderes machen, und das wird vermutlich hart – besonders für die Gefallsüchtigen, die lieben Mädchen, die harten Arbeiterinnen ... Sie wissen schon: für uns alle. Wenn Sie sich auf Ihre Ziele fokussieren wollen, dürfen Sie zu keinem Augenblick etwas anderes tun.

Ich möchte Sie bitten, sich einen Augenblick etwas vorzustellen. Denken Sie an all die Anfragen, die die Sängerin, Schauspielerin, Designerin und Philanthropin Rihanna täglich erhält. Sie wird darin sicherlich gebeten zu singen, mit ihrem Namen für Dinge einzutreten, zu spenden, aufzutreten und zu reden. Es muss sich wie eine wahre Lawine anfühlen. Und Sie wissen natürlich auch, dass in ihrem Team jemand ist, der diese Anfragen durchsieht und aussiebt. Stellen Sie sich eine elegant gekleidete redegewandte Assistentin vor, die durch die goldverzierten Einladungen blättert: »Geht gar nicht … haha … was denken die sich … nett, aber daraus wird nichts … ah, das hier sieht gut aus!« Sie wirft die meisten Anfragen schnurstracks in den vergoldeten Papierkorb. Sie kennt Rihannas Prioritäten und legt Anfragen, die die Kriterien ihrer Chefin nicht erfüllen, dieser gar nicht erst vor, denn das wäre nur Zeitverschwendung. Nun können wir uns nicht alle Vollzeitassistentinnen leisten, die für uns die Pförtnerinnen spielen, aber Sie können sicherlich Ihre eigene Pförtnerin werden. Sie können sich sogar vorstellen, wie Sie Anfragen an Ihre Zeit so beurteilen, als handele es sich um Anfragen an eine »Very Important Person«. Denn das sind Sie. Sobald Sie sich über Ihre drei Ziele klar geworden sind, ist diese Fähigkeit, aus sich selbst herauszutreten und jede »Anfrage« objektiv zu bewerten (wie es eine Vollzeitassistentin tun würde), entscheidend – und sehr befreiend, wie Sie sehen werden.

Im 3. Kapitel sprachen wir darüber, wie schwierig es sein kann, Nein selbst zu Dingen zu sagen, die wir gar nicht wollen. Selbstbeschränkung ist etwas Ähnliches, wenn auch nicht dasselbe. Sie sagen weiterhin zu allen Anfragen nein, die Ihnen keinen Nutzen bringen, sofern dies möglich ist. Selbstbeschränkung aber bedeutet, dass Sie nicht jeder Idee und jedem Impuls folgen. Sie unterziehen Ideen und Impulse regelmäßig dem Test der »großen Drei«. Wenn Ihre drei Ziele lauten, »einen Roman zu schreiben, Sport zu treiben und viel Zeit mit den Kindern zu verbringen«, vergleichen Sie jede Anforderung an Ihre Zeit mit dieser Liste. Bringt die Beteiligung am Kuchenverkauf Sie Ihrer Tochter näher? Nein. Aber mit ihr Kekse zu backen und sie dem Basar zur Verfügung zu stellen, leistet das Gewünschte.

Möglicherweise sind Sie ebenso süchtig nach Fernsehserien wie der Rest der freien Welt. Und kaum etwas fühlt sich nach einem langen Tag besser an, als sich aufs Sofa fallen zu lassen und sich eine Folge nach der nächsten reinzuziehen. Aber wenn Sie wollen, dass aus Ihrem Roman einmal Wirklichkeit wird, sollten Sie diese Stunden lieber dem Schreiben als dem Zuschauen widmen.

Selbstdisziplin steht häufig in einem schlechten Ruf. Wer will schon die Spaßverderberin sein, die sich nach dem ersten Glas Wein vom Freundinnenabend verabschiedet, weil sie am nächsten Morgen einen

Pilates-Kurs hat? Oder die Langweilerin, die Grünkohlsalat bestellt, während alle anderen sich eine Pizza gönnen? Wir stellen uns vor, dass wir damit, dass wir streng bei unserer Linie bleiben, zwar die gewünschten Ergebnisse erzielen, aber zum Preis trauriger Selbstkasteiung. Falsch, sagen Wilhelm Hofmann und seine Forscherkollegen von der University of Chicago. Die Fähigkeit, Impulsen zu widerstehen und stattdessen Entscheidungen zu treffen, die mit zuvor gefassten Entschlüssen in Einklang stehen, macht die Menschen nicht nur zufriedener *mit* ihrem Leben, sondern auch glücklicher *in* demselben. Sie können sich vorstellen, wie jemand, der seiner Diät treu bleibt, stolz auf sich selbst ist, dass ihm dies gelungen ist, aber Sie würden vielleicht nicht erwarten, dass er glücklich ist, *während* er die Diätregeln befolgt. Hofmann entdeckte, dass Menschen mit einem ausgeprägten Sinn für Selbstkontrolle sowohl das Ergebnis als auch das Bemühen darum als glückbringend empfinden.

Selbstbeschränkung oder Selbstdisziplin ist nichts, was sich so mal eben von allein einstellt. Wenn Sie bis jetzt eher spontan auf das reagierten, was Sie vor sich hatten, anstatt sich einen Plan zu machen und sich an diesem zu orientieren, liegen Ihre Stärken in genau dieser Spontaneität. Das heißt aber nicht, dass nicht auch Sie ihre »großen drei Ziele« verwirklichen können.

Wie Sie es sich einfacher machen können

1. **Gewohnheiten sind einfacher als Beschlüsse.** Das ist ein wichtiger Punkt. Eine Gewohnheit ist ein Verhalten, dass Sie zeigen, ohne darüber nachzudenken. Sie entscheiden nicht jeden Tag neu, ob Sie sich die Zähle putzen wollen – Sie tun es einfach. Wenn Sie sich nach der Arbeit fragen, ob Sie eine Runde joggen gehen oder eine Stunde auf Instagram browsen wollen, entscheiden Sie sich möglicherweise für die Option, die Sie Ihren Zielen nicht näher bringt. Natürlich braucht es Zeit, Gewohnheiten auszubilden, und um dahin zu kommen, bedarf es diverser Entscheidungen. Aber je schneller Sie zu »immer« kommen – wie in: »Ich mache immer

Sport, bevor ich ins Büro gehe« –, desto weniger emotional-mentale Reibung erzeugen Sie für sich selbst.

2. **Versuchungen reduzieren.** Es gibt keine Extrapunkte für unnötiges Leiden. Wenn Sie für den Sommer abnehmen wollen, sollten Sie den Kühlschrank nicht mit Eiscreme beladen. Denken Sie an Ihre Ziele und an die Versuchungen, die Sie sich aus dem Weg räumen können. Auch hier hängt vieles von der rechtzeitigen Planung ab und davon, dass Sie wissen, wohin Sie wollen. Wenn Sie für die nächste Tilgungsrate Ihres Hauskredits sparen, ist die Versuchung, die es zu vermeiden gilt, finanzieller Natur. Nehmen Sie sich also ein paar Minuten und bestellen Sie die Dutzenden von E-Mails ab, die Sie von J.Crew, Everlane und Intermix bekommen. Selbst wenn Sie gar nicht vorhatten, diese Jeans zu kaufen – warum halten Sie sich unnötig Dinge vor die Nase, die momentan ohnehin nicht erlaubt sind? Vielleicht sind die Versuchungen, die es zu vermeiden gilt, zwischenmenschlicher Art, und Sie wissen, wie schwer es Ihnen fällt, Ihrer Chefin Bitten um Tätigkeiten außerhalb Ihrer Jobbeschreibung auszuschlagen. Wenn Sie wissen, dass Sie, sobald Sie in ihrem Büro stehen, um zu erklären, warum Sie die Mitarbeiterparty nicht organisieren wollen, früher oder später klein beigeben, schreiben Sie ihr lieber eine E-Mail, in der Sie ihr Ihre Gedanken emotionslos darlegen. Achten Sie stets darauf, dass Sie sich in die bestmögliche und am wenigsten stressige Position bringen, um etwas zu erreichen.

3. **Passen Sie auf sich selbst auf.** Hunger und Müdigkeit schwächen unsere Entschlusskraft. Neue Entscheidungen im Leben zu treffen, fällt schwer, und um sich selbst ein Versprechen zu geben, müssen Sie in Kampfeslaune sein. Wenn Sie erschöpft sind, haben Sie mehr Mühe, Ihren Grundsätzen treu zu bleiben, sobald Sie eine harte Entscheidung treffen müssen. Das mag einfach scheinen, aber ich kann Ihnen sagen, wie häufig ich eingeknickt bin, nur weil ich hungrig und erschöpft und deshalb nicht bei der Sache war. Sind Sie versucht, diese Jeans zu kaufen? Trinken Sie ein großes Glas Wasser in Zimmertemperatur und schauen Sie, wie Sie sich dann

fühlen. Das meine ich ernst: Wenn Sie zu wenig trinken, machen Sie womöglich die verrücktesten Dinge. Es ist wichtig, dass Sie auf Ihr körperliches Wohlbefinden achten, das häufig genug ein Barometer dafür ist, wie Ihnen emotional zumute ist. Die Fähigkeit, diese körperlichen Probleme mit vergleichsweise einfachen Maßnahmen (regelmäßiger Nahrungsaufnahme, kurzen Spaziergängen, genug Wasser trinken) in Echtzeit zu lösen, kann ausschlaggebend sein, wenn Sie beginnen, aus Ihren Entscheidungen Gewohnheiten zu machen.

Während Sie diesen Produktivitätsplan erstellen, werden sie nicht nur konkrete Ziele formulieren, sondern noch besser verstehen, wer Sie sind und was Sie wirklich wollen. Nur dann kann wahre Produktivität beginnen.

#TBT zur Stadt des zerbrochenen Glases

Wäre ich auch dann in Los Angeles gelandet, wenn ich mir zuvor die Zeit genommen hätte, meinen Weg sorgfältig zu planen? Vielleicht.

Hätte ich mir auch dann irgendwo auf einem staubigen Berg alle meine Wertsachen stehlen lassen? Möglich, aber nicht sehr wahrscheinlich.

Sicherlich anders gelaufen wäre, was dann folgte. Einen konkreten Plan zu haben – für den Sie geradestehen – heißt nicht, dass niemals etwas Schlechtes geschehen wird. Ein Plan gibt Ihnen jedoch die nötige Klarheit, um schwierige Situationen zu bestehen und auf Kurs zu bleiben, ohne dass die Angst vor einer unbekannten Zukunft Sie lähmt und vage Ziele ohne Realitätsbezug Sie in die Irre führen. Ein durchdachter, ausgewogener Plan macht Sie zudem offener für die guten Dinge und mindert das Risiko, dass Sie sich zur falschen Zeit am falschen Ort wiederfinden.

Ran an die Hanteln

- Erstellen Sie eine Liste Ihrer sämtlichen Ziele! Achten Sie darauf, dass diese Ziele verschiedene Aspekte Ihres Lebens betreffen – privates Leben, berufliches Leben und Beziehungen. Ob groß oder klein – notieren Sie sie.
- Streichen Sie Einträge! Lassen Sie nur stehen, was Sie im höchsten Maße antreibt. Wählen Sie aus jeder Kategorie ein Ziel: berufliche Karriere, persönliche Entwicklung und Beziehungspflege.
- Stehen diese Ziele mit der Beschreibung Ihrer Person aus dem 1. Kapitel in Einklang?

6. Kapitel — Erledigen Sie nicht alles selbst

Venedig 2015

Als ich mich in einer Whole-Foods-Filiale durch einen besonders stark frequentierten Gang zwängte, traten mir Schweißperlen auf die Oberlippe. Ich befand mich inmitten der Masse der Freitagsnachmittagseinkäufer und verfluchte mich selbst, dass ich auch nur *gedacht* hatte, es könnte eine gute Idee sein, den neuen Kollegen meines Lebensgefährten Louis und dessen Frau am Ende einer weiteren langen Arbeitswoche zu einem spontanen Abendessen einzuladen.

Einige Wochen zuvor waren wir bei ihnen zu Gast gewesen, und unsere Gastgeberin, eine nicht berufstätige Mutter, hatte uns mit einem liebevoll vorbereiteten Mahl bewirtet. Alles war perfekt gewesen, von der Vorspeise über die Dekoration und die Cocktails bis zur Hauptspeise. Nach dem Essen hatte sie mir erzählt, wie nervös sie der Gedanke gemacht hatte, für mich zu kochen, denn sie sei ein großer LEAF-Fan und habe große Sorge gehabt, meinen Standards nicht zu genügen. Ich hatte laut gelacht und ihr versichert, dass sie meine Erwartungen … und meine Fähigkeiten … weit übertroffen habe.

Als ich zwei Wochen später mein eigenes Abendmenü plante, dachte ich nun also, ich müsste etwas Spektakuläres zaubern, um meinem Ruf gerecht zu werden. *Was würde am meisten Eindruck machen?* Natürlich entschied ich mich für eines der umständlichsten Gerichte, die ich finden konnte – Bœuf bourguignon, ein traditionelles französisches Gericht. Und um der unnötigen Angst noch eins draufzusetzen, lud ich auch Louis' guten Freund, einen semiprofessionellen französischen Koch, und seine Frau mit ein. Damit lud ich mir zugleich die Kritik ins Haus, die auf eine kanadische YouTuberin wartete, die es wagte, dieses französische Meisterwerk nachzustellen. Auf meinem Weg zu Whole Foods rief ich Louis an, um ihm von meinem Masterplan zu berichten und auf wie viel Arbeit ich mich eingelassen hatte, worauf er nur erwiderte:

»Bébé, du klingst gestresst. Warum bestellen wir nicht eine Pizza und trinken dazu einen Rosé?«

Als ob es so einfach wäre!

»Bist du von Sinnen?! Ich mache das doch nicht für *dich*!«, schrie ich, bevor ich auflegte. Für solche Scherze hatte ich in diesem Augenblick – wenige Stunden bevor die Gäste eintreffen würden – wirklich keine Zeit.

Ich arbeitete also weiter meine Monster-Einkaufsliste ab, passierte die lange Kassenschlange und versuchte schließlich, dem sozialen Kunstwerk eines Whole-Foods-Parkplatzes am Freitagnachmittag so zügig wie möglich zu entrinnen. Als ich zu Hause ankam, war ich erschöpft und frustriert, noch bevor mein verrücktes Experiment überhaupt begonnen hatte.

In der Küche war ich keine Spur entspannter. Ich warf Louis Befehle zu und schrie ihn an, wenn er die Dinge nicht genauso machte, wie ich es gemacht hätte. Am Ende schien es mir einfacher, wenn ich alles allein machte, womit Louis nun wiederum *überhaupt* kein Problem hatte.

Nachdem ich das Rezept zur Hälfte abgearbeitet hatte, fand ich allmählich in meinen Rhythmus, und als der Burgunder im Topf brodelte und die Luft schwängerte, entspannte ich mich ... *ein bisschen*. Diesen Teil hatte ich unter Kontrolle. Das Glas Burgunder, das ich mir selbst genehmigte, half ebenfalls. Ich bereitete das Salatdressing vor, wärmte das Brot im Ofen und deckte den Tisch.

Um die Absurdität dieser Geschichte noch zu steigern, muss ich erwähnen: Ich esse kein Fleisch, und so brauchte ich jemanden, der für mich abschmeckte. Louis konnte ich nicht fragen, weil er grundsätzlich alles lobt, was ich koche, selbst wenn es fürchterlich schmeckt. Ich brauchte die Stimme von jemandem, der sehr, sehr kritisch sein konnte: einem französischen Koch. Ich bat JB (unseren französischen Freund), ein bisschen früher zu kommen.

JB und seine Frau Megan (meine gute Freundin) trafen wenige Minuten später ein. Unmittelbar nach Betreten des Hauses kräuselte er die Nase, erschnüffelte die Luft im Raum und machte ein amüsiertes Gesicht.

»Wie lange kocht es schon?«, fragte er.

Mir schoss der Schweiß aus den Poren.

»Ich ... äh ... so 50 Minuten, glaube ich?«, stotterte ich.

»Hmmmm«, sagte er in einem Tonfall, der allzu kritisch klang für einen so schnell gegebenen Kommentar – selbst für einen Franzosen.

Sofort bedauerte ich die Entscheidung, mir nicht von Louis sagen zu lassen, wie wunderbar das Essen schmeckte und was für eine großartige Köchin ich war. Alle Zuversicht, die ich mir beim Kochen und mit dem Wein in der Luft und im Glas während der letzten Stunde oder so mühsam zugelegt hatte, war verschwunden.

Während mir JB in die Küche folgte, überlegte ich, ob es zu spät war, den Abend abzusagen. Natürlich war es das – einer meiner Gäste war bereits in meiner Küche. Mit großem Zögern nahm ich den Deckel vom großen gusseisernen Topf und bot an, dem Gastronomiekritiker einen Löffel voll zum Probieren zu geben. Er schob mich jedoch sachte beiseite und nahm mir den Löffel aus der Hand. Er begann, die Brühe umzurühren und sorgsam ihre Konsistenz zu prüfen. Konsistenz? Darauf hatte ich nicht im Mindesten geachtet! Ich hatte mich lediglich anhand eines einfachen Geruchstests durch das Rezept gehangelt. Ich schrumpfte in mein improvisiertes Outfit, das ich mir übergeworfen hatte. Vorsichtig entnahm er dem dampfenden Topf einen kleinen Löffel voll. Er roch daran und blies dann ein wenig, um es abzukühlen. Mit jeder Millisekunde, die verging, wollte ich schreien: Können wir ein bisschen schneller machen? Ich muss noch mein Make-up machen! Schließlich nahm er den Löffel in den Mund und schloss die Augen ... und schmeckte, vermutete ich. Es entstand eine lange, dramatische Pause, bis er schließlich seine Augen aufschlug und dabei ein höchst überraschtes Gesicht machte. Er zog die Brauen zusammen und nahm dann rasch noch einen Löffel voll – diesmal einen größeren – aus dem Topf. Er schlang ihn hinunter. Ich bekam kaum Luft.

»Es ist gut«, sagte er total ungläubig.

»Was?«, japste ich.

»Nein, wirklich. Es ist sehr gut. *Très bien.*«

Damit ging er zum Tisch hinüber, griff sich ein Stück Brot und brachte es in die Küche, um es in die Sauce zu tauchen. Kopfnickend kaute er es.

Ich konnte es nicht glauben! Alle meine Panik war umsonst, dachte ich, als ich im Badezimmer rasch mein Make-up auflegte. Ich hatte es wirklich geschafft. Ich war nun doch froh, dass ich diese spontane Essenseinladung ausgesprochen hatte.

Die Türklingel läutete und ich sprang herbei, um unsere neuen Freunde zu begrüßen. Ich bewirtete sie mit köstlichem Wein und Cocktails. Sie probierten die einfachen, aber raffinierten Appetithappen. Aus dem Hintergrund erklang schöne Musik. Gute Gespräche wurden geführt. Alle äußerten sich darüber, wie gut es aus der Küche roch, und ich strahlte.

»Oh, es ist nichts«, sagte ich mit absolut falscher Bescheidenheit. »Ich hoffe, es schmeckt okay.« Ich zwinkerte JB zu.

Schließlich bat ich die Gäste, Platz zu nehmen. Die Weingläser wurden gefüllt. Ich stellte das Glanzstück auf den Tisch und gab jedem eine ordentliche Portion davon auf. Allen lief die Spucke im Mund zusammen.

»Warte, und was ist mit dir, Erin?«, fragte die Frau des Kollegen.

»Oh, ich esse kein Fleisch. Ich nehme mir ein wenig Salat und etwas mehr Brot und Käse. Damit bin ich zufrieden!«

»Wirklich?« Sie schaute mich an, als sei ich vollkommen verrückt.

»Ich mache das ständig«, sagte ich und versuchte herunterzuspielen, was in der Tat etwas verrückt war.

Um das Thema zu wechseln, hob ich schnell das Glas.

»Auf unsere Freunde, alte wie neue, und danke, dass ihr euch die Zeit genommen habt, uns an diesem Freitagabend mit eurem Besuch hier auf der West Side zu beehren – der Verkehr muss fürchterlich gewesen sein.«

Alle hoben ihre Gläser und Louis stimmte wohlgemut ein: »Ja, Shabbat Shalom!«

Alle lachten und sagten: »Auf unser aller Wohl.«

Unvermittelt hörte mein Herz auf zu schlagen. Mein Mund wurde trocken. Ich blickte in die Runde. Alles geschah in Zeitlupe, bis sich meine Augen mit JBs trafen. Er schüttelte diskret, aber bestimmt den Kopf, wie um zu sagen: Sprich es nicht aus. Lass es einfach geschehen.

Aber ich konnte nicht. Im Chaos und der Eile, das perfekte Mahl zuzubereiten – etwas, das nicht einmal ich essen konnte –, hatte ich vergessen, wem ich das Essen servierte – mit anderen Worten: *meine Gäste*. Louis' Kollege und seine Frau waren konservative Juden. Bis vor Kurzem waren sie orthodox gewesen und waren nach ihrer Hochzeit zum konservativen Judentum gewechselt. Ich wusste das. Wir hatten vor zwei Wochen in ihrem Haus ausführlich darüber gesprochen. Und jetzt probierte diese liebenswürdige Frau nur Zentimeter von mir entfernt mein leckeres Bœuf bourguignon, dessen zweite Hauptzutat Speck war.

Ich beobachtete, wie der Löffel ihrem Mund immer näher kam. Eine Myriade von Optionen geisterte durch meinen Kopf, und gerade, als der Löffel ihren Mund berührte, schrie ich: »Stopp!«

Der ganze Tisch saß wie vor Schreck gerade.

»Ich … ich bitte vielmals um Entschuldigung. Aber ihr könnte das nicht essen«, flüsterte ich und hielt die Tränen nur mühsam zurück. »Ich habe einen Fehler gemacht.«

Während ich die Teller wegtrug, klärte ich die Gäste über mein schreckliches Versehen auf, und das Paar nahm es mit absoluter Liebenswürdigkeit zur Kenntnis – sichtlich erleichtert, dass ich es ihnen gesagt hatte. Ich meinte, ich wolle rasch etwas anderes zubereiten, und rannte in die Küche, um zu sehen, was ich machen konnte. Louis folgte mir, und ich brach heulend zusammen. Ich hatte alle enttäuscht – und zuallererst ihn. Er versuchte mich zu trösten und sagte, dass das nichts mache.

Einige Minuten später kamen wir mit einem neuen Plan aus der Küche: Während Louis verkündete, dass wir Pizza kommen lassen würden, schenkte ich bereits den Rosé ein.

POP-Wahrheit

Sie können nicht alles haben, und warum auch?

- Kein Hahn kräht danach, ob Sie das ganze Programm bewältigen.
- Finden Sie heraus, wie Sie Ihren Rucksack leichter machen können.
- Kommen Sie mir nicht mit Schuldgefühlen, weil Sie Dinge delegieren.

Der oben beschriebene Abend entwickelte sich bestens, aber das ist nicht der Punkt. Entscheidend ist, dass das von vornherein nicht hätte passieren dürfen. Klar, ich kann einigermaßen anständig kochen – das war schließlich ein wesentlicher Teil dessen, was ich bei LEAF machte. Und das ist der Punkt: Kochen war für mich »Arbeit«. Nur weil ich es konnte und gut darin war, hieß das nicht, dass ich verpflichtet war, es auch zum Spaß zu machen. Ich bin sicherlich nicht Ina Garten. Kochen ist nicht mein Leben. Ich liebe es, zu essen, und Kochen ist eine wunderbare Möglichkeit, zu den Dingen zu kommen, die man gerne isst. Aber nicht die einzige.

Darüber hinaus war es nicht nötig, zu Spitzenzeiten zu Whole Foods zu gehen, um eine endlos lange Liste von Dingen einzukaufen. Ich brauchte mich auch nicht auf diesen Parkplatz zu stellen, wo ich nur mühsam wieder rausfand. Wenn ich kochen wollte, konnte ich eine Bestellung bei Instacard aufgeben und mir das ganze Chaos sparen – so bliebe mir mehr Zeit für mich selbst.

Und weil ich so unbedingt Eindruck schinden wollte, vergaß ich den eigentlichen Grund, warum wir uns treffen wollten – die Pflege unserer neuen Beziehung. Und im Versuch, alles perfekt zu machen, übersah ich die grundlegendste Sache einer jeden Abendeinladung: die Menschen. Selbst ohne diesen kolossalen Fehler war ich bis auf die 45 Minuten, in denen ich von allen gelobt wurde, die ganze Zeit über total gestresst und schlecht drauf. Ich hatte auch mich – die wichtigste Person – vergessen. Während der Vorbereitung des Abends und 80 Prozent der Zeit, in der die Gäste anwesend waren, hatte ich gelitten, mir Vorwürfe gemacht, mich erschöpft (mehr noch, als ich es ohnehin schon war), mir ein Bein ausgerissen – und wofür? Ich machte mir klar, dass der beste Augenblick des Abends der war, als wir alle von der Pizza aßen, Wein tranken und viel lachten. Ich war entspannt, es zerrten nicht tausenderlei Dinge an mir und ich konnte unsere Gäste genießen. Und sobald ich locker war, konnten unsere Gäste es auch sein.

Am folgenden Morgen schwor ich mir, künftig alles outzusourcen,

> Ich machte mir klar, dass der beste Augenblick des Abends der war, als wir alle von der Pizza aßen, Wein tranken und viel lachten.

was ich nicht wirklich selbst machen musste, denn der Versuch, alles selbst zu machen, war erstens kontraproduktiv und zweitens alles andere als erfüllend. Wenn »alles selbst machen« bedeutet, dass Sie weder sich selbst noch die Erlebnisse, die Sie haben, genießen können, ergibt das wahrlich keinen Sinn.

Wenn es nicht zu den großen Drei gehört, weg damit

So ungefähr jedenfalls.

Konkrete Ziele lassen sich viel leichter erreichen. Klingt idiotisch selbstverständlich, nicht wahr? Aber ohne klare Ziele hart zu arbeiten, ist genau das, was viele von uns tun. Es ist, als wären unsere verrückten Anstrengungen wie ein großes Fischernetz, das wir in der Hoffnung auswerfen, damit irgendwelche ganz fantastischen Dinge einzufangen, oder? Kann sein. Wahrscheinlicher aber ist, dass Sie viel Energie auf Dinge verschwenden, die Ihnen in Wahrheit ziemlich gleichgültig sind. Aber das haben wir ja nun hinter uns gelassen. Im 5. Kapitel haben wir uns Ziele gesetzt, auf die wir uns mit Leichtigkeit und Energie zubewegen werden. Na ja, ausgenommen ... Da ist immer noch dieser Bericht, den Sie Ihrer Chefin senden müssen, in der Spüle stehen noch schmutzige Teller und Sie wollten noch die Geburtstagsparty für ihre beste Freundin planen.

Wenn Sie sich wirklich auf Ihre drei ausgewählten Ziele fokussieren wollen, müssen Sie auf viele Aktivitäten und Schritte verzichten, die nichts mit diesen Zielen zu tun haben und Sie in Wahrheit nur aufhalten. Sie dürfen bei der Frage, wofür Sie Ihre Zeit nutzen, keine Nachsicht zeigen. Der erste Schritt auf dem Weg zu einem Outsourcing-System, das für Sie arbeitet, ist, dass Sie sich zwei Dinge klarmachen. Erstens: Sie müssen nicht alles selbst machen, damit es erledigt wird. Und zweitens: Es ist erlaubt, sich bei gewissen Arbeiten von anderen helfen zu lassen (für Geld oder unentgeltlich). Das kann für eine Overachieverin oder einen Kontrollfreak (ich denke hier an mich selbst!) eine harte

Nuss sein. Lassen Sie sich Zeit, um sich an diese Vorstellung zu gewöhnen. In Wahrheit sind es sogar mehrere Vorstellungen, mit denen Sie sich vertraut machen müssen.

1. Sie können nicht alles selbst machen.
2. Sie sollten gar nicht erst versuchen, alles selbst zu machen.
3. Andere werden dieselben Dinge unter Umständen anders machen als Sie, und das ist auch okay.
4. Sie sind keine schlechte Ehefrau, Partnerin, Mutter, Tochter, Mitarbeiterin etc., nur weil Sie nicht alles genauso weitermachen, wie Sie es immer gemacht haben.
5. Alle werden es verschmerzen. Im Ernst.

Wenn Sie beginnen, Tätigkeiten und Aufgaben outzusourcen oder zu delegieren, fühlt es sich vielleicht so an, als seien Sie nur zu bequem oder wollten die Verantwortung auf andere abwälzen. Und für eine Overachieverin ist das ein ungewohntes und unbehagliches Gefühl – aber es stimmt nicht. Sie drücken sich nicht vor der Verantwortung, sondern machen den Weg frei, damit Sie Ihre Aufmerksamkeit dorthin lenken können, wo sie hingehört: auf die Arbeit, die Aktivitäten und vor allem die Zeit, die Sie Ihren großen Drei widmen möchten.

Zuerst aber müssen Sie wirklich wissen, wie das aussieht. Besteht Ihr Tag aus kleinen Schritten, die Sie Ihren Zielen näher bringen? Oder sind Sie maximal ausgelastet mit Aktivitäten, die nichts mit Ihren Zielen zu tun haben, sodass Sie nur versuchen können, Ihre zielführenden Aktivitäten hier und da zwischenzuschieben, obgleich Sie eigentlich schon an Ihrem Limit sind? Raten Sie, welches der richtige Weg ist! Und machen Sie sich nichts daraus, wenn Ihr gegenwärtiger Fahrplan noch sehr weit weg vom Idealzustand ist. Ich werde Ihnen eine ganze Reihe von Möglichkeiten an die Hand geben, wie Sie Ihre Zeit befreien können.

Siebentägige Zeitdokumentation

»Die Zeit ist der klügste Ratgeber von allen.«
Perikles

Die Herausforderung bei der Methode der siebentägigen Zeitdokumentation besteht darin, akribisch Protokoll zu führen darüber, was Sie mit Ihrer Zeit machen. Sie brauchen sich dafür nicht anzustrengen, aber sie müssen genau sein. Teilen Sie Ihre Tage in Einstundenabschnitte ein und notieren Sie, wie Sie Ihre Zeit nutzen. Machen Sie sich am Abend, wenn Sie alles noch frisch im Kopf haben, zu jedem Abschnitt einige Notizen, die beschreiben, was Sie gemacht haben, wie es sich für Sie anfühlte und ob Sie damit Ihren Zielen näher gekommen sind. Sie können ein kleines Notizheft oder eine Tabelle auf Ihrem Computer verwenden – was immer für Sie einfacher ist, um über Ihre Zeitnutzung Buch zu führen. Vergessen Sie nicht: Dies ist nicht die Gelegenheit, um sich Vorwürfe zu machen – wir rechnen bislang damit, dass Ihr Tagesablauf und Ihre Ziele noch nicht in perfekter Übereinstimmung sind.

Und hier kommt ein Beispiel, wie so ein Tag aussehen könnte. Angenommen, diese Person – nennen wir sie Julie – hat als ihre großen Drei für dieses Jahr beschlossen, die Leitung ihres Arbeitsteams zu übernehmen, einen halben Marathon zu laufen und mehr Zeit für ihre Freunde zu haben.

7 Uhr: Wecker klingelt. Dreimal Schlummertaste gedrückt, bis es zu spät fürs Joggen vor der Arbeit ist. Fühle mich irgendwie schlecht, denn ich wollte viermal in der Woche Sport machen. Große Drei: 0

8 Uhr: Keine Zeit zum Frühstücken. Angezogen und zur Tür hinaus. Schnappe mir unterwegs einen Kaffee. Muss unbedingt den Antrag für das neue Projekt fertig kriegen. Große Drei: 0

9 Uhr: Lasse mich in ein Marketing-Meeting für ein Projekt ziehen, an dem ich nicht beteiligt bin. Gelangweilt. Bin schon zu spät dran. Große Drei: 0

10 Uhr: Endlich an meinem Schreibtisch. Bis zur Mittagspause Arbeit am Antrag. Fühle mich besser, habe mehr Kontrolle. Große Drei: 1

12.30 Uhr: Mittagessen außer Haus mit meiner Projektpartnerin. Sehr gute Unterhaltung über dies und das. Große Drei: 1

14 Uhr: Ins Büro meiner Managerin gerufen, um über neue Praktikanten zu sprechen, die morgen eintreffen. Sie bittet mich, die Orientierungseinheit zu übernehmen. Habe Ja gesagt, obwohl mir absolut nach Nein zumute war. Große Drei: kann nicht entscheiden, ob Pluspunkt oder nicht

15 Uhr: E-Mails zwecks Vorbereitung besagter Orientierungseinheit. Große Drei: siehe oben

16.30 Uhr: Letzte Arbeitsstunde mit Abrechnungen verbracht. Hätte ich schon letzte Woche machen sollen. Große Drei: 0

17.30 Uhr: Konferenzschaltung mit dem Büro in Seattle. Haben die schon mal was von Zeitzonen gehört? Frustriert, weil ich dafür Yoga ausfallen lassen musste. Große Drei: 0

18 Uhr: Auf dem Heimweg beim Supermarkt angehalten. So hungrig, dass ich einige ziemlich schreckliche Dinge kaufte. Mist. Große Drei: 0

19 Uhr: Bin Laufen gegangen. Bin zwei Kilometer länger gelaufen als normalerweise und fühle mich fantastisch. Große Drei: 1

19.30 Uhr: Stelle fest, dass meine Mitbewohnerin wieder nicht den Geschirrspüler ausgeräumt hat, und verbringe 20 Minuten mit dem Putzen der Küche, bevor ich anfangen kann zu kochen. Bin genervt. Große Drei: 0

20 Uhr: Schnelles Abendessen zu Hause. Wollte eigentlich den Abend mit Netflix verbringen, habe aber stattdessen ein Bad genommen und mich früh mit einem Buch ins Bett gelegt. Große Drei: 1

Wie Sie sehen, hatte Julie im Laufe ihres Tages sowohl Nieten als auch Treffer gehabt. Auf den ersten Blick scheinen die Nieten Dinge zu sein, auf die sie keinen Einfluss hat: in ein Meeting gezogen werden, das sie nicht interessiert, von ihrer Vorgesetzten gebeten werden, eine Routinetätigkeit zu übernehmen, das Nötigste einkaufen, die Unordentlichkeit ihrer Zimmergenossin. Aber seien wir ehrlich: Könnte sie davon nicht einiges erübrigen? Und ob. (Und sie sollte auch zurückblättern und noch einmal das 3. Kapitel lesen.) Weil sie sich zu Aufgaben und Arbeiten hinreißen lässt, die ihr mit Blick auf Ihre Ziele nichts bringen, können wir davon ausgehen, dass sich dieser Tag für sie am Ende nicht gelungen anfühlt. Man spürt förmlich, wie ihr Frust mit jeder Tätigkeit, die sie vom Kurs abbringt, zunimmt. Und genau auf diesen Frust und dieses Gefühl, keinen Einfluss zu haben, müssen Sie achten, wenn Sie diese Übung machen. Es verrät Ihnen, dass Sie erstens Dinge tun, die Sie Ihren Zielen nicht näher bringen, und Sie zweitens versuchen sollten, diese Dinge outzusourcen. Dieser Frust staut sich mit der Zeit auf und beginnt, sich negativ auf Ihre tägliche Produktivität auszuwirken. Achten Sie also darauf!

Ein weiterer Aspekt Ihrer neuen Gewohnheit der Zeitprotokollierung stammt von Laura Vanderkam. Vanderkam ist Autorin, Wissenschaftlerin, Ehefrau und Mutter von vier Kindern, und ihr Bedürfnis nach Selbstoptimierung ist groß genug, um auch noch für die »New York Times« zu schreiben. Vor Kurzem las ich ihren faszinierenden Artikel »The Busy Person's Lies«. Sie dokumentierte ein ganzes Schaltjahr lang, wie Sie ihre 8784 Stunden verbrachte, um eine Vorstellung davon zu bekommen, wo ihre Zeit blieb. Am Ende des Jahres und des Experiments war sie vom Ergebnis selbst überrascht.

Sie fand heraus, dass sie pro Nacht im Schnitt etwas über sieben

Stunden schlief und daneben diverse Massagen hatte, gelegentlich Tage allein am Strand verbrachte und insgesamt 327 Stunden lang zu ihrem Vergnügen (und nicht zur Fortbildung) las. In ähnlichen Studien stellte sie fest, dass »Freiberufler dazu neigen, die Zahl ihrer Arbeitsstunden zu überschätzen, indem sie ihre intensivsten Arbeitswochen für ›typisch‹ erklären.«

Anfangs beruhigten mich diese Ergebnisse – okay, also sind wir noch nicht so eingespannt, *es kommt uns nur so vor!* Aber diese Erleichterung dauerte nur eine kurze Minute, denn was bedeuten diese Ergebnisse wirklich, wenn man sie sich einmal durch den Kopf gehen lässt? Gewiss, wir haben die Zeit, um uns mit Dingen zu beschäftigen, die nicht direkt mit der Arbeit zu tun haben. Aber wenn diese großartigen Momente der Pause – der »Zeit für mich« – in unserem Gedächtnis keine großartigen Spuren hinterlassen, was sind sie dann wert? Tun wir alles, damit sie zählen? Ich meine, wenn ein Baum im Wald umfällt und niemand es hört …

Die Protokollierung erlaubt uns also zu sehen, was wir mit unserer Zeit machen, selbst wenn unser Gefühl uns etwas anderes sagt. Aber sie hält uns zugleich an, stets darauf zu achten, ob wir auf dem richtigen Weg sind oder ob wir blind durch den Wald stolpern. Tatsache ist: Selbst bei dem, was Sie zu Erholungszwecken tun, müssen Sie dafür sorgen, dass es auch so bei Ihnen ankommt. Was ist es sonst wert? Wenn Sie beispielsweise Zeit mit Ihren Freundinnen verbringen, aber sich ständig nur mit Instagram beschäftigen, ist das dann wirklich eine Erholung? Nein. Wenn Sie eine Massage bekommen, aber währenddessen nur daran denken, wie viel Sie am Montag zu erledigen haben, ist das dann eine echte Massage? Nein. Sie sollten also nicht nur Ihre Arbeitsstunden daraufhin analysieren, ob Sie sie produktiv verbringen, sondern ebenso Ihre Erholungsstunden. Das ganze System muss harmonieren.

> **Sie sollten nicht nur Ihre Arbeitsstunden daraufhin analysieren, ob Sie sie produktiv verbringen, sondern ebenso Ihre Erholungsstunden – das ganze System muss harmonieren.**

Was bleibt und was geht?

Nach Ihrer siebentägigen Protokollierungsrunde werden Sie genau wissen, wo Sie Ihren Zielen näher kommen oder zumindest das Fundament dafür legen und wo Sie sich eher noch weiter von Ihren Zielen entfernen. Unsere erste berufliche Pflicht ist es, so viele Aufgaben wie möglich loszuwerden, die uns nicht weiterbringen. Wir werden uns ein paar Möglichkeiten dazu anschauen. Es wird aber nicht alles davon wirklich umsetzbar sein – und häufig auch gar nicht wünschenswert. Sie sind möglicherweise (noch) nicht in der Position, Ihren Job an den Nagel zu hängen und Ihr eigenes Unternehmen zu gründen. Ihr Optionsfenster ist ... vorläufig ... kleiner. Aber Sie können dennoch die Freiheit, die Sie haben, nutzen, um maximale Ergebnisse zu erzielen. Und selbst wenn Sie einen Job haben, den Sie nicht mögen und auf den Sie vorläufig nicht verzichten können, kann ein Zeitprotokoll Sie auf einige Optionen aufmerksam machen, die Sie möglicherweise dennoch haben.

Ein anderes wesentliches Prinzip ist Wert. Zeit mit Ihren Kindern zu verbringen, gehört vielleicht nicht zu Ihren großen Drei, weil Sie es ohnehin schon tun. Indem Sie Ihre Zeitnutzung protokollieren, stellen Sie also möglicherweise fest, dass Sie mit Ihren Kindern nach der Schule Zeit verbringen und ihnen bei den Schulaufgaben helfen. Dieses Zeitfenster könnten Sie genauso gut verwenden, um für Ihr GMAT zu lernen, aber wenn Zeit für die Familie für Sie ein Wert ist, dann steht dieses Fenster für Sie nicht offen.

Machen Sie, was geht! Verlieren Sie keine Zeit mit Schuldgefühlen.

Nutzen Sie Ihre Stärken

»Wir Menschen neigen dazu, uns selbst kritisch zu sehen
und unseren Schwächen mehr Gewicht zu geben als unseren Stärken.«
CRAIG D. LOUNSBROUGH

Worin sind Sie richtig gut? Können Sie gut mit Zahlen umgehen und haben Spaß an buchhalterischen Tätigkeiten? Dann ist das höchstwahrscheinlich eine Fähigkeit, die Sie Ihren großen drei Zielen näher bringt. Man wird Ihr Talent in diesem Bereich bemerken, man wird Sie bitten, es einzusetzen, Sie werden darin noch besser, und so rollt der Schneeball in die richtige Richtung. Aber niemand ist perfekt, und so kommt auf jede Fähigkeit etwas, das uns nicht liegt und mit dem wir uns schwertun. Tragen Sie nicht gern vor Publikum vor? Wird Ihnen jedes Mal dabei flau im Magen? Ihr Widerwillen, zu einem Raum voller Zuhörer zu sprechen, bleibt vermutlich nicht unbemerkt. Weil sie darin nicht gut sind, reagieren die Leute nicht auf das, was Sie rüberbringen wollen. Sie spüren das selbst, und so kommt eins zum anderen. Und auch das ist okay!

In einer idealen Welt könnten Sie sich ganz auf das fokussieren, was Sie besser als andere können und was Sie lieber als alles andere tun, weil das der Wert ist, den Sie zu beliebigen Situationen beisteuern können. Das ist ein Wert, den Sie in Ihre Arbeit, Ihre Beziehungen und in sich selbst einbringen können. Ich sprach mit Alexia Brue, der CEO der wunderbaren Website »Well + Good«, darüber, wie sie entscheidet, welche Aufgaben sie selbst erledigt und welche sie delegiert. Ihre Entscheidungen richten sich sowohl danach, was für die Leitung einer schnell wachsenden digitalen Marke vernünftig ist, als auch danach, wie sie selbst ihre Zeit nutzen möchte.

»Ich habe zwei Kinder von sechs und acht Jahren, die den ganzen Tag in der Schule verbringen. Unsere wunderbare Kinderfrau, die uns seit über sechs Jahren hilft, hat also während des Tages Zeit. Ich muss deshalb nicht selbst Lebensmitteleinkäufe tätigen, kochen oder mir überlegen, was die Kinder zu Abend essen sollen. Ohne sie könnte ich längst nicht so viel schaffen. Ich versuche, so viel Zeit wie möglich mit meinen

Kindern zu verbringen, und ich will diese Zeit nicht mit Einkaufen oder Kochen verschwenden. Ich kann mich beim Kochen auch nicht richtig entspannen. Ich habe daran keinen großen Spaß. Und so funktioniert dann alles.«

Natürlich könnte Alexia sich überwinden und in die Küche gehen, um die gesellschaftliche Erwartung zu erfüllen, nach der eine Mutter selbst das Abendessen für ihre Kinder zuzubereiten hat. Aber was ist den Kindern wohl lieber? Eine gestresste Mutter, die sich am Ende eines langen Tages in der Küche zu schaffen macht, oder eine entspannte Mutter, die sich hinsetzen und gemeinsam mit den Kindern die Mahlzeit genießen und ihnen ihre volle Aufmerksamkeit widmen kann? Für manche Menschen ist eine halbe Stunde in der Küche die perfekte Art, um runterzukommen, aber wenn nicht, ist niemandem geholfen, wenn Sie sich deswegen Gewissensbisse machen.

Was Sie durch Delegieren gewinnen

> »Tun Sie, was Sie am besten können, und delegieren Sie den Rest.«
> PETER DRUCKER

Wenn wir nicht entscheiden können, ob wir eine Aufgabe delegieren sollten oder ob es uns weniger Mühe kostet, sie schnell selbst zu erledigen, müssen wir die Kosten gegen den Nutzen abwägen. Vielleicht fühlt es sich ein wenig nach Geldverschwendung an, wenn Sie sich im Taxi für 50 US-Dollar hin und zurück zu einem Arbeitsevent kutschieren lassen. Dafür sparen Sie aber 10 US-Dollar an Parkgebühren und können die 30 Minuten im Fond des Wagens ungestört nutzen, um Arbeits-E-Mails zu beantworten, sich endlich den Podcast anzuhören, auf den Sie sich schon so lange gefreut haben, oder aus dem Fenster zu schauen und die Gedanken schweifen zu lassen. Es gibt keine richtige oder falsche Entscheidung – machen Sie sich nur klar, dass Sie die Freiheit der Wahl haben.

Einer Reinigungskraft einmal im Monat 60 US-Dollar zu geben, um in Ihrer Wohnung einmal gründlich sauber zu machen, mag sich wie Geldverschwendung anfühlen, aber wenn Putzen wirklich nicht Ihre Sache ist und Sie, indem Sie es jemand anderen machen lassen, einen freien Nachmittag gewinnen, ist es das möglicherweise wert. Aber vielleicht ist es für Sie auch befreiend, wenn Sie laut Musik anstellen und selbst die Ärmel hochkrempeln.

Überlegen Sie sich kurz, was Sie bei jeder Variante gewinnen und verlieren. Machen Sie eine Kosten-Nutzen-Rechnung. Kommt das investierte Geld in Form von Zeit, gefundener Energie oder produktiven Minuten wieder rein? Es gibt keine richtige oder falsche Antwort, aber Sie müssen selbst herausfinden, welche Entscheidung für Sie am sinnvollsten ist.

Delegieren erfordert Übung

Wie jede neue Fähigkeit erfordern Delegieren und Outsourcen Übung. Die einfachste Form von Outsourcing besteht im Einsatz von Technologie – indem Sie Lebensmittel online bestellen und den Bikini, den Sie für Ihre Ferien nächste Woche brauchen, von einer Website kaufen. Eine ganz andere Nummer ist es, einen Menschen aus Fleisch und Blut zu haben, der für Sie Dinge erledigt. Jane Francisco, die Chefredakteurin der Lifestyle-Gruppe beim Hearst-Verlag, spricht über ihre Erfahrungen mit einer Assistentin, als sie Redaktionsleiterin bei der Zeitschrift »Chatelaine« wurde. »Was Outsourcen bedeutet, lernte ich von meiner Assistentin Sue anlässlich unseres ersten Gesprächs. Wir sprachen über ihre Erfahrungen und mit wem sie bereits zusammengearbeitet hatte. Mit Ausnahme meiner unmittelbaren Vorgängerin hatte sie stets für Männer gearbeitet. Also sagte ich zu ihr: ›Mich würde interessieren, inwiefern es sich anders anfühlt, für eine Frau zu arbeiten.‹ Und sie sagte: ›Na ja, ich arbeite sehr viel lieber für einen Mann.‹ Ich fragte sie nach dem Grund und sie sagte: ›Weil Männer mich tatsächlich wie eine Partnerin behandeln und mir buchstäblich alles überlassen. Sie versuchen nicht, mir alles haarklein vorzugeben, sondern lassen mich machen. Frauen hingegen wollen mich unterstützen.‹ Und ich dachte: Das ist es also. Wir tun uns schwer damit, andere zu bitten, etwas zu tun.«

Selbst wenn es der Job dieser Person ist, kostet es uns Frauen Überwindung, jemanden zu bitten, uns zu helfen, und den Betreffenden dann wirklich tun zu lassen. Jane erzählte von all den Dingen, von denen Sue sagte, dass sie sie für ihre männlichen Chefs erledigte. »Sie erzählte mir: ›Die Männer, für die ich gearbeitet habe, baten mich um so unterschiedliche Dinge wie Geschenke für ihre Ehefrauen kaufen oder sie auf Veranstaltungen begleiten. Ich hatte auf diese Weise mehr Spaß an meiner Arbeit und hatte das Gefühl, dass ich für etwas zuständig war und ihr Vertrauen genoss.‹ Vermutlich machte ich meine Sache nicht so gut wie die Männer in ihrem Leben, aber ich sagte: ›Okay, ich will es versuchen. Ich werde versuchen, dir ebenso zu vertrauen und mich auf dich zu verlassen.‹«

Selbst wenn es der Job dieser Person ist, kostet es uns Frauen Überwindung, jemanden zu bitten, uns zu helfen, und den Betreffenden dann wirklich tun zu lassen.

Indem Jane ihrer Assistentin erlaubte, sich um die Aufgaben zu kümmern, die sie beherrschte – Kalender verwalten, Abrechnungen machen, E-Mails beantworten –, konnte sie ihre Energie darauf fokussieren, wo sie hingehörte: auf die Seiten ihrer Zeitschrift.

Wie Sie wie eine Chefin outsourcen oder delegieren (selbst wenn Sie keine sind):

1. Entschuldigen Sie sich nicht, wenn Sie jemand anderen um Hilfe bitten oder ihm oder ihr eine Aufgabe übertragen.
2. Erwarten Sie nicht, dass andere die ihnen übertragenen Aufgaben in exakt der Weise ausführen, wie Sie es getan hätten. Wurde es erledigt? Von jemand anderem als Ihnen selbst? Gut gemacht!
3. Geben Sie klare Anweisungen und formulieren Sie unzweideutige Erwartungen. Denken Sie nicht, dass etwas ausgeführt wird, solange nicht klar ist, worin die Aufgabe besteht. Hoffen Sie nicht darauf, dass Ihre Mitbewohnerin den Geschirrspüler unaufgefordert ausräumt. Bitten Sie sie darum!
4. Halten Sie sich raus! Sitzen Sie der Person, die Sie mit einem Projekt oder einer Aufgabe betraut haben, nicht auf der Pelle.

5. Reißen Sie einen Job nicht sofort wieder an sich, wenn seine Ausführung beim ersten Mal nicht geklappt hat. Andere brauchen eine Chance, um zu lernen. Nutzen Sie die Fehler anderer nicht als Vorwand, um doch wieder alles selbst zu machen.
6. Sagen Sie Danke!

Was Sie nicht delegieren sollten:

1. Dinge, die Sie gern tun
2. Dinge, die Sie besonders gut können
3. Dinge, die genauso ausgeführt werden müssen, wie Sie es wünschen

Am Ende des Tages ist Wissen Macht. Je mehr Sie also darüber wissen, wie Sie Ihren Tag verbringen – wo Sie gut vorankommen und wo Sie sich verzetteln –, desto besser sind Sie darauf vorbereitet, die richtigen Dinge zu delegieren. Wie Sie mich nun schon viele Male haben sagen hören, sollten wir auch dann nicht alles selbst machen, wenn wir es könnten. Warum? Das wäre dann zwar ein fleißiges Leben, aber kein produktives. Befreien Sie Ihren Kalender von Dingen, die andere ohne Weiteres erledigen können, damit Sie Ihre eigene Zeit für Dinge nutzen können, die Ihnen Freude machen und Sie näher an Ihre großen Drei heranführen, und Sie starten mühelos in die richtige Richtung. Mit anderen Worten: Ich ziehe einen Schnitz Salatpizza und eine fröhliche Zeit mit Freunden jeder perfekt zubereiteten Mahlzeit, die ich noch nicht einmal essen kann, vor.

Ran an die Hanteln

- Siebentägiges Zeitnutzungsprotokoll: Protokollieren Sie eine Woche lang Stunde für Stunde, wie Sie Ihre Zeit nutzen. Achten Sie darauf, wie Sie sich fühlen und ob die Art, wie Sie Ihre Zeit nutzen, Sie Ihren großen drei Zielen näher bringt.
- Welche Aufgaben machen Ihnen am meisten zu schaffen?
- Welche Aufgaben, Jobs und Tätigkeiten beabsichtigen Sie outzusourcen? Machen Sie sich eine Notiz, wie Sie diese Punkte von Ihrer Liste entfernen wollen. Sagen Sie ihnen »Auf Wiedersehen«!

7. Kapitel – Wie Sie Ihre Zeit besser nutzen

Venice, Frühjahr 2009

Wie fast jeden Morgen zu dieser Zeit meines Lebens saß ich an meinem Schreibtisch vor meinem alten Desktop-Computer und klickte auf dem »Empfangen«-Button meines E-Mail-Programms, um zu sehen, ob ich irgendein Echo oder irgendwelche Anmerkungen zu meinem jüngsten Drehbuch erhalten hatte. Nach einer Reihe von Beinahe-Erfolgen, aus denen dann aber doch nichts geworden war, hatte ich mir geschworen, dass dies das letzte Drehbuch gewesen sein würde, wenn es auch diesmal nicht klappte. Nach all der investierten Arbeit und den unglaublichen Reaktionen, die ich bislang erhalten hatte, war ich jedoch zuversichtlich, dass dieses Drehbuch den Durchbruch bringen würde. Wenn ich mir den Stapel mit Zwangsvollstreckungsbescheiden für die vier Wände ansah, die mich gegenwärtig warm hielten, war klar: Dieses Drehbuch musste es schaffen!

Über meiner Schreibpartnerin Larissa und mir hatte sieben Monate zuvor der Glücksstern geschienen, nachdem wir einer Reihe von Kollegen ein Vorabexemplar mit der Bitte um eine erste Einschätzung geschickt hatten. Im letzten Augenblick war mir aufgefallen, dass unter den Adressaten keine einzige Frau war, und es dämmerte mir, dass das ein Fehler war. Eine Freundin hatte mir eine Referenz für eine britische Produzentin gegeben, die ein paar große Dinge machte, nachdem sie sich mit einem sehr erfolgreichen britischen Fernsehregisseur zusammengetan hatte. Beide wurden von der größten Talentagentur in Los Angeles vertreten. Ich schrieb der Produzentin und fragte sie, ob sie mein Drehbuch lesen und mir ihre Gedanken dazu sagen wolle, bevor ich es freigab.

Sie war einverstanden, und zu meiner größten Überraschung erhielt ich schon zwei Tage später eine Mail, die voll des Lobes war und in der sie mich fragte, ob ich das Drehbuch schon anderen gezeigt hätte. Als ich verneinte, fragte sie, ob sie es ihrem Regisseurpartner und ihrer Agentin zeigen könne. *Ich war begeistert.*

In weniger als einer Woche hatten beide das Drehbuch gelesen, und alle drei schienen sehr interessiert. Sie bat mich, das Drehbuch niemandem sonst zu zeigen. Sie wünschten sich Exklusivität und wollten mit mir an der Geschichte arbeiten, um es entsprechend den Wünschen Ihres Regisseurs in Form zu bringen. Während der nächsten drei Monate gingen die Mails hin und her – mit unzähligen Anmerkungen und Änderungen. Es war richtig viel Arbeit, aber es machte Spaß. Zuletzt war das Drehbuch »in Form« und der Regisseur hatte die letzte Fassung gelesen und wollte, dass wir uns trafen.

In meinem kleinen Hinterhaus in Venice wurde ein Treffen arrangiert. Wir saßen um meinen kleinen wackligen »Esstisch« herum und sprachen über Geschäftliches. Der Regisseur spazierte in meine winzige Behausung, schlürfte ein Bier, setzte sich und legte die Füße auf den Tisch. Seine Arroganz war unvorstellbar. Ich war geschockt, beschloss aber, darüber hinwegzusehen, um die positive Stimmung nicht zu gefährden. Wir machten uns an die Arbeit. Ihm gefiel die Geschichte, aber er wünschte sich weitere Veränderungen. Diesmal gingen sie sogar weiter – eine neue Figur sollte eingeführt werden usw. Einerseits war ich froh, dass er gekommen war, um über das Projekt zu sprechen; andererseits enttäuschte mich, dass wir immer noch über Änderungen am Skript und nicht über Geschäftliches sprachen. Noch dazu musste ich diese Nachrichten meiner Schreibpartnerin übermitteln, die der Prozess zunehmend frustrierte.

Nichtsdestotrotz erklärte ich mich einverstanden und machte mich an die Arbeit. Die nächsten Monate verbrachte die Produzentin mit einem Projekt in London, und so wurde unsere Korrespondenz spärlicher. Es ist nur die Entfernung, sagte ich mir. Als ich eindringlicher um Feedback zu meinen letzten Änderungen bat, versicherte sie mir, dass sie in Kürze zurückkäme, sodass wir alles finalisieren könnten. Und das bringt mich zu jenem Vormittag im Frühjahr 2009, als ich ungeduldig meine E-Mails checkte.

Es hatte leicht zu nieseln begonnen, als ich, immer noch im Morgenmantel, mir meine zweite Tasse Kaffee holen ging. Das Zischen meiner alten Kaffeemaschine nahm stetig zu und übertönte fast das vertraute Geräusch, mit dem mein Computer das Eintreffen einer Mail signalisierte. Einen Augenblick später vermeldete mein Handy den Empfang einer Textnachricht. Ich rührte etwas Milch und Zucker in meinen Kaffee, griff unterwegs nach meinem Handy und eilte zurück zum Schreibtisch. Während ich mich vor meinem Computer niederließ, überflog ich Larissas Textnachricht:

»Ruf mich an, sobald du meine Mail gelesen hast.«

Mich durchfuhr ein Blitz äußerster Gespanntheit. *Das ist der Augenblick, auf den wir so lange gewartet haben.* Ich drehte mich zum Computer um und öffnete mein E-Mail-Postfach.

Ich hatte nur eine neue E-Mail, weitergeleitet von Larissa.

Als ich durch die E-Mail scrollte, immer auf der Suche nach den Worten »*möchte ich Ihnen hiermit offiziell das Angebot machen ...*«, war ich zunehmend verwirrt. Was war das? Im Anhang befand sich ein Skript oder zumindest Teile eines Skripts. Meine Larissa war nicht nur meine Schreibpartnerin, sondern auch Schauspielerin, und ihre Mail enthielt sogenannte »Sides« – kleine Abschnitte eines Drehbuchs, die Schauspieler fürs Vorsprechen auswendig lernen können. Eine Notiz von Larissas Agentin zu Beginn der E-Mail erklärte, welche Szenen sie lesen würde und wo sie erscheinen sollte.

Ich schrieb ihr irritiert zurück: »Ich verstehe nicht. Was ist das?«

»Hast du es gelesen? Lies es!!«

Ich klickte erneut auf die E-Mail, las den Haupttext – nichts Neues dort – und klickte dann zögerlich auf den Anhang. Ich begann zu lesen und hielt bei der Hälfte inne. Mein Herz raste bei jeder neuen Sequenz. Ich starrte ungläubig auf die Seiten. Ich scrollte an den Anfang, ans Ende und wieder an den Anfang. In meinem Kopf ratterte es.

Das war eine Version unseres Skripts! Woher kam es? Wie war es möglich, dass man ihr einen Termin zum Vorsprechen geschickt hatte?

Was war hier verdammt noch mal los??

Auf der Suche nach einer Erklärung entdeckte ich am Ende des Skripts in kleiner Schrift eine Zeile: »*Ein Projekt produziert von ...* und *unter der Regie von ...*«.

Natürlich wurde es von der britischen Produzentin produziert und natürlich führte der britische Regisseur Regie.

Ich weiß noch immer nicht, wie ich es schaffte, mich die nächsten zehn Minuten aufrecht zu halten, während ich mir klarzumachen versuchte, was hier gespielt wurde. Als sich der Staub gelegt hatte, sah die kalte Realität so aus: Nicht nur hatte man uns unser Drehbuch gestohlen und nicht nur sollte es jetzt ganz offensichtlich umgesetzt werden, sondern ich hatte die letzten drei oder vier Monate Arbeit in das Umschreiben eines Textes investiert, der jetzt von jemand anderem genutzt werden sollte. (Wir müssen gute Arbeit geleistet haben; das Stück lief über fünf Spielzeiten!)

Mein Herz war völlig gebrochen.

Während meine Schreibpartnerin und ich uns gegenseitig bemitleideten, schwankte ich zwischen Wut und Verzweiflung. Wir besprachen unsere Optionen. *Wir hatten praktisch keine.*

Nachdem wir telefoniert hatten, saß ich niedergeschlagen an meinem Schreibtisch und fragte mich, wie zum Teufel ich in diese Situation geraten war. Ich hatte effektiv nichts. Alle meine Hoffnungen und Träume waren mit dieser letzten großen Chance verbunden gewesen und jetzt hatte ich keinerlei Orientierung und kaum Möglichkeiten.

Die Geschichte endete, wie Sie es erwarten würden: Goliath schlug David.

POP-Wahrheit

Sie haben keinen Einfluss auf die Zeit selbst, sondern nur darauf, wie Sie Ihre Prioritäten setzen.

- Nutzen Sie Ihre Zeit, damit die Zeit nicht Sie benutzt.
- Schaffen Sie Ihren perfekten produktiven Tag.
- Bringen Sie alles Lästige rasch hinter sich.

Wie die Geschichte oben endet, ist in Wahrheit nicht der Punkt. Was zählt, ist die Frage: »Wie bin ich überhaupt in diese Lage gekommen?« Ich hatte genau ein Ziel: Ich wollte vom Schreiben leben. Wie wir nun aber im 5. Kapitel gelernt haben, reicht ein einziges Ziel nicht aus und diese Geschichte illustriert das aufs Beste. Es gab in meinem Leben kein Gleichgewicht – nichts, was dieses eine Ziel hätte aufwiegen können. Glück, Erfolg, Produktivität und Erfüllung bildeten ein Nullsummen-spiel, ein Alles-oder-nichts-Spiel. Ein Spiel, das ich verlor.

Innerhalb dieses einen Spiels gab es einige sehr wichtige Lektionen zu lernen. Die erste lautete: Um eine erfolgreiche Schriftstellerin zu wer-den, reicht es nicht, eine Geschichte lediglich mit einem Anfang und ei-nem Ende zu haben. Der Mittelteil ist mindestens ebenso wichtig. Mit anderen Worten: Meine zwei Ziele waren, ein Drehbuch zu schreiben und dieses Drehbuch zu verkaufen – aber ich hatte keine Idee, wie ich A mit B verbinden konnte. Am Ende sah diese Verbindung so aus, dass ich nahezu ein Jahr lang alles an Zeit und Energie investierte, was ich hatte, nur um am Ende festzustellen, dass ich meine Ressourcen voll-kommen aufgebraucht hatte und der Prozess total ineffizient gewesen war. Er erlaubte mir nicht, auch nur irgendetwas anderes zu tun. Es gab kein Gleichgewicht. Es gab keinen Raum, um andere Lebensoptionen zu entwickeln – und folglich durfte der Prozess einfach nicht scheitern.

Das Problem ist nur: Ein Scheitern ist immer möglich – wie ich auf die harte Art feststellen musste.

Im Rückblick weiß ich, dass ich ebenso viel Zeit auf meine Charak-terentwicklung wie auf die Entwicklung meines Prozesses hätte ver-wenden sollen. Und mit Prozess meine ich Zeitmanagement. Ich hätte meine Tage und Wochen mit einem klaren Zeitplan strukturieren müs-sen, der mir erlaubt hätte, ein vollständigeres Leben zu führen, mehr persönliche Wachstumschancen zu entwickeln und die Zeit, die ich mir aufgespart hätte, so effizient wie möglich zum Schreiben zu nutzen. Und ich hätte meine freie Zeit nutzen müssen, um mich zu stärken, an-statt mich auf einer einspurigen Autobahn auszupowern.

Ich hatte während dieses Jahres zwei Dinge zugelassen: Erstens fo-kussierte ich mich ausschließlich auf ein Ziel, was bedeutete, dass ich keinen anderen Halt mehr hatte, sobald mir diese eine Stütze unter den Füßen weggezogen wurde. Zweitens ließ ich zu, dass die Zeit mich an der Leine hatte, anstatt dass ich selbst meine Zeit im Griff hatte. Mir blieb so nicht die Zeit, ein ausgewogeneres Leben zu führen – eines, das mir weitere Optionen eröffnet hätte oder mich gar erfrischt und gestärkt hätte –, weil ich dafür keine Zeit gelassen hatte. Ich hatte das Gefühl, ich hätte keine andere Wahl, als jede Sekunde in das Drehbuch zu stecken, aber natürlich hätte ich mich auch anders entscheiden können.

> **Indem Sie sich auf unterschiedliche Kategorien fokussieren, schaffen Sie nicht nur ein symmetrischeres Leben, sondern machen es auch möglich, dass jedes Ihrer Ziele die anderen befruchtet.**

Deshalb lege ich auch so viel Wert darauf, dass Sie Ihre großen Drei so breit streuen. Indem Sie sich auf unterschiedliche Kategorien fokussieren, schaffen Sie nicht nur ein symmetrischeres Leben, sondern machen es auch möglich, dass jedes Ihrer Ziele die anderen befruchtet. Stellen Sie sich den Energiekreislauf an dem Tag vor, den ich hier beschreiben werde: Indem Sie früh aufstehen, um noch für den Halbmarathon zu trainieren, auf den Sie sich vorbereiten, klären Sie Ihren Kopf und erreichen, dass Sie sich zu Beginn des Tages wir eine Superheldin fühlen. Ihre Arbeit an einer umfangreichen PowerPoint-Präsentation während des Tages fühlt sich weniger anstrengend an, weil Sie wissen, dass Sie für den Abend noch eine Verabredung haben, auf die Sie sich schon jetzt freuen. Ein gemeinsam verbrachter Abend ist die beste Möglichkeit für Sie, um von der Arbeit abzuschalten.

Und indem Sie Energie in sich als Fachkraft im Beruf und als Sportlerin in der Freizeit investieren, sind Sie nicht darauf angewiesen, dass Ihre romantische Beziehung alle Ihre Bedürfnisse erfüllt.

Wenn dann eine Niederlage an Ihre Tür klopft, stehen Sie erstens immer noch mit zwei Füßen fest auf dem Boden und sind weit besser vorbereitet zu kämpfen, und Sie können zweitens nicht alles verlieren, was auch immer geschieht – aufgrund des Prozesses, den Sie selbst eingerichtet haben. Dieser Prozess ist zeitlos und unbezahlbar, lässt sich leicht von einem Projekt auf das nächste übertragen, wird mit jeder Verwendung besser und führt zu einer ganzheitlichen Nutzung Ihrer Zeit. Ein solches System erzeugt Energie und ein umfassenderes Gespür für die eigene Person. Kurz: Solange Sie nur blind versuchen, etwas hinter sich zu bringen, können Sie unabhängig von Ihrem Talent oder Ihrer Sehnsucht am Ende nur scheitern.

Zweitens: Wenn Sie auf irgendetwas oder irgendwen warten, machen Sie etwas falsch. Wenn Sie Zeit haben, Ihr E-Mail-Eingangsfach 30 Mal zu aktualisieren, um zu sehen, ob die Produzentin – die Ihnen am Ende Ihr Drehbuch hinterm Rücken wegklaut – Ihnen vielleicht ein Angebot schickt, nutzen Sie Ihre Zeit nicht produktiv. Warten ist ein Energie-vernichter und Geisttöter und mit jeder Minute, die Sie warten, ver-lieren Sie ein Stück Ihrer persönlichen Macht. Zum Glück ist es leicht, den eigenen Tag so zu gestalten, dass Sie nicht auf andere zu warten brauchen. Wenn Sie sich die Zeit nehmen, einen rigorosen Wochen- und Tagesplan zu entwerfen – in dem so viele Massagen, Meditationssit-zungen und lange Spaziergänge Platz haben sollten wie nur möglich –, können Sie sich ein unverwüstliches produktives Muskelgedächtnis aufbauen. Sobald dieses Muskelgedächtnis eingerichtet ist, wird es Ih-nen zur zweiten Natur werden – vergleichbar der Atmung. Menschen, die sich solcher Methoden bedienen, warten niemals auf Antworten oder Ergebnisse, weil sie bereits an der nächsten Sache arbeiten, die sie auf Touren hält.

Wie die Entwicklung einer neuen Gewohnheit erfordert die Schaf-fung von Systemen rund um das Zeitmanagement anfangs mehr Zeit. Viele Menschen drücken sich deshalb davor. Das ist eine natürliche Re-aktion: Sie lassen sich überreden, Ihre Zeit effizienter zu nutzen, pro-bieren es aus und stellen fest, dass Sie noch weniger schaffen als ohne-hin schon. Verstanden. Aber die Mühen des Anfangs werden sich schon nach kurzer Zeit im großen Stil auszahlen. Schon bald werden Sie sich wie selbstverständlich Zeit nehmen, um sich Ziele zu setzen und einen Zeitplan zu entwickeln, und Sie werden sehen, wie viel mehr Sie schaf-fen, ohne sich zu verausgaben und sich zu viel Stress zu machen.

Bisher ging es in diesem Buch über weite Strecken darum, dass Sie Ihrem Herzen und Ihrem Verstand freie Bahn lassen und Ihren Träumen zu ihrem Recht verhelfen. Sie haben in sich geschaut, um ihre authen-tischsten Wünsche zutage zu fördern, und Sie haben sich klargemacht, worauf Sie sich in Zukunft fokussieren wollen. Nur Ziele, die Sie kennen und zu artikulieren wissen, können Sie verwirklichen. Wenn Ihre Ziele das Herz Ihres neuen Lebensansatzes sind, dann ist Organisation sein

Skelett. Ohne eine Struktur für Ihre Zeit können Ihre Ziele im Chaos eines umtriebigen Lebens schnell verloren gehen. Aber die richtige Struktur wird diese Ziele mit Treibstoff versorgen. Ich werde Ihnen die besten Möglichkeiten vorstellen, wie Sie aus Ihren Tagen das meiste herausholen – von der Strukturierung eines produktiven Tages (selbst wenn er gefüllt ist mit Dingen, die bei Ihnen keine Begeisterungsstürme hervorrufen) bis zum Verzicht auf die berüchtigte Aufschiebetaktik. Diese wirkungsvollen Taktiken lassen sich auf alles anwenden, was Sie schaffen wollen.

Ein intelligenter Zeitplan

> »Der Schlüssel liegt nicht darin, Prioritäten für das
> zu setzen, was auf Ihrem Terminplan steht.
> Er liegt darin, Termine für Ihre Prioritäten festzusetzen.«
> STEPHEN COVEY

Noch bevor ich einen in idealer Weise produktiven Tag beschreibe, höre ich bereits einige von Ihnen einwenden: »Aber ich bin eine Nachteule und darum wird das für mich nicht funktionieren. Die guten Ideen kommen mir nie vor Mitternacht.« Ich höre Sie, aber ich will Ihnen etwas sagen: Seien Sie still. Jetzt im Ernst: Raten Sie mal, wer *nicht* zu den Nachteulen gehört? Die Erfolgreichsten. Und raten Sie, wer nicht darauf wartet, dass die Inspiration zuschlägt? Ebenfalls die hochgradig erfolgreichen Menschen. Diverse Studien haben gezeigt, dass Erfolgreiche dazu neigen, gewisse Muster zu befolgen. Zu den wichtigsten Mustern im Leben dieser Menschen gehört, früh aufzustehen und in den Tag zu starten. Der Forschung zufolge arbeitet unser Gehirn in den ersten zweieinhalb bis vier Stunden des Tages am besten. Verschwenden Sie diese Zeit nicht auf Meetings, E-Mails oder die Besprechung der »Bachelor«-Folge vom Abend zuvor mit Ihrem Bürokollegen.

1. Bewusst genutzte Vormittage. Um es den erfolgreichsten Menschen gleichzutun, sollten Sie sich nicht nur den Wecker stellen, Sie sollten auch Ihre Laune entsprechend einstellen. In letzter Zeit wird viel über Morgenrituale gesprochen, und viele Führungskräfte befolgen welche. Studien zeigen, dass wir mehr leisten und kreativer arbeiten, solange wir glücklich und zufrieden sind. Ob Sie als Erstes Sport treiben oder meditieren, bevor Sie in die Dusche springen – eine Routine, die Sie kennen, versetzt Sie in eine positive mentale Verfassung. Was auch immer Sie tun, um sich in eine positive Stimmung zu versetzen – tun Sie es täglich, damit es unverhandelbar wird wie das Zähneputzen.

2. **Das Wichtigste zuerst.** Widmen Sie sich zuerst Ihrer Top-Priorität. Das klingt offensichtlich, aber viele von uns haben sich angewöhnt, den Tag mit ein paar einfachen und anspruchslosen Tätigkeiten zu beginnen. Kaum etwas motiviert so sehr wie Fortschritt, und wenn Sie gleich zu Beginn einen wichtigen Punkt von Ihrer To-do-Liste streichen können, ist Ihr ganzer Tag gerettet. Außerdem pflegt die Selbstdisziplin mit den Stunden des Tages abzunehmen, sodass die Wahrscheinlichkeit steigt, dass wir uns vor einer schwierigen Aufgabe am Ende ganz drücken.

3. **Sie haben Post.** Lesen Sie nicht als Erstes Ihre E-Mails. Die Beantwortung von E-Mails ist naturgemäß eine reaktive Tätigkeit, und wir wollen, dass Sie Ihren Vormittag proaktiv verbringen. Ich verhehle Ihnen nicht: Diese Regel zu befolgen, fällt anfangs extrem schwer. Was ist, wenn es das Jobangebot ist, auf das Sie so ungeduldig warten? Oder Ihr Ex, dem klar geworden ist, was für ein verdammter Idiot er war? Aber vermutlich ist es nichts dergleichen, nicht wahr? Sie wissen ja, worum es in den meisten Ihrer E-Mails geht, bevor Sie überhaupt auf Ihr Handy geschaut haben: Auf »GAP Jeans« gibt es wieder einmal 40 Prozent Rabatt. Ihre Mutter möchte einen lustigen Scherz mit Ihnen teilen. Und auch der Rest kann in Wahrheit warten. Es lohnt einfach nicht, sich von dem, was andere von Ihnen wollen, in diesen wichtigen Morgenstunden in Beschlag nehmen zu lassen.

4. **Vermeiden Sie Menschen.** Im Ernst. Besonders auf diejenigen, die in Büros arbeiten, warten überall Ablenkungen. Wenn Sie einen ruhigen Ort wie beispielsweise einen vorübergehend nicht genutzten Sitzungssaal wissen, dann greifen Sie für diese entscheidenden ersten Stunden des Tages zu. Wenn das nicht geht, können Sie Ihrer Umwelt mit anderen nicht zu zarten Hinweisen zu verstehen geben, dass Sie nicht gestört werden wollen. Setzen Sie Kopfhörer auf, selbst wenn sie stumm sind. Wenn Sie eine Nebenbeschäftigung haben, stehen Sie noch früher auf und widmen Sie ihr eine Stunde, bevor Sie sich dann ganz auf Ihre eigentliche Arbeit fokussieren.

5. **Nachmittags-Meetings.** Nutzen Sie, wenn möglich, die zweite Tageshälfte – in der uns das Denken nicht mehr ganz so leichtfällt – für Meetings, E-Mails und andere unproduktive Tätigkeiten. Nicht alle haben die Freiheit, sich den Arbeitstag selbst einzuteilen, aber Sie sollten die Freiheit, die Sie haben, auch wirklich nutzen. Und möglicherweise haben Sie mehr Einfluss, als Sie denken. Stellen Sie das Konzept, Meetings nur am Nachmittag stattfinden zu lassen, Ihrer Chefin vor; vielleicht gefällt ihr die Idee eines produktiveren Teams.

6. **Erstellen Sie eine Liste.** Notieren Sie sich zum Schluss eines Arbeitstages Ziele für den nächsten Tag. Das ist ein guter Weg, um anschließend abschalten und den Abend genießen zu können. Wenn die Liste für den nächsten Tag erst einmal zu Papier gebracht ist, brauchen Sie sich darum keine Gedanken mehr zu machen. Nutzen Sie die Zeit, um für Ihr Wohlgefühl zu sorgen – treffen Sie sich mit Freundinnen, gehen Sie nach draußen, treiben Sie Sport – das ist alles besser, als sich allein vor den Computer oder den Fernseher zu setzen. Und wenn Sie morgens bereits eine beschlossene Liste von Prioritäten vorliegen haben, kommen Sie reibungsloser und zügiger in den Tag.

7. **Gehen Sie schlafen.** Sich selbst eine Schlafenszeit zu setzen, ist ein radikaler Akt erwachsenen Verhaltens. Sie brauchen gar nicht erst

zu versuchen, sich für Ihr »Ich brauche nicht mehr als fünf Stunden Schlaf« auf die Wissenschaft zu berufen. Schlafmangel beeinträchtigt die Produktivität. Punkt. Schluss.

Um zu sehen, wie vor diesem Ideal Ihre gegenwärtige Praxis ausschaut, führen Sie am besten einmal mehrere Tage lang Buch. Apps wie Rescue-Time können Ihnen, zumindest was die digitale Welt betrifft, dabei helfen. Arbeiten Sie am Word-Dokument Ihres neuen Romans täglich zehn Stunden ohne Pause oder lassen Sie sich einmal in der Stunde fünfzehn Minuten lang von den Sirenenrufen von Instagram verführen? Es gibt viele Apps, die Ihnen helfen können, einen unverfälschten Blick auf Ihre Zeitnutzung zu gewinnen und sie bewusst zu gestalten – beispielsweise in Form von Erinnerungen oder durch das Blockieren problematischer Seiten.

Der Blick voraus erspart Wartezeiten

> »Nichts geschieht allein dadurch, dass Sie
> herumsitzen und darauf warten, dass es passiert.«
> ZOE KAZAN

In der zu Beginn des Kapitels geschilderten Geschichte lief ich in die weit verbreitete Falle, mir meine Zeitnutzung von jemand anderem diktieren zu lassen. Ich wartete darauf, dass jemand anderes mir grünes Licht gab, um weiterzumachen, und ließ mich durch das Warten lähmen. Natürlich erfordern viele unserer Ziele Input von dritter Seite, und nicht immer können wir uns darauf verlassen, dass eine Reaktion wunschgemäß eintrifft. Deswegen ist es so wichtig, einen Zeitplan zu haben, der es Ihnen erlaubt, Dinge, auf die Sie warten, zu überspringen, um sich anderem zu widmen, das Ihrer eigenen Kontrolle unterliegt.

Zu den größten Produktivitätshemmnissen gehört die Schwierigkeit des Anfangens. Die Trägheit, die wir alle zu Beginn von was auch immer – beispielsweise den Recherchen zu einem Artikel oder der Erstellung eines Geschäftsplans – verspüren, ist real. Das ist der größte Reibungspunkt, der uns im Lauf des Tages widerfahren kann. Sobald sich die Räder drehen, verläuft die Bewegung in Vorwärtsrichtung sehr viel glatter. Selbst wenn Ihr Start wacklig ist, ist es immerhin ein Anfang und Sie haben etwas, womit Sie arbeiten können.

Egal, wie allumfassend Ihr Projekt ist – Sie können ihm nicht alles geben. Indem Sie die Arbeit in Ihrem Kalender in kleinere Einheiten aufbrechen, gewinnen Sie Zeit, um den Blick nach vorn zu richten. Das ist nicht dasselbe wie Multitasking. Sie arbeiten an Ihrem Hauptprojekt, wann immer es im Kalender steht. Wenn Sie damit fertig sind, machen Sie eine Pause. Sie blicken dann nach vorn auf etwas, das als Nächstes an die Reihe kommt. Machen Sie sich ein paar Notizen und führen Sie ein paar Gespräche. Setzen Sie etwas in Gang, und sei es auch nur ganz im Kleinen. Solche Pausen, um nach vorn zu blicken, haben den Vorteil, dass Sie, falls Ihr Hauptprojekt aus Gründen, die Sie nicht beeinflussen können, zum vorübergehenden Stillstand kommt, etwas haben, auf dass Sie sich fokussieren können. Und weil Sie den Anfang bereits gemacht haben, können Sie diesen ersten Trägheitsmoment sofort überspringen. Vor allem aber verschaffen Ihnen die kleinen Pausen, in denen Sie sich ein Bild vom Fortschritt Ihres Projekts machen, ein Gefühl, selbst Herr beziehungsweise Frau Ihrer Zeit zu sein.

> Zu den größten Produktivitätshemmnissen gehört die Schwierigkeit des Anfangens.

Wer Sie sind, bestimmt, wie Sie Ihre Zeit nutzen

Solange die Dinge für Sie einfach sind, brauchen Sie sie kaum zu planen. Wenn Sie sich gern bewegen, können Sie es am Morgen gar nicht erwarten, sich den neuen Bewegungsablauf für den neuen Yoga-Kurs auszudenken, den Sie geben wollen. Was Sie aber möglicherweise vor sich herschieben, ist die Hintergrundarbeit an der Webseite Ihres Yoga-Studios. Wenn eines Ihrer großen drei Ziele lautet, die Türen Ihres Studios binnen sechs Monaten zu öffnen, müssen Sie sich um beides kümmern. Aber wie Sie Ihre Zeit für das eine oder das andere nutzen, ist nicht festgelegt. Verstehen Sie mich nicht falsch: Sie sollten sich einen Plan für Ihre Tage machen, wie auch immer er aussieht, aber Ihr Ansatz kann variieren. Für Tätigkeiten, zu denen Sie sich hingezogen fühlen, können Sie längere Zeiteinheiten reservieren und sicher sein, dass Sie die Zeit gut nutzen werden. Tätigkeiten, die Ihnen widerstreben oder auf dem Magen liegen, sollten Sie in kleinere, überschaubare Einheiten unterteilen. Um sich nicht entmutigen zu lassen, ist es wichtig, dass Sie mit Ihrem eigenen »P« (für Person) arbeiten. Seien Sie nachsichtig mit sich selbst und machen Sie sich schwierige Jobs so einfach wie möglich.

Machen Sie sich Ihre eigenen Reaktionen auf Tätigkeiten klar, die ihnen bevorstehen. Achten Sie bei Ihren Reaktionen auf das, was Sie tun. Wo bleiben Sie während des Tages hängen?

Die Dinge, die Sie mit Leichtigkeit und Begeisterung erledigen, sind Ihre Flow-Aktivitäten. Sie können ohne Weiteres am Nachmittag stattfinden oder wann immer Sie möglicherweise weniger Energie haben. Die Aufgaben, die Ihnen stärker widerstreben, sind schwieriger und erfordern mehr Unterstützung – die bereits auf dem Weg zu Ihnen ist!

Mikroziele

Der Grund, warum Luftschloss-Träume so unerreichbar erscheinen mögen, ist ihre Größe. Sie wünschen sich den größten Beauty-YouTube-Channel. Sie wollen Neurochirurgin werden. Sie wollen Ihr eigenes Restaurant eröffnen. Sie können sich vorstellen, wie es sich auf der Spitze jenes Hügels anfühlt, auf dem Ihre Vision lebt. Aber das ist so weit weg von Ihrem gegenwärtigen, weniger traumhaften Leben, dass es sich unmöglich anfühlt. Folglich geben Sie auf, bevor Sie überhaupt gestartet sind.

Nicht so schnell! Niemand wird einfach so YouTube-Star oder Neurochirurgin. Dazu ist es erforderlich, erst einen Schritt zu machen und dann noch einen und dann noch einen ... Darf ich vorstellen: Ihr bester Freund, das Mikroziel! Das sind mundgerechte Tätigkeitshappen, mit denen Sie sich den Weg zu dem bahnen, was Sie eigentlich tun wollen.

Indem Sie die Herausforderung in kleinere und handlichere Einheiten unterteilen, erreichen Sie zweierlei: Sie können sich in jedem Augenblick auf genau eine Sache fokussieren (eine wichtige Produktivitätsvoraussetzung!) und Sie erzielen schneller Erfolge. Am wichtigsten aber ist vielleicht dies: Sie fühlen sich dann weniger überfordert und spüren, wie es vorangeht. Ob Sie ein großes Ziel in viele kleine Mikroziele zerlegt haben, erkennen sie daran, ob Sie die kleinen Teile in Ihren Kalender einpassen können. Mikroziele vermitteln Ihnen ein Gefühl, wie Sie von hier bis ganz weit da vorne kommen können, sind aber zugleich ein gutes Instrument des Zeitmanagements.

Und so funktioniert es: Angenommen, eines Ihrer großen drei Ziele erfordert es, dass Sie eine Lifestyle-Website entwerfen und online stellen. Die große Aufgabe könnte darin bestehen, die richtige Webdesignerin zu finden, mit der Sie zusammenarbeiten wollen. Wie finden Sie eine Person, die Ihren Wünschen entspricht und die Sie sich leisten können? Wie überzeugen Sie eine echte Könnerin, für Ihre Website zu arbeiten? Ist Ihnen nach einem Mittagsschläfchen zumute? Das macht nichts – holen Sie tief Luft. Wir werden diese Aufgabe in einzelne Abschnitte unterteilen.

Mikroschritte für die Einstellung einer Webdesignerin

1. Erstellen Sie eine Liste Ihrer Freundinnen, die eine Website betreiben.
2. Senden Sie diesen Freundinnen eine E-Mail, in der Sie sie um Empfehlungen bitten. Bitten Sie sie, Ihnen, wenn sie mögen, zu sagen, was sie für die Erstellung der Website ausgegeben haben.
3. Legen Sie eine Inspirationswand auf Pinterest an.
4. Beschreiben Sie in einem einzigen Satz, wie Ihre Website aussehen soll.
5. Legen Sie ein Dokument mit einer Liste sämtlicher Funktionen an, die Ihre Seite haben soll.
6. Formulieren Sie eine Jobanzeige für eine Webdesignerin.
7. Schauen Sie sich auf Websites wie »Upwork« und »Freelancer« nach möglichen Kandidatinnen um.

8. Setzen Sie sich eine Frist, bis zu der Sie sich für drei Kandidatinnen entschieden haben wollen, und tragen Sie sie in den Kalender ein.
9. Schauen Sie sich die Portfolios der Webdesignerinnen an, die Ihre Freundinnen Ihnen empfohlen oder die Sie auf den Freelance-Plattformen gefunden haben.
10. Schreiben Sie die drei Webdesignerinnen an.
11. Schicken Sie jeder von ihnen eine Beschreibung der Seite Ihrer Träume und einige visuelle Referenzen.
12. Vereinbaren Sie, wenn möglich, ein persönliches Treffen.
13. Bitten Sie die Kandidatinnen, die Ihnen zusagen, um ein Angebot inklusive Fristen.
14. Entscheiden Sie sich für eine Kandidatin.
15. Melden Sie sich bei der Kandidatin und geben Sie ihr den Auftrag.

Bei der Erstellung Ihrer Liste von Mikrozielen sollten Sie so konkret wie möglich sein. Wenn darunter Aufgaben sind, die aus mehr als einem Schritt bestehen, können Sie sie weiter unterteilen. Während die Vorstellung, eine Webdesignerin zu finden, gewaltig erscheint, sind die meisten dieser kleinen Schritte überschaubar. Sie arbeiten sich in Richtung Ihres Ziels vor, haben das Gefühl, etwas geschafft zu haben, und bekommen weder Panik, noch schmeißen Sie das Handtuch. Wann immer sich eine Hürde zu hoch anfühlt, gibt es fast immer Möglichkeiten, sie in kleinere handliche Einheiten zu unterteilen. Keine dieser Aufgaben nimmt mehr als zehn bis fünfzehn Minuten in Anspruch, aber Sie müssen sie in Ihrem Kalender planen.

Während Sie sich durch eine Liste von Mikrozielen durcharbeiten, ist es wichtig, dass Sie eins nach dem anderen abhaken, damit Sie immer wissen, wo Sie in dem Prozess stehen. Wenn sich die Dinge in dieser Weise bewegen, werden Sie ein Gefühl der Genugtuung über das bereits Erreichte verspüren. Und wenn sich nichts bewegt? Wenn Sie über einen Schritt nicht hinwegkommen, sollten Sie sich überlegen, ob Sie ihn nicht noch weiter unterteilen können. Sollten Sie sich Hilfe holen? Ist dieser Schritt überhaupt erforderlich? Achten Sie auf die Art von Tätigkeiten, die Ihnen nicht so leicht von der Hand gehen. Möglicherweise erfordern Sie einen Produktivitätssprint.

Produktivitätssprints

Sie haben mit Sicherheit schon vom Intervalltraining (»high-intensity interval training« oder kurz HIIT) gehört, nicht wahr? Intervalltraining ist gegenwärtig die ganz heiße Nummer im Fitness-Training. Dabei wechseln sich Phasen intensiven Trainings mit kurzen Erholungspausen ab, und die Ergebnisse lassen die Verfechter des steten und regelmäßigen Trainings alt aussehen. Nicht nur verbrennen Sie während des Trainings mehr Kalorien, sondern Sie verbrennen auch dann noch mehr Kalorien, wenn Sie Ihre Laufschuhe schon wieder abgelegt haben. Das Verführerische daran liegt auf der Hand: Wer möchte nicht mit weniger Zeitaufwand mehr erreichen?

Dasselbe Denken lässt sich in Form von Produktivitätssprints auf die Arbeit übertragen. Diese kurzen, genau bemessenen und hochgradig fokussierten Phasen sind eine ideale Möglichkeit, um mit schwierigen Punkten auf Ihrer To-do-Liste zurande zu kommen. Sie eignen sich nicht für alle Aktivitäten. Wenn Sie dabei sind, sich in eine Aktivität zu stürzen, die Sie auf natürliche Weise beherrschen, benötigen Sie keine Produktivitätssprints – Sie kommen in Nullkommanichts in den Flow-Zustand und schaffen ohne Probleme viel. Aber für die Dinge, vor denen Sie sich fürchten, die Sie vor sich herschieben oder die Ihnen Stress bereiten, sind Produktivitätssprints perfekt. Sie schärfen Ihren Geist, teilen Arbeit in kleine Einheiten auf und geben Ihnen so das Gefühl, etwas geleistet zu haben. Produktivitätssprints eignen sich perfekt dazu, Ihre Abrechnungen zu erledigen, schwierige E-Mails zu schreiben oder ein Zimmer aufzuräumen.

Ich werde Ihnen jetzt zeigen, wie Sie Ihre Produktivität auf Touren bringen können, ohne Ihren ohnehin schon langen Tag mit zusätzlichen Stunden zu belasten.

1. **Beschließen Sie, woran Sie arbeiten wollen.** Erstellen Sie eine nicht zu lange To-do-Liste. Eine Liste von der Länge eines Romans gibt Ihnen lediglich das Gefühl, nichts zu schaffen.

2. **Tun Sie genau eine Sache.** Der Schlüssel zum Produktivitätssprint
ist die Fokussierung. Was auch immer wir uns einreden – Multitasking ist ein Mythos, der uns am Ende nur erschöpft und ausgelaugt zurücklässt. Unser Gehirn kann nur eine Sache tun und
jedes Mal, wenn wir zwischen Aufgaben hin- und herwechseln
(beispielsweise vom Schreiben eines Drehbuchs zu Facebook
und zurück), verlieren wir Schwung oder was die Psychologen als
»Flow« bezeichnen (wenn wir ganz in eine Aktivität eintauchen
und zugleich entspannt und energiegeladen sind). Wenn Sie am
Computer arbeiten, bedeutet das, dass Sie, während Sie sich auf
Ihre Arbeit fokussieren, Ihr Mail-Programm, Twitter und Facebook
geschlossen halten. Befreien Sie Ihren Desktop von allem, was Sie
nicht unmittelbar für Ihre Arbeit benötigen.

3. **Stellen Sie sich die Uhr.** Wie lange wir uns am Stück auf eine einzige Tätigkeit fokussieren können, darüber gehen die Meinungen
auseinander. Für seine bekannte Pomodoro-Technik verwendete
Francesco Cirillo einen Küchentimer in Form einer Tomate und
ließ auf 25 Minuten konzentrierter Arbeit stets eine fünfminütige
Pause folgen. Von DeskTime, einer Time-Tracking-App, durchgeführte Untersuchungen kommen zu dem Ergebnis, dass 52 Minuten Arbeit gefolgt von einer 17-minütigen Pause möglicherweise
den idealen Produktivitätsrhythmus darstellen. Vermutlich gibt es
keine allgemeingültige Antwort auf die Frage nach der perfekten
Arbeit-Pause-Mischung. Meiner Erfahrung nach sind 30 Minuten
Arbeit gefolgt von fünf Minuten Pause nahezu perfekt. Das ist
genug, um mit einem Projekt weiterzukommen, und nicht zu viel,
um sich abschrecken zu lassen. Wichtig ist nur, dass Sie sich die
Uhr stellen und auch wirklich Pause machen, wenn die Uhr sagt,
dass jetzt Zeit für eine Pause ist. Allein schon das Wissen darum,
das eine Pause kommt, so zeigt eine Studie der Cornell University,
hilft uns, die Zeit bis dahin effizienter zu nutzen.

4. **Stehen Sie auf und bewegen Sie sich.** Körperliche Bewegung ist
wichtig für unsere physische, mentale und emotionale Gesundheit. Aber wussten Sie, dass sie uns auch klüger macht? Ein kurzer

Bewegungseinschub verbessert Ihre Laune und steigert zugleich Ihre Arbeitsfähigkeit, sobald Sie sich wieder an den Schreibtisch setzen. Eine Studie der University of Illinois ergab, dass Kinder, die einen kurzen Spaziergang unternahmen, sich anschließend besser konzentrieren konnten als Kinder, die sich nicht bewegten. Auch wenn Sie nicht scharf darauf sind, während Ihres Arbeitstages Ihre Kleidung durchzuschwitzen – zu bequem sollten Sie es sich dennoch nicht machen. Es ist wunderbar, wenn Sie nach draußen gehen und ein wenig frische Luft schnappen können, aber ein paar Schritte im Haus haben auf unsere mentale Verfassung den gleichen Effekt.

5. **Führen Sie Buch.** Notieren Sie, was Sie während Ihrer Produktivitätssprints von Ihrer Aufgabeliste abgearbeitet haben. Es ist immer gut, Schwung zu erzeugen, und nichts motiviert so wie das Gefühl, bereits etwas erreicht zu haben.

Sie können sich nicht den ganzen Tag abrackern. Na ja, können schon, und viele von uns tun es, aber erinnern Sie sich? Ein Burn-out steht nicht länger auf unserem Wunschzettel. Entscheiden Sie sich für ein paar wenige – drei bis fünf – Aufgaben, die Sie heute erledigen wollen, und achten Sie darauf, dass sie zu Ihren großen Drei passen. Schließlich wollen Sie ja nicht Ihre beste Energie auf Dinge verschwenden, die es nicht wert sind. Vielleicht würden Sie den Tag lieber mit der Buchung von Flügen für den Junggesellinnenabschied Ihrer besten Freundin in Vegas beginnen, aber das können Sie genauso gut während des abendlichen Fernsehens tun. Sie brauchen auch nicht zu Aktivitäten »sprinten«, die Ihnen leicht und natürlich von der Hand gehen. Wenn Sie gern schreiben, brauchen Sie nicht alle 20 Minuten eine Pause einzulegen. Möglicherweise tauchen Sie vollkommen ein in den Blogpost oder den Brief, den Sie gerade schreiben, und können sich eine Stunde am Stück bestens konzentrieren. »Sprinten« ist harte Arbeit und erfordert Übung, und deshalb sollten Sie es für Dinge nutzen, die Sie die meiste Überwindung kosten.

Was gehört in den Kalender?

Wenn Sie überlegen, was in Ihren Kalender gehört, dann sind das üblicherweise Dinge, die Sie auf keinen Fall vergessen dürfen (ein Meeting mit einem Kunden oder die Bar-Mizwa Ihres Neffen), die Sie leicht vergessen könnten (Zahnreinigung) oder auf die Sie sich freuen (Urlaub). Aber wie steht es mit Aspekten Ihres Lebens, die wichtig für Ihr Wohlbefinden sind und möglicherweise zu Ihren großen drei Zielen beitragen? Beispielsweise Sport, Zeit mit Freundinnen oder sogar Sex?

In dieser arbeitsversessenen Zeit, in der wir leben, legen wir enormen Wert auf professionelle, bezahlte und karrierebildende Arbeit. Wir investieren immer mehr Zeit in diese Ziele. Und selbst wenn einige unserer großen drei Ziele außerhalb der beruflichen Sphäre liegen, zwängen wir diese Ziele in die Zeitlücken, die uns nach der Arbeit noch bleiben. Manchmal kommen wir tatsächlich dazu, aber häufiger auch nicht. Dieser missgestaltete Kalender trägt die Hauptschuld an unserem Gefühl der Unzufriedenheit und womöglich an unserem Burn-out. Wenn wir ein volles und ausgewogenes Leben wünschen, müssen wir die Gewichte zugunsten der Ziele außerhalb der Arbeit verlagern. Und das bedeutet, dass wir uns dazu offen bekennen, indem wir dafür in unserem Kalender explizit Zeit reservieren.

Weil wir die berufliche Arbeit bevorzugen und unsere »freie Zeit« wie ein Anhängsel behandeln, das nur einen Platz am Kindertisch beanspruchen kann, fühlt es sich möglicherweise merkwürdig an, diese Gewichtung zu verändern. Selbst Aktivitäten, die sich nicht unmittelbar auf Ihre Ziele beziehen, können für Ihr Wohlbefinden entscheidend sein. Schaffen Sie dafür demonstrativ Raum, um sich daran zu erinnern, wie wichtig Sie selbst sind. Mit dieser veränderten Gewichtung stärken Sie unmittelbar Ihr Gefühl, Ihr Leben selbst zu kontrollieren. Sie sind dann nicht länger von Ihrem Kalender abhängig – Sie gestalten ihn.

1. **Beschließen Sie, wann Ihr Arbeitstag enden soll.** Manche von uns haben keinen Einfluss darauf, wann Ihr Arbeitstag beginnt und endet, aber in dem Umfang, wie es Ihnen möglich ist, sollten Sie das selbst entscheiden. Widerstehen Sie dem Impuls, das Büro

als Letzte zu verlassen, um professionelle Punkte zu sammeln. Das Wissen darum, dass Ihr Arbeitstag um halb sechs endet, fördert Ihre Produktivität bis dahin und gibt Ihnen etwas, worauf Sie sich freuen können.

2. **Entscheiden Sie, was in dieser Woche Platz haben soll.** Welche Aktivitäten außerhalb der Arbeit tragen entweder zu Ihren großen Drei bei oder verjüngen Sie in einer Weise, die sich unverzichtbar anfühlt? Wissen Sie nicht, was das ist? Denken Sie an das letzte Mal, als Sie mit Ihren besten Freundinnen aus waren, gelacht haben, bis Ihnen die Tränen kamen, und sich gefragt haben, warum Sie sich nicht häufiger sehen? *Das* sind die Dinge, die uns in dieser Liste interessieren. Sport, gesellige Zeit mit nahen Freunden, Abendessen in der Familie, Sex mit Ihrem Partner oder Ihrer Partnerin, Zeit in der Natur, Lesen.

3. **Legen Sie fest, wie häufig Sie sich Zeit für diese »unverzichtbaren« Dinge nehmen wollen.** Können Sie sich einen Mädels-Abend in der Woche freihalten? Können Sie dreimal in der Woche joggen gehen? Würden zwei- oder dreimal Sex Sie näher mit Ihrem Partner oder Ihrer Partnerin zusammenbringen?

4. **Nehmen Sie sich vor, an diesen Prioritäten nicht zu zweifeln, indem Sie sie in Ihren Kalender eintragen.** Dinge, die im Kalender stehen, finden mit größerer Wahrscheinlichkeit auch wirklich statt. Zu hoffen, dass Sie es zum Pilates-Kurs schaffen, ist nicht dasselbe, wie den Termin für 18.30 Uhr im Kalender einzutragen (und das Büro entsprechend früher zu verlassen!).

5. **Beschließen Sie, diese Prioritäten den Menschen deutlich zu machen, die sie betreffen.** Es ist schön und gut, den Menschen in Ihrem Leben zu sagen, wie wichtig sie Ihnen sind, aber nichts spricht so deutlich wie Taten. Wenn Sie sich wirklich bei ihnen zeigen, wissen sie, was sie Ihnen bedeuten.

Ran an die Hanteln

- Machen Sie sich mithilfe einer Online-App ein genaues Bild davon, wie Sie Ihre Zeit wirklich nutzen. Hier sind zwei wunderbare Apps, mit denen Sie beginnen können, Ihre Zeitnutzung zu protokollieren: RescueTime (Verfolgen Sie, wie Sie Ihre Online-Zeit nutzen) und Hours (eine großartige Time-Tracking-App für Freelancer und kleine Betriebe).
- Erstellen Sie eine Liste jener drei Tätigkeiten, auf die Sie sich am meisten freuen. Das sind Ihre »Flow«-Aktivitäten.
- Erstellen Sie eine Liste jener drei Tätigkeiten, vor denen Sie sich am liebsten drücken würden. Das sind Ihre »Sprint«-Aktivitäten.
- Erstellen Sie eine Liste mit drei bis fünf außerberuflichen Aktivitäten, die Sie Ihrem Wochenplan hinzufügen wollen und die Ihre Lebensbalance verbessern (beispielsweise Sex, ein Spaziergang, Lesen, ein Bad, Brunch mit Freundinnen).
- Schaffen Sie den idealen Zeitplan, der an jedem Tag einen Aspekt jedes Ihrer drei Ziele umfasst.

8. Kapitel – Ihre POP-Truppe

An einem besonders windigen Februarnachmittag standen Geri (meine Geschäftspartnerin) und ich an der Ecke Ocean Avenue und Wilshire Boulevard, unsere Laptops unter den Arm geklemmt. Geblendet von der harten kalten Sonne und durchgepeitscht vom beißenden Wind standen wir dort und wussten nicht, wie weiter. Das Einzige, was wir sicher wussten, war, dass die Tortur, der uns die Naturgewalten hier in für L. A. ungewöhnlicher Weise unterzogen, eine starke Metapher für irgendetwas war. Und dieses Etwas war nichts Gutes. Mit flatternden Haaren, von der salzigen Luft tränenden Augen und eingezogenen Schultern waren wir nur noch Schatten jener zwei aufgeräumten und stolzen jungen Frauen, die kaum einen halbe Stunde zuvor den hohen Glasturm betreten hatten.

Dies war unser letztes Investorengespräch gewesen und es war nicht viel anders verlaufen als alle anderen zuvor. Mit anderen Worten: Wir hatten eine Absage erhalten. Aber es war nicht die Absage allein – es war die herablassende Art, mit der man uns beschieden hatte, dass das Konzept gefiel, man sich aber nicht sicher war, dass wir zwei Frauen, die es entworfen hatten, das Zeug dazu hatten, es auch wirklich umzusetzen.

Spulen wir acht Monate zurück. Ich war vor Kurzem als Marketing-Chefin für ein anderes Start-up der Modebranche eingestellt worden. Ich musste rasch ein paar wichtige Personalentscheidungen treffen und war an Geri Hirsch verwiesen worden. Sie war die Gründerin eines kleinen, aber geachteten Mode-Blogs namens »Because Im Addicted« und arbeitete damals im Marketing eines sehr viel stärker gehypten Start-ups für soziales Bewusstsein. Wir verstanden uns auf Anhieb und teilten uns schon bald einen Schreibtisch an unserer neuen Arbeitsstelle, wo wir enthusiastisch gesellschaftliche Ideen und Marketingkampagnen für unsere neue CEO entwickelten. Leider stellte sich schon nach wenigen Monaten heraus, dass die finanziellen Bürden und die desaströse Infrastruktur, die schon so manch anderes Start-up zu Fall gebracht hatten, sich so schnell nicht bessern würden. Diese glänzende neue Gelegenheit gab nicht her, was wir uns von ihr versprochen hatten. Was aber ein unglaubliches Potenzial hatte, war unsere junge Freundschaft. Wir beide betrieben nebenbei erfolgreiche Blogs, bekamen jeweils haufenweise Jobangebote und arbeiteten darüber hinaus in unserer Freizeit an neuen Webideen, die wir hofften, in Millionen-Dollar-Unternehmen verwandeln zu können. Wir waren zwei Erbsen in einem beschissenen Start-up-Topf.

Eines Nachmittags nach einem besonders aufreibenden Gruppenmeeting, in dem die durchweg männliche Führungsriege uns Ideen für eine »coole« Social-Shopping-Webseite für Frauen vorstellte – alles Ideen, die in direktem Kontrast zu dem standen, was wir selbst eine Woche zuvor präsentiert hatten –, traten wir auf die Straße, um uns ein Joghurteis zu kaufen. Wir kochten innerlich beide, aber Geri erzählte mir ganz aufgeregt von einer Gelegenheit, die sich ihr bot. Man hatte ihr bei Condé Nast angeboten, eine Geschäftsidee vorzustellen, an der sie gearbeitet hatte – eine Lifestyle-Adresse für Millennial-Frauen –, denn das Unternehmen suchte nach Möglichkeiten, die verschiedenen Leserschaften seiner Zeitschriften sich gegenseitig befruchten zu lassen. Das Meeting sollte in zwei Wochen stattfinden und sie fragte mich, ob ich interessiert wäre, mit ihr gemeinsame Sache zu machen. »*Wir müssen von hier weg!*«, rief sie aus. Ich ließ mich nicht zweimal bitten.

An den Abenden und Wochenenden der nächsten Wochen arbeiteten wir emsig an unserem Plan und unserer Präsentation. Als wir sie schließlich vortrugen, erhielten wir eine überaus begeisterte Reaktion, und auch wenn unser Modell nicht perfekt zu Condé passte, erkannten wir an ihrer Reaktion, dass wir auf dem richtigen Weg waren. Wir wollten versuchen, LEAF – »living, eating and fashion« – auf die nächste Ebene zu heben.

Während der nächsten Monate gaben wir alles, was wir konnten. Tagsüber gingen wir unseren Vollzeitjobs nach. An den Wochenenden schufen wir unsere neuen Videoinhalte für LEAF und an den Abenden versuchten wir, unsere Blogs aktuell zu halten. Das war viel, aber wir waren voller Energie. Als wir im Blindflug Inhalte schufen, in der Hoffnung, dass man uns wahrnahm, stolperten wir schließlich über unser Ticket. Die Leute von Barneys New York, einem noblen Einzelhändler, hatten unsere Videos auf Geris Blog gesehen. Sie baten uns, für sie eine dreiteilige Serie zu kreieren, die zum ersten Mal von der Shoppable-Technologie Gebrauch machen sollte, bei der man tatsächlich aus dem Video selbst heraus Kleidungsstücke ordern kann.

Wir schufen die »Flagship-Videos« und sie wurden ein voller Erfolg. Über unsere Inhalte wurden am Ende Kleidungsstücke von einem Gesamtwert in sechsstelliger Höhe verkauft. Wir hatten unsere Erfolgsnachweise – jetzt mussten wir das Konzept nur noch verkaufen.

Als wir an unserer Präsentation feilten und die Menschen um uns herum in unsere Pläne einweihten, war ich überrascht, wie viele von denen, die sich zuvor so begeistert gezeigt hatten, nun Zweifel an unseren Chancen anmeldeten. Und immer häufiger bekamen wir warnende Geschichten von anderen »mit sehr viel mehr Erfahrung« zu hören, die am Ende gescheitert waren. Solange das nur ein Hobby gewesen war, hatte man uns pfiffig und inspirierend gefunden. Jetzt, wo wir damit ernst machen wollten, waren wir naiv und vermessen. Die »Ich hab's euch ja gesagt«-Keule schwebte über uns. Unbeirrt arbeiteten wir weiter, bis wir etwas hatten, das sich gut anfühlte – und das vor allem auch denen gut erschien, die wir um Rat fragten. Im Sinne der Ratschläge, die man uns gegeben hatte, hatten wir gewissen Abstriche an unseren ursprünglichen Plänen gemacht, aber alles in allem erschien uns die Strategie schlüssig und überzeugend. Als Nächstes machten wir uns daran, sie zu verkaufen.

Zusammen verfügten wir über eine erkleckliche Anzahl an Kontakten in die »Venture-Capital- und Inkubatorenwelt«, und so begannen wir damit, Vorstellungsgespräche zu vereinbaren.

Nach weiteren drei Monaten waren wir keinen Schritt weiter. Überall schien die Begeisterung über unsere Idee groß, doch das Vertrauen in unsere Fähigkeiten, die Idee auch umzusetzen, ließ zu wünschen übrig. Mit jedem Gespräch schmolz unser Selbstvertrauen weiter dahin.

Zurück zu jenem windigen Nachmittag in Santa Monica. Als wir so an der Straßenkreuzung standen, dachten wir beide, was keine von uns aussprechen mochte – LEAF war gestorben. Wir hatten soeben unser letztes Investorengespräch geführt, und es war nichts dabei herausgekommen. Mit schweren Herzen und noch schwereren Schritten stapften wir zurück zu unserem trostlosen Büro und ergaben uns innerlich unserem Schicksal.

Einige Tage später erhielten wir eine E-Mail von einer jungen Agentin, die für eine größere Talentagentur in L.A. arbeitete. Sie hatte von dem Projekt gehört, interessierte sich aber vor allem für uns als Personen. Sie wollte uns treffen. Wir, die wir nichts zu verlieren hatten, sagten fröhlich zu. In der anschließenden Woche setzten wir uns zusammen, und was bei dieser Begegnung passierte, war unglaublich. Wir zeigten ihr unsere Präsentationsfolien und anstatt sie zu zerpflücken und zu versuchen, sie zu zerreißen (wie es in allen übrigen Präsentations-Meetings geschehen war), ließ sie uns unsere Vision zu Ende entwickeln. Sie begann, sich Notizen zu machen, während sie beobachtete, wo unser wahrer Enthusiasmus durchschien. Daraufhin gingen wir Folie für Folie durch, und sie achtete auch hier wieder darauf, was uns besonders am Herzen zu liegen schien. Anschließend sprachen wir darüber, warum das, was uns weniger fesselte, überhaupt in den Folien vertreten war.

Wir hatten das ehrlich gesagt noch nie aus diesem Blickwinkel betrachtet. Nach weiteren Überlegungen wurde uns bewusst, dass die meisten dieser Punkte gerade die Elemente waren, die wir nachträglich eingefügt hatten, nachdem verschiedene Leute uns das geraten hatten (im Versuch, all jene zufriedenzustellen, die uns geholfen hatten), und dass sich die Präsentation infolgedessen wie ein Flickenteppich las und nicht wie eine gut geölte Maschine, die unsere Wertvorstellungen wahrheitsgetreu wiedergab.

> Die Idee, uns bei der Arbeit an der Präsentation ebenso auf uns wie auf die Idee selbst zu fokussieren, schuf für uns ein Aha-Erlebnis.

Wir gingen mit Hausaufgaben und neuem Tatendrang aus dem Meeting. Unsere Begeisterung war nicht nur neu zum Leben erweckt, sondern übertraf möglicherweise sogar unseren anfänglichen Eifer. Die Idee, uns bei der Arbeit an der Präsentation ebenso auf uns wie auf die Idee selbst zu fokussieren, schuf für uns ein Aha-Erlebnis. Noch dazu hatte diese Agentin beschlossen, dass wir ernst gemeinte, positive Praxishilfe gebrauchen konnten. Folglich verschickte sie eine Reihe E-Mails, und binnen einer Woche arbeiteten wir mit zwei weiteren erfolgreichen Frauen aus ganz unterschiedlichen Bereichen des Markts zusammen, die ebenso begeistert bei der Sache waren wie wir. Unter ihrer Anleitung und mit ihrer Unterstützung überarbeiteten Geri und ich die gesamte Präsentation. Wir überarbeiteten nicht nur unser gesamtes Konzept, sondern entwickelten eine ganz neue Zuversicht in unsere Idee und uns selbst. Es war eine wahrhaft magische Zeit. Als wir zu unserer zweiten Fundraising-Runde ansetzten, blies uns keine salzige Brise ins Gesicht, sondern wir fühlten uns von freundlichen lauen Winden vorwärts getragen.

Im Rückblick überrascht es nicht, dass wir, kaum zwei Wochen nachdem wir uns erneut ins Getümmel gestürzt hatten, unser erstes Angebot bekamen, aus dem später unser erster Geschäftsabschluss und ein Scheck über 900 000 US-Dollar wurden. LEAF war quicklebendig. Wir konnten jetzt unsere perspektivlosen Vollzeitjobs an den Nagel hängen und uns zu 100 Prozent unserem Traum widmen.

Ich kann mit Sicherheit behaupten, dass LEAF an jener stürmischen Straßenecke in Santa Monica so gut wie gestorben wäre, wäre da nicht die Unterstützung dieser kleinen Gruppe unglaublicher Frauen gewesen – die uns nicht Antworten gaben, sondern das richtige Klima schufen, in dem wir zur Höchstform auflaufen und unsere kreativsten Ideen entwickeln konnten. Was in diesem Augenblick den Ausschlag gab, war, dass wir von den richtigen Menschen umgeben waren.

POP-Wahrheit

Die Menschen um Sie herum haben größeren Einfluss auf Sie als alles andere; wählen Sie sie also mit Bedacht.

- Sind Ihre Bekanntschaften und Beziehungen für Sie Hilfe oder Hindernis?
- Wie befreien Sie sich aus toxischen Beziehungen?
- Wie stellen Sie sich Ihre All-Star-Crew zusammen?

Es gibt einen alten Spruch, der besagt, dass wir der Durchschnitt jener fünf Menschen sind, mit denen wir die meiste Zeit verbringen. Ich bin nicht bereit, mich als Durchschnitt zu begreifen, und auch Sie sollten sich nicht so sehen, aber in gewisser Weise stimmt es dennoch. Die Menschen, mit denen wir uns umgeben, haben maßgeblichen Einfluss auf unser Leben – von unseren Gefühlen über unsere Gesundheit bis hin natürlich zu unserer Produktivität. So sehr ich Sie ermuntere, sich Ihre eigenen Ziele zu setzen und zuerst auf Ihre eigene Stimme zu hören, so wichtig ist es, dass Sie sich klarmachen, welche Macht die Menschen um Sie herum über Sie haben. In Wahrheit ist es so: Manche Menschen geben Ihnen Kraft, während andere Ihnen Kraft rauben. Und in derselben Weise, wie ich Sie gebeten habe, sich nicht länger von Ablenkungen ausbremsen zu lassen, möchte ich Sie bitten, sich die Menschen um sich herum anzuschauen und zu sehen, ob darunter welche sind, die Sie zurückhalten. Stellen Sie sich Ihr persönliches Umfeld als ein Ökosystem vor und fragen Sie sich: Erlaubt dieses Ökosystem mir, mich zu entfalten und zu gedeihen, oder gibt es dort giftige Ecken, die mir das Gefühl geben, ich sei nichts wert?

Jetzt wollen wir aber zuerst einmal eine Truppe – eine POP-Truppe – aus Verbündeten und Mentorinnen zusammenstellen, die Ihnen helfen werden, Ihre Ziele zu erreichen. Das setzt voraus, dass Sie einen kritischen Blick auf die Menschen um Sie herum werfen und sich möglicherweise von manchen distanzieren und dafür mehr Nähe zu anderen suchen. Vielleicht wird Ihnen auf einmal klar, dass Sie komplett neue Beziehungen pflegen müssen, um Ihr Traumteam zu finden. Ihre Zuneigung zu Ihrem Cousin Bobby, einem totalen Faulenzer, der für Sie niemals einen Finger krümmen würde, kann bleiben, wie sie ist. Was uns hier interessiert, ist Ihr Netzwerk, das Sie brauchen, um Ihre großen drei Ziele zu erreichen.

Natürlich können Sie in einem Umfeld produktiv sein, das keinen Beitrag zu Ihrem Erfolg leistet. Wir alle kennen Geschichten von Menschen, die diese Art von Hindernis überwanden. Einfach ist das jedoch nicht. Und warum bringen Sie sich nicht in die bestmögliche Position, um erfolgreich zu sein? Ein fehlendes positives Umfeld wirkt sich spürbar negativ auf Ihre Fähigkeit aus, Ihre Ziele zu erreichen. Eine Studie der britischen University of Warwick hat in der Tat gezeigt, dass unzufriedene Mitarbeiter 10 Prozent weniger produktiv sind als zufriedene. Die Gehirnwissenschaft lehrt uns, dass wir Menschen fokussierter und kreativer sind – und das müssen wir sein, wenn wir so produktiv wie möglich sein wollen –, wenn wir positiv eingestellt sind. Wir können dann Probleme leichter lösen und brennen weniger schnell aus.

Die Menschen, denen Sie nahestehen, sagen viel über Sie aus. Das klingt elementar genug, um selbstverständlich zu erscheinen. Wenn ich Ihnen erzählen würde, dass die meisten meiner Freundinnen ohne Job sind und meine Familie lieber zu Hause bleibt, als in den Urlaub zu fahren, stellen Sie vermutlich bestimmte Mutmaßungen über mich an. Vermutlich sehen Sie in mir jemanden ohne große Lebenserfahrung und ohne die Absicht, sie zu machen. Aber wenn wir einander vorgestellt werden und ich meine Freundinnen als führende Vertreterinnen ihrer Fächer vorstelle, werden Sie annehmen, dass ich ähnlich erfolgreich bin.

Und die Wahrscheinlichkeit, dass Sie damit recht haben, ist groß. Wir Menschen sind Spiegelmaschinen. Vor einigen Jahren zierten Warnungen die Titelseiten der Frauenmagazine, unsere Freundinnen würden uns dick machen. Es wird Sie nicht überraschen zu hören, dass die Wahrheit nur unwesentlich komplizierter ist. Die Forscher Nicholas Christakis und James Fowler haben sich eine breit angelegte Langzeitstudie des National Health Institute daraufhin angeguckt, welche Rolle die Menschen um uns herum für unsere emotionale und physische Gesundheit spielen.

Emotionale Ansteckung

Wir stellen uns Gefühle als etwas vor, das jeden Menschen besonders auszeichnet. Und zu einem Teil ist das auch so. Jeder erlebt seine Gefühle persönlich. Aber Gefühle existieren auch im Kontext unserer Gemeinschaften. Jede Gruppe – ob Freunde oder Arbeitskollegen – und sogar jedes Netzwerk in den sozialen Medien ist von einem emotionalen Tenor gekennzeichnet, der sich auf uns überträgt. Sie werden erstaunt sein, aber die Welle, die ein Gefühl der Zufriedenheit auslösen kann, zieht sich mitunter durch mehrere Freund-zu-Freund-Beziehungen. In einem faszinierenden Abschnitt ihrer Studie schauten Christakis und Fowler, wie sich Gefühle der Zufriedenheit – und der Unzufriedenheit – durch Gruppen hindurch fortpflanzen können. In großen Gruppen konnten sie klare Muster erkennen, wie die Zufriedenheit einer Person mit der Zufriedenheit der Personen in ihrem Umfeld korrelierte und wie die Wahrscheinlichkeit der eigenen Zufriedenheit mit der Zahl der zufriedenen Menschen um uns herum zunimmt. Da überrascht es wenig, wenn zufriedene Menschen häufiger im Zentrum von Freundesgruppen zu finden sind. Christakis und Fowler schauten sich auch an, wie sich Zufriedenheit und Unzufriedenheit über die sozialen Medien fortpflanzen. Sie verwendeten dazu eine sehr einfache Metrik: lächelnde Gesichter auf geposteten Bildern. Die Lächler standen häufig im Mittelpunkt gesellschaftlicher Kreise, während die Nichtlächler sich eher an der Peripherie aufhielten.

Ansteckendes Verhalten

Während die emotionale Ansteckung möglicherweise offensichtlich erscheint – natürlich hinterlässt es bei Ihnen Spuren, wenn Sie ständig jemanden um sich haben, der den Miesepeter spielt –, scheint ansteckendes Verhalten noch einmal eine andere Nummer zu sein. Christakis und Fowler stellten fest, dass Verhaltensweisen wie Rauchen, Trinken und übermäßiges Essen ebenfalls hochgradig ansteckend sind. Eine Freundin zu haben, die fettsüchtig ist, erhöht Ihre Wahrscheinlichkeit, ebenfalls fettsüchtig zu werden, um 57 Prozent. Die Wahrscheinlichkeit, dass Sie selbst zu rauchen anfangen, steigt um 36 Prozent, sobald Sie eine Freundin haben, die ebenfalls raucht. Und auch Trinken ist ansteckend. Christakis und Fowler vermuten, dass uns das Verhalten der Menschen um uns herum als eine Art Rechtfertigung dient. Wenn Sie mit einer Freundin zusammen zu Mittag essen, die sich anschließend einen Nachtisch gönnt, ist die Wahrscheinlichkeit, dass Sie sich selbst ebenfalls einen Brownie genehmigen, groß, selbst wenn Ihre Freundin Sie in keiner Weise dazu drängt. Als Menschen kalibrieren wir ständig unsere Vorstellung davon, was wir für »normal« halten, und die Menschen, mit denen wir uns umgeben, sind ein lebendiger Teil dieses Bildes.

Jedes Gefühl und jedes Verhalten hat seine Besonderheiten. Eine Ansteckung in puncto Körpergewicht findet besonders häufig zwischen Männern beziehungsweise zwischen Frauen statt. Was »Normalität« hinsichtlich unseres Körpers betrifft, so orientieren wir uns offensichtlich häufiger an anderen Vertretern des eigenen Geschlechts. Zufriedenheit und Unzufriedenheit übertragen sich leichter unter Freunden als unter Arbeitskollegen. Eine verrückte Frage: Macht die Stellung einer Frau in der Gesellschaft sie empfänglicher für emotionale Ansteckung? Wer sagte ja? Die Forscher Hatfield, Cacioppo und Rapson stellten fest, dass Frauen sich emotional eher anstecken lassen, weil sie dazu erzogen wurden, emotional aufmerksamer zu sein.

Wen kümmert es?

Manche Gefühle und Gewohnheiten, die wir von unserem Umfeld »aufschnappen« können, sind positiver Art. Wenn jemand in Ihrem Facebook-Feed eine 30-tägige Jogging-Challenge startet, fühlen Sie sich möglicherweise dadurch inspiriert, auch Ihrerseits Ihre Laufschuhe aus dem Schrank zu holen und loszujoggen. Leider übertragen sich jedoch häufig gerade die negativen Stimmungen besonders leicht. Aber bevor Sie anfangen können zu entscheiden, wer einen Platz in Ihrer POP-Truppe verdient, müssen Sie eine andere, größere Entscheidung treffen: *dass es auf Sie ankommt.* Es ist einfach, durchs Leben zu laufen, Menschen zu begegnen, jene Freundschaften zu pflegen, die Sie schon immer hatten, mit jenen Menschen Zeit zu verbringen, mit denen Sie zufällig beruflich zu tun haben ... mit anderen Worten, keine bewussten Entscheidungen zu treffen, mit wem Sie Ihre Zeit verbringen wollen. Aber wenn Sie an den Einfluss anderer auf Ihre Energie, Ihr Wohlbefinden und Ihre Fähigkeit, Ihre eigenen Ziele zu verwirklichen, denken, erscheint dieser Ansatz wenig sinnvoll. Sie müssen schon selbst daran glauben, dass Sie ein fantastisches Netzwerk verdient haben, damit Sie eines bekommen.

Meine Geschäftspartnerin Geri betrachtet ihre persönliche Community in Ihrem Blog »Because Im Addicted« als einen der wichtigsten Faktoren für ihre eigene Zufriedenheit. »Ich bin mir dessen in höchstem Maße bewusst. Ich denke an Toxine im, auf dem und rund um den Körper und daran, Toxizität im Leben und rund um den Körper zu eliminieren. Meiner Meinung nach sind es nicht nur die Chemikalien, die du in deinem Haus versprühst, oder die Luft, die du atmest, sondern es sind die Beziehungen, von denen du umgeben bist. Ich denke, dass diese in vielerlei Hinsicht noch toxischer sind, weil sie mental so viel von dir wegnehmen, wenn du in einer Missbrauchsbeziehung oder einfach nur in einer schlechten Beziehung lebst. Und ich denke, dass es okay ist, von einer Freundschaft – oder um was für eine Beziehung auch immer es sich handelt – zurückzutreten, eine Pause zu machen und dann langsam zurückzukehren.«

Es fühlt sich möglicherweise seltsam an, den Wert der Menschen in Ihrem Leben zu analysieren. Aber die Feststellung, dass eine sogenannte Freundin Sie mit ihrer permanenten Negativität runterzieht, macht Sie noch nicht zu einer egoistischen Person, sondern zu jemandem mit Selbstachtung. Wichtig ist, dass Sie sich selbst daran erinnern, dass Ihr Wohlbefinden es wert ist, geschützt und gepflegt zu werden. Und natürlich ist jede Beziehung, die einen Wert hat, eine »Zweibahnstraße«. Wenn Sie Kontakte haben, die das Beste in Ihnen zum Vorschein bringen, können Sie auch für Ihre Freundinnen und Kollegen die beste Person sein, zu der Sie fähig sind. Wenn Sie um sich herum toxische Menschen haben, ist es nur natürlich, dass Sie vorsichtig und zurückhaltend sind. Wenn Sie von positiven und Mut spendenden Leuten umgeben sind, können Sie ihnen die Positivität unmittelbar zurückgeben. Zu meinen wichtigsten Kriterien, wer bleiben darf und wer gehen muss, gehört auch hier, dass ich mir meine Energielevel in der Gegenwart verschiedener Leute anschaue. Fühle ich mich nach einer Begegnung gestärkt und unternehmenslustig oder müde und schlapp? Häufig ist die Energie in diesen Fällen die beste Informationsquelle.

Toxische Menschen, vor denen Sie sich in Acht nehmen sollten

Leider finden Sie toxische Personen überall. Vielleicht sitzen Sie bei der Arbeit direkt neben einer, unterhalten mit einer seit Jahren eine Hassfreundschaft oder, schlimmer noch, haben eine in Ihrer Familie. Ob Sie so eine Person vor sich haben, erkennen Sie daran, ob Sie sich häufig müde und erschöpft fühlen, wenn Sie Zeit mit ihr verbracht haben. Sie fühlen sich unsicher in ihrer Gegenwart und fürchten sich vor ihren Launen. Manchmal spiegeln Sie sogar selbst deren Verhaltensweisen wider. Kurz: Solche Menschen sind Gift. Zum Glück lassen sie sich ziemlich leicht ausfindig machen.

Die emotionale Rabaukin

Sie wissen nie, woran Sie bei dieser Person sind. Heute reißt sie krachende Witze und hört Ihren Geschichten vom Wochenende interessiert zu. Aber schon morgen ist sie eine schwarze Wolke, und Sie fragen sich, ob Sie sie mit irgendetwas beleidigt haben. Schon bald merken Sie, wie Sie bei jeder Begegnung wie auf rohen Eiern gehen.

Das Opfer

Opfer sind knifflig. Vermutlich empfinden Sie anfangs Mitleid mit ihnen und lassen sich in die Probleme der anderen Person hineinziehen. Sie wollen helfen und unterstützen. Aber bald begreifen Sie, dass diese Person die Schuld grundsätzlich bei anderen sucht. Die Welt ist unfair zum Opfer und wenn Sie zu dieser Person in eine Beziehung treten, müssen Sie bereit sein, die fortwährende Unterstützung zu bieten, die diese Person braucht. Noch dazu ist es nur eine Frage der Zeit, bis diese Person sich auch als Ihr Opfer empfindet.

Die Richterin

Die Waffe der Wahl dieser Person ist die Verachtung. Sie bewegt sich durchs Leben wie ein Augen rollendes Emoji. Jede vorgebrachte Idee ist dumm, kein vorgestellter Plan wird jemals funktionieren. Erwarten Sie von dieser Person nicht, dass sie selbst Vorschläge macht. Sie ist zu keinen Risiken bereit und will auch nicht, dass Sie es sind.

Die Neiderin

Diese Person hat immer den Spielstand im Auge und ist damit nie zufrieden. In ihrer Welt reicht der Kuchen niemals für alle. Darum werden Sie es auch nicht erleben, dass diese Person sich über den Erfolg einer Freundin oder eines Kollegen freut – sie ist viel zu sehr damit beschäftigt, sich zu fragen, warum sie diese Beförderung oder jene Chance nicht selbst bekommen hat.

Der passiv-aggressive Typ

Mit dieser Person ist manchmal schwer umzugehen. Passiv-Aggressive beeinflussen andere über Gefühle. Wenn Sie mit dieser Person an einem Projekt arbeiten und deren Idee nicht zum Zuge kommt, fügt sie sich nicht etwa der Entscheidung oder bringt ihre Unzufriedenheit offen zum Ausdruck, sondern sie schmollt still vor sich hin und behindert den Fortschritt, indem sie zu spät zu Meetings kommt oder Dokumente »verlegt«. Wenn Sie sie fragen, was los ist, sagt sie: »Nichts«, aber ihr Ärger schwelt untergründig weiter.

Die Klatschtante

Anfangs ist die Klatschtante eine lustige Freundin oder Arbeitskollegin. Sie scheint alles über jeden zu wissen, und seien Sie ehrlich: Wer hätte nicht gern den Insiderblick? Aber es braucht nicht lang, um zu erkennen, dass diese Person ein wenig zu viel Freude an den Missgeschicken anderer hat. Sie könnten die Nächste sein, auf die sie sich einschießt.

Die Pessimistin

Diese Person beklagt sich. Oft. Aber sie bringt ihre Negativität und Paranoia mit so viel Überzeugung zum Ausdruck, dass Sie sich zu fragen beginnen, ob Sie selbst die Dinge richtig sehen. Vielleicht versucht Ihre Chefin ja doch, jedermann Knüppel zwischen die Beine zu werfen.

Wie Sie toxischen Menschen aus dem Weg gehen

Selbst wenn Sie sich Ihre Verbündeten sorgfältig auswählen, müssen Sie sich immer noch durch die Welt bewegen. Sie haben nur beschränkt Einfluss darauf, wem Sie im Lauf eines Tages begegnen. Und manchmal bedeutet das, dass Sie mit hochgradig negativen oder toxischen Menschen zurechtkommen müssen. Aber es ist möglich, mit einer toxischen Person zu interagieren oder gar zusammenzuarbeiten, ohne sich in ihren Strudel der Negativität ziehen zu lassen. Es erfordert allerdings Wachsamkeit und emotionale Reife, diese Menschen als solche zu erkennen und sich ihrem Einfluss zu entziehen. Die EQ-Experten von »TalentSmart« haben mehr als eine Million Menschen unter die Lupe genommen und festgestellt, dass 90 Prozent der erfolgreichsten Menschen gut darin sind, in Stresszeiten ihre Emotionen im Griff zu behalten. Die Vertreter dieser Gruppe verstanden es überdurchschnittlich gut, toxische Menschen zu erkennen und in ihrer Gegenwart ruhig und diszipliniert zu bleiben.

> Es ist möglich, mit einer toxischen Person zu interagieren, ohne sich in den Strudel der Negativität ziehen zu lassen. Es erfordert allerdings Wachsamkeit und emotionale Reife.

1. **Der erste Schritt, um mit toxischen Menschen klarzukommen, ist, dass Sie Ihre eigenen Reaktionen beobachten.** Bereitet eine Person Ihnen Unbehagen oder macht sie Ihnen Angst? Verunsichert es Sie in besonderem Maße, wenn die Person ungehalten ist? Fragen Sie sich, was da vor sich geht. Nehmen Sie sich die Zeit, die Situation gründlich zu untersuchen. Wenn Sie sich normalerweise in Ihrer

Haut wohlfühlen, aber in Gegenwart einer bestimmten Person stets an sich zu zweifeln beginnen, sollten Sie aufpassen!

2. **Solange Sie sich in der Nähe einer toxischen Person aufhalten, sollten Sie Ihr Denken bewusst reflektieren.** Es erfordert besondere Anstrengung, in Gegenwart von Manipulatoren achtsam zu bleiben. Versuchen Sie, so albern es klingen mag, sich eine Notiz zu machen: »Okay, Vivian versucht, mit mir gemeinsam über unsere Chefin herzuziehen, und ich fühle mich dabei total unwohl. Das ist nicht die Art, wie ich meine Arbeit machen will, und so werde ich das Thema wechseln. Und wenn das nicht funktioniert, werde ich mich entschuldigen und mich aus der Situation herausziehen.« Sie brauchen Ihr Missbehagen nicht mit dieser Person zu erklären. Je weniger Sie Emotionen zum Thema machen, desto besser.

3. **Machen Sie nicht mit, nur um nicht anzustoßen.** Viele toxische Menschen fahren mit ihrem ärgerlichen Verhalten so lange fort, wie ihnen keiner Einhalt gebietet. Der Bürotratsch findet viele offene Ohren, und das Opfer spielt mit der Sympathie, die andere ihm entgegenbringen. Aber wenn Sie sich weigern, die Ihnen zugedachte Rolle anzunehmen, werden Sie auch nicht in schädliche Verhaltensmuster hineingedrängt. Wenn eine passiv-aggressive Person uns kritisiert, begnügen wir uns nur allzu leicht mit einem verkniffenen Lächeln. Ihre passiv-aggressive Nachbarin sagt, während Sie gerade die Wohnung verlassen: »Wow, diese Farbenkombination kann nicht jeder tragen. Interessant!« Anstatt dieses zweifelhafte Kompliment einzustecken, können Sie ihr ihre Grobheit spiegeln: »Das heißt, wenn ich mich nicht täusche, dass du kein Fan davon bist. Aber das macht nichts – ich kleide mich ja, damit es mir selbst gefällt.«

4. **Lernen Sie, sich herauszuhalten.** Sobald Sie wissen, dass eine Person toxisch ist, brauchen Sie sich nicht länger von ihrem Verhalten beeinflussen zu lassen. Anstatt sich in das Drama, das diese Leute aufführen, hineinziehen zu lassen, setzen Sie sich selbst Grenzen. Wenn Ihre Schwester abfällige Bemerkungen zu Ihrer Wohnung

macht, brauchen Sie sich nur klarzumachen, dass es dabei um Ihre Schwester und nicht um Sie geht. Sobald Sie Toxizität als eine Art Behinderung verstehen, können Sie die Vorstellung von sich als Opfer ablegen und stattdessen Mitleid mit dieser Person entwickeln.

Nicht toxische, aber dennoch bedenkliche Menschentypen

Die oben beschriebenen Personen lassen sich vergleichsweise einfach erkennen, wenn Sie ehrlich zu sich selbst sind – Sie brauchen dazu lediglich zu beobachten, wie Sie sich selbst in ihrer Gegenwart fühlen. Auch wenn sich Kontakte mit diesen Personen nicht immer vermeiden lassen, wird sich ein Teil von Ihnen innerlich von ihnen abwenden. Es gibt jedoch viele Beziehungen, die sich in einem menschlichen Graubereich abspielen, in dem es viel schwieriger ist zu navigieren. Sich entwickeln heißt so viel wie sich verändern. Idealerweise entwickeln wir alle im Lauf des Lebens immer mehr Selbstvertrauen, Erfahrung und Weitsicht. Aber in Wahrheit entwickeln wir uns nicht alle im selben Tempo, und manche von uns entwickeln sich vielleicht gar nicht. Das ist niemandes Schuld, aber es kann passieren, dass Ihre Beziehung zu einer Person, mit der Sie einmal dicke waren, sich auf einmal – sagen wir – überlebt hat.

Selbstverächter

Weniger gefährlich, aber sehr viel verbreiteter als die toxische Person sind die Selbstverächter. Sie kennen diese Personen, denn möglicherweise sind Sie selbst eine solche. Sie stöhnen über dem Morgenkaffee: »Ich bin so eine Idiotin. Ich hätte rechtzeitig schlafen gehen sollen, um fit zu sein für meine Präsentation, anstatt mir die ganze Staffel von ›The Crown‹ reinzuziehen.« Oder Sie posten ein Bild von ihrem Kleinen im Piratenkostüm zusammen mit den Hashtags #Waschtag und #Momfail. Gewiss, manche dieser Selbstherabsetzungen sind nur witzig gemeint.

Studien zeigen, dass Männer von hohem gesellschaftlichem Status, die sich selbst herabsetzen, als charmant rüberkommen. Denn, wissen Sie, was kann er schon verlieren? Aber als Frauen haben wir in der Tat viel zu verlieren. Besonders auf dem beruflichen Feld, wo wir Frauen Mühe haben, den Respekt zu bekommen, den wir verdienen, nehmen andere Ihre Witze über Sie selbst nur zu gern wörtlich. Die Gegenseite der Medaille ist, dass eine solche Gewohnheit implizit zum Widerspruch auffordert. Wenn jemand sich, und sei es im Scherz, herabsetzt, lautet die geforderte Antwort: »Nein, du bist eine wunderbare Mutter!«

Amy Schumer parodierte diese Gewohnheit in ihrem lustigen Video »I'm so bad«. Mehrere Frauen speisen in einem Restaurant zu Abend. Sie suchen reihum nach Möglichkeiten, sich selbst schlecht zu machen. Eine Frau erzählt, wie sie vor Kurzem einen Geburtstagskuchen ganz allein weggeputzt hat. »Ich sagte mir ›Jetzt ist aber genug, Fettie, du bist ja so was von verfressen!‹« Ihre Freundinnen springen ihr sofort bei. »Bist du gar nicht! Um deine Thigh Gap beneiden dich alle!«

Abhilfe: Der Schritt, um sich die Selbstherabsetzung abzugewöhnen, ist, sie überhaupt zu bemerken. Machen Sie das mit sich? Macht es jemand aus Ihrem Umfeld? Versuchen Sie, wenn Sie die Schuldige in sich selbst erkennen, die Herabsetzungen aus Ihrem Vokabular zu tilgen. Kein »Ich bin ja so ein Idiot« mehr, bevor Sie Ihre Anekdote zum Besten geben. Und wenn Sie Zeit mit jemandem wie beispielsweise einer Kollegin verbringen, die diese Angewohnheit hat, sollten Sie alles versuchen, sie nicht zu imitieren. Wenn es eine enge Freundin ist, müssen Sie das Thema möglicherweise direkt ansprechen, wobei Sie jedoch lieber von sich reden sollten, als Ihre Freundin zu kritisieren. »Ich bemerke, wie ich mich manchmal, ohne es zu wollen, selbst schlecht mache. Ich werde versuchen, die Formulierungen aus meinem Wortschatz zu tilgen. Könntest du mir vielleicht helfen und mich darauf aufmerksam machen, wenn mir doch etwas rausrutscht?« So bringen Sie das Thema zur Sprache, ohne Ihre Freundin direkt zu kritisieren.

Lasterfreundinnen

Sie waren im College unzertrennlich. Pommes zu Mittag und eine Schale Eis abends vor dem Fernseher waren Ihr tägliches Ritual. Am

Wochenende schütteten Sie sich Klare hinter die Binde, bis Sie nicht mehr geradeaus gehen konnten. Durch das Wunder der jugendlichen Verdauung haben Sie diese Phase überstanden und nur die glücklichen Erinnerungen daran behalten. Jetzt leben Sie eher von Gemüsesäften, aber Ihre Freundin möchte noch immer mit Ihnen Party feiern wie damals, als Sie sich einen Schlafsaal teilten. Sie haben versucht vorzuschlagen, gemeinsam einen Yoga-Kurs zu besuchen und brunchen zu gehen, konnten Ihre Freundin aber nicht dafür gewinnen. »Ey Mann«, sagt sie dann, »komm, lass uns Spaß haben!« Und Sie haben die Wahl, in die alten Muster zurückzufallen oder als absolute Spaßbremse aufzutreten.

Abhilfe: Auch hier gilt, dass Sie das Thema ansprechen müssen, wenn Ihnen an dieser Person etwas liegt. Sagen Sie Ihrer Freundin, dass Sie sich für eine neue Lebensweise entschieden haben und dass Sie sich freuen würden, wenn Ihre Freundin Sie dabei unterstützt. Die Menschen reagieren auf die Bitte um Unterstützung besser als auf Beschwerden. Mit anderen Worten: mehr Zuckerbrot und weniger Peitsche. Sie könnten Ihrer Freundin sagen: »Ich gebe mir verdammt Mühe, meine neue Website fertig zu stellen, und kann es mir nicht leisten, tagelang mit einem Kater herumzulaufen. Ich möchte dich deswegen nicht weniger häufig sehen. Können wir unseren Pistenabend am Donnerstag nicht gegen ein frühes Abendessen tauschen, damit Großmutter rechtzeitig ins Bett kommt?«

Die eingebildete Freundschaft

Große Veränderungen wie der Umzug in eine andere Stadt, der Beginn einer neuen Karriere oder eine Heirat können Schockwellen durch alle Ihre Beziehungen senden. Sobald Sie nach solchen Lebensumbrüchen wieder Luft kriegen, stellen Sie möglicherweise überrascht fest, dass alle, die da vorher waren, entweder nicht mehr da sind oder besser nicht mehr da wären. Mit etwas zeitlichem und räumlichem Abstand erkennen Sie, dass das, was wie eine Freundschaft aussah, bestenfalls in räumlicher Nähe verbrachte Zeit war. Vielleicht war die Kollegin, mit der Sie zwei Jahre lang täglich Ihr Mittagessen teilten, eine angenehme Gesellschaft, aber nachdem Sie jetzt in Ihren neuen Job gewechselt sind, vermissen Sie die Nähe nicht, die in Wahrheit auch niemals wirklich existiert hat.

Abhilfe: Ich gebe zu, dass dieser Punkt hart ist. Wenn Sie Glück haben und es der anderen Seite genauso geht, können Sie ohne Weiteres in die »Geburtstagsbenachrichtigung-auf-Facebook-Zone« vorrücken. Aber wenn die andere Person nicht versteht, warum Sie sich ihr nicht mehr so verbunden fühlen wie einst, ist die Sache schon diffiziler. Es gibt ein paar Möglichkeiten, wie Sie die Freundschaft zurückschrauben können. Sie können ihr beispielsweise Grenzen setzen, ohne die alte Freundin völlig aus Ihrem Leben zu verbannen. Erklären Sie ihr, dass Ihr neuer Job, Ihre neue Beziehung oder Ihr neues Projekt mehr Zeit in Anspruch nimmt, und machen Sie einen Vorschlag, der Ihnen machbar erscheint. Wenn Sie sich vorstellen können, diese Person alle sechs Monate einmal zu sehen, dann sollten Sie das auch so vertreten. Höflich und freundlich natürlich! Ihre Freundin wird verstehen, dass sich die Dinge verändert haben. Vielleicht hat sie unter diesen Vorzeichen kein Interesse mehr an der Freundschaft, aber wenigstens haben Sie sich klar ausgedrückt.

Ihre Leute

Jetzt, nachdem Sie Ihre Antennen für Menschen entwickelt haben, die Sie meiden sollten, stellt sich die Frage: Wie ziehen Sie Personen an Land, die Sie unterstützen und in Ihnen das Beste zum Vorschein bringen? Wir sprechen wohlgemerkt über die Leute, die Sie um sich herum brauchen, damit Sie Ihre großen Drei erreichen können. Sie wünschen sich in Ihrem Umfeld Personen, die nicht nur auf ihre Art tolle Menschen sind, sondern die Sie und das, was Sie zu erreichen versuchen, verstehen. Wenn Sie vorhaben, ein eigenes Restaurant zu eröffnen, wären Sie verrückt, wenn Sie nicht die Nähe zu Menschen suchen würden, die Ähnliches bereits gemacht haben.

1. **Seien Sie Sie selbst.** Die beste Möglichkeit, eine authentische Beziehung zu einer Person herzustellen, ist, sich nicht zu verbiegen.

Sagen Sie, was Sie denken. Gewiss, manche Leute verschrecken Sie damit. Und darum geht es letztlich auch. Solange Sie sich authentisch verhalten, ziehen Sie genau die Menschen an, die Sie schätzen, wie Sie sind. Und wenn Sie die Menschen vergraulen, die Sie nicht witzig, klug und faszinierend finden? Das sind ja genau diejenigen, an denen Sie getrost vorbeigehen können. Je häufiger Sie das tun, desto leichter wird es Ihnen fallen.

2. **Achten Sie darauf, wie Sie sich fühlen.** Wenn Sie Achtsamkeit praktizieren, wird Ihnen das leichter fallen. Achten Sie darauf, ob ein Gespräch Sie aufheitert und ob die Ideen mühelos zwischen Ihnen und der anderen Person hin- und herfließen.

3. **Gehen Sie bewusst vor.** Häufig betreiben wir die Suche nach einem Partner mit nahezu professionellem Fokus. Und warum auch nicht? Unser romantisches Leben ist wichtig, und wen wir uns zum Partner nehmen, hat großen Einfluss auf unser übriges Leben. Warum sehen Sie Ihre POP-Truppe nicht genauso? Überlegen Sie bewusst, was Sie in Ihrem engsten Umkreis benötigen. Brauchen Sie Menschen, die Sie anfeuern, die Sie auf gute Weise herausfordern, die Ihnen kluge Ratschläge geben? (Antwort: Sowohl als auch.)

4. **Seien Sie die Energie, die Sie sich in Ihrer Nähe wünschen.** Es bringt nichts, wenn Sie sich wünschen, Sie hätten ein klasse Team aus intelligenten, positiven und hilfreichen Leuten um sich herum, während Sie selbst herumlaufen, als sei der Weltuntergang nahe. Wenn Sie sich in Ihrem Leben wunderbare Menschen wünschen, müssen Sie selbst eine ähnliche Rolle in deren Leben spielen. Achten Sie also darauf, dass Ihre Beziehungen auf Gegenseitigkeit beruhen. Interessieren Sie sich für das Leben der Menschen in Ihrem klasse Team. Freuen Sie sich mit ihnen über deren Erfolge und spenden Sie Trost bei Misserfolgen, aber seien Sie präsent.

Wie Sie eine Mentorin finden

Eine der Schlüsselfiguren Ihres Teams sollte eine Mentorin sein. Oder mehrere Mentorinnen, wenn Sie Glück haben. Denn diese Person ist kenntnisreich, erfahren und bereit, mit Ihnen Ihr Wissen zu teilen. Sie ist extrem wertvoll und sollte entsprechend behandelt werden. Es erfordert Arbeit, eine Mentorin zu finden und eine Beziehung mit ihr zu pflegen, aber die Vorteile sind es wert. Eine Mentorin ist wie eine Trainerin für Ihre Träume.

> Eine der Schlüsselfiguren Ihres Teams sollte eine Mentorin sein. Denn diese Person ist kenntnisreich, erfahren und bereit, mit Ihnen Ihr Wissen zu teilen.

Jewel Burks ist das Genie hinter Partpic, einer App, mit der Sie Bilder von Schrauben, Bolzen und anderem Zubehör machen und dann danach suchen und sie kaufen können. Jewel arbeitete ursprünglich als »Entrepreneur in residence« bei Google. Dort war es ihre Aufgabe, Geschäftsinhabern – insbesondere Schwarzen, Hispanoamerikanern und Frauen – dabei zu helfen, mithilfe von Google-Produkten ihre Start-ups auf Touren zu bringen. Aber sie vermisste ihre Heimatstadt Atlanta und zog schließlich dorthin zurück. Sie arbeitete in einem Unternehmen für den Ersatzteilevertrieb. Es traf sich, dass sie in derselben Zeit Ihrem Großvater dabei half, ein Ersatzteil für seinen Traktor zu finden. Dieser Aha-Moment inspirierte sie. Sie warb 1,5 Millionen US-Dollar ein, stellte ein kleines Team zusammen und gründete Partpic.

Wegen ihrer Erfahrungen mit einem größeren Unternehmen und ihrem eigenen Start-up wird Jewel häufig zu Konferenzvorträgen und Interviews mit Journalistinnen (und Buchautorinnen!) zu Themen der Diversität eingeladen. Während die digitale Welt möglicherweise enorme Chancen für diejenigen bereithält, die historisch vom Erfolg ausgeschlossen waren (wie Frauen oder Nichtweiße), ist Diversität bislang noch immer die Achillesferse des Kapitals, das für die Technologie erforderlich ist. Deswegen betont Jewel so leidenschaftlich die Rolle, die Mentorinnen in ihrem Leben gespielt haben, und wie andere Frauen dies in ihrem Leben nutzen können. Es ist wichtig, dass Sie Menschen in Ihrem Leben haben, die daran glauben, dass Sie Ihre Träume wahr machen können. »Mentoren haben in meinem Leben und meinem beruflichen Werdegang eine riesige Rolle gespielt«, erzählte mir Jewel. »Ich begann in jungen Jahren. Ich begann zusammen mit meiner Mutter.« Die Versicherungsagentur ihrer Mutter feiert in diesem Jahr ihr 20-jähriges Jubiläum. »Ich weiß noch, wie ich als kleines Mädchen sah, wie sie anfing, wie sie sich hineinkniete, um alles fit zu kriegen, und wie sie für ihre Kunden da war, an den Wochenenden arbeitete und dafür viel opferte. Das war meine erste Berührung mit der Idee des Unternehmertums.«

Nach diesem frühen Beispiel überrascht es nicht, dass Jewel den Wert betont, erfahrene Frauen an der Seite zu haben. Während ihres Besuchs der Howard University begegnete Jewel Marie Johns, einer Kuratorin von Howard. Die ehemalige stellvertretende Administratorin der »US Small Business Administration« nahm Jewel unter ihre Fittiche und machte sie mit Washington D. C. vertraut. Stacy Brown-Philpot, die neue CEO von TaskRabbit, war mitbeteiligt, dass Jewel zu Google kam, als sie selbst noch für den Technologieriesen arbeitete. »In diversen Stadien meines Lebens kam ich mit unglaublichen Frauen und auch mit Männern in Berührung, aber ich denke, ich lernte eine Reihe sehr starker Frauen kenne, die mir zeigten, dass Erfolg möglich ist, und mir die Idee vermittelten, dass ich so gut wie alles schaffen konnte, was ich wollte. «

Weil Jewel über so viel Erfahrung in diesem Bereich verfügt, habe ich sie gefragt, was sie tun würde, wenn sie mit einer besonders erfolgreichen Person in Kontakt treten wollte. Hier sind ihre Tipps:

1. **Machen Sie Ihre Hausaufgaben.** Wenn Sie über einen Artikel stolpern, den eine Person geschrieben, oder eine Rede, die sie gehalten hat, und wenn das, was sie zu sagen hat, Sie inspiriert, dann sollten Sie die Extrameile gehen und sich mehr von ihrer Arbeit anschauen. Hat diese Person Bücher geschrieben, die Sie lesen können, oder einen TED-Talk gehalten, den Sie sich auf YouTube anschauen können?

2. **Machen Sie den nächsten Schritt.** Jewel sagt: »Wenn ich sehe, dass diese Person auf einer Konferenz spricht, besuche ich die

Konferenz. Ich gehe zu ihrem Vortrag und setze mich in die erste Reihe, damit sie sieht, dass ich daran interessiert bin, sie kennenzulernen. Ich stelle mich anschließend vor und bitte um ihre Kontaktdaten.« Bedenken Sie: Das sind Menschen, die sich als öffentliche Persönlichkeiten präsentieren. Sie erwarten, dass man sich ihnen auf diese Weise nähert.

3. **Lassen Sie von sich hören.** Zögern Sie nicht, eine E-Mail zu senden und um eine Begegnung zu bitten.

4. **Aber »nehmen« Sie nicht nur.** Bringen Sie auch Ihrerseits etwas mit. »Versuchen Sie, daraus einen für beide Seiten vorteilhaften Austausch zu machen. Also nicht: ›Lassen Sie mich an Ihren Gedanken teilhaben‹, sondern: ›Hier ist ein Artikel, der Sie interessieren könnte, weil er mit Ihrer Branche zu tun hat, und ich möchte ihn Ihnen gern vorstellen.‹« Oder bieten Sie Ihre Hilfe an, wo immer Sie können. Wenn die Person sieht, dass Sie echte Hilfsbereitschaft zeigen, ist sie auch bereit, Sie an ihren Gedanken teilhaben zu lassen.

5. **Bereiten Sie sich vor.** Gehen Sie in die Begegnung mit einer potenziellen Mentorin mit einer konkreten Frage oder einem konkreten Problem. Seit Jewel jetzt selbst solche Anfragen bekommt, weiß sie noch besser, was Begegnungen dieser Art produktiv macht. »Es gefällt mir, wenn jemand kommt und sagt: ›Ich würde es toll finden, wenn Sie etwas Zeit für mich erübrigen könnten, und das sind die Fragen, über die ich gern mit Ihnen sprechen möchte.‹ Das zeigt mir, dass er darüber nachgedacht hat und es ernst meint. Sie werfen nicht einfach nur ihr Netz aus und hoffen, etwas zu fangen.«

Peergroup

Es kann viel bringen, im Leben eine Person zu haben, zu der Sie aufschauen, die Sie bewundern und der Sie nacheifern können. Aber das ist nicht die einzige Möglichkeit, wie Sie sich ein Unterstützungssystem aufbauen können. Als Jaclyn Johnson, die unglaubliche Kraft hinter der Online-Community »Create & Cultivate«, die sich insbesondere an Millennials-Frauen richtet, ihr Unternehmen startete, machte sie sich klar, dass Menschen, die auch nur ein bisschen älter waren als sie, mit ihren Themen kaum etwas anfangen könnten. »Aber ich hatte einige überaus erfolgreiche Freundinnen wie Steph Korey und Jen Rubio von Away. Wir alle begannen ungefähr zur selben Zeit und wir konnten zusammenkommen. Wir sagten einander: ›Das mache ich, und was machst du? Wen beschäftigst du? Kennst du diese Person?‹ Das ist eine echte Hilfe. Ich muss jetzt, in dieser Sekunde, wissen, was ich tun muss. Ich brauche diese jüngeren Kontakte. Mir scheint, wir jüngeren Unternehmerinnen sitzen alle im selben Boot. Wir brauchen das jetzt sofort.«

Dieser Community-Ansatz gab den Anstoß zu Jaclyns »Create & Cultivate«, wo junge Unternehmerinnen sich über das Gelernte austauschen, neue Fähigkeiten erwerben und sich mit gleichgesinnten Frauen vernetzen können. Jaclyns Erfahrung, wie wertvoll die Menschen um uns herum sein können, ist für sie die wichtigste Motivation für ihr eigenes Unternehmen.

Ran an die Hanteln

Als ich dieses Kapitel schrieb, war ich fasziniert, wie viele Daten und Studien es dazu gibt, wie wichtig die Menschen sind, mit denen wir in engerem Kontakt stehen. Dieses Thema scheint in Sachen Forschung mehr zu bieten als alle andere. So sehr ich anfangs überrascht war, so einleuchtend schien mir das, nachdem ich darüber nachgedacht hatte. Um auf mein früheres Beispiel (die Investorensuche für LEAF) zurückzukommen: Unser Erfolg war am Ende die unmittelbare Folge davon, dass wir mit anderen Leuten in Kontakt kamen. Und folglich fällt der Übungsteil dieses Kapitels auch besonders umfangreich aus.

Es ist nur zu verständlich, wenn Sie sich bei dieser Übung anfangs ein bisschen ... nun ja ... unwohl fühlen. Ich werde Sie nicht bitten, eine »Wer bleibt und wer geht«-Liste zu erstellen. Und dennoch. Worum ich Sie bitten werde, ist, sich ernsthaft Gedanken über Ihre Tage zu machen und darüber, mit wem Sie Ihre Zeit verbringen. Gehen Sie in Gedanken eine Beispielwoche durch. Manche Menschen tauchen vielleicht regelmäßig auf, ohne viel Einfluss auf Sie zu haben (wie die Bedienung im Café nebenan), während andere nur unregelmäßig erscheinen, aber eine sehr große Wirkung haben (wie die Yoga-Lehrerin, die Sie nur einmal in der Woche sehen und die Ihnen jedes Mal eine Riesendosis Ruhe verpasst). Berücksichtigen Sie auch die Menschen, die Sie vielleicht nicht persönlich sehen, mit denen Sie aber in regelmäßigem Kontakt stehen, wie beispielsweise Ihre Mutter, die Sie jede Woche anrufen. Überlegen Sie, ob jemand aufgrund einer Reise oder einer anderen Unterbrechung im üblichen Ablauf fehlt.

- Erstellen Sie eine Liste aller Personen, mit denen Sie im Verlauf einer Woche in Kontakt kommen.
- Notieren Sie neben jedem Namen, wie sich die Präsenz dieser Person für Sie anfühlt: Freuen Sie sich über sie, erzeugt sie in Ihnen Unruhe oder empfinden Sie diese Person als Konkurrentin?
- Notieren Sie anschließend zu jeder Person einen Wert, den Sie mit ihr teilen. Es macht nichts, wenn einige der beobachteten Werte nicht besonders tiefschürfend sind. Wenn die Frau neben Ihnen im Großraumbüro einen ähnlichen Humor wie Sie hat und im Übrigen eine angenehme Zeitgenossin ist, ist das okay. Bei der Kinderfreundin, mit der Sie Ferien im Camp verbracht

haben und seither immer in Kontakt geblieben sind, wäre eine längere und detailliertere Liste zu erwarten – mit Einträgen wie Anhänglichkeit, Abenteuerlust und Ehrlichkeit.

Eine Warnung: Wenn Sie spüren, dass Sie gegenüber einer Person, der Sie nahestehen, aufgrund einer bestimmten Situation – einem nicht ausgetragenen Streit, einer unausgesprochenen Enttäuschung – negative Gefühle hegen, sollten Sie überlegen, ob ein ehrliches Gespräch hier nicht vielleicht Abhilfe schaffen könnte. Bei dieser Übung geht es nicht darum, alle negativen Gefühle auszumerzen, sondern sich klarzumachen, wie Ihre Gefühle gegenüber wichtigen Personen in Ihrem Leben die meiste Zeit über aussehen.

Ich möchte jetzt, dass Sie sich vorstellen, Sie hätten gerade eine gute Nachricht erhalten. Eine *richtig* gute Nachricht. Vielleicht wurden Sie befördert, haben sich verlobt oder einen Buchvertrag unterschrieben. Sie sind total aufgeregt! Wem erzählen Sie die Nachricht zuerst, und warum? Rufen Sie Ihren Vater an, weil Sie wissen, dass er wie ein Schneekönig durch die Leitung strahlt? Rufen Sie eine Freundin an, die jauchzt, als wäre sie selbst die Glückliche? Sagen Sie es Ihrem Freund, der den Champagner holt, noch bevor Sie den Satz beendet haben?

Notieren Sie die Namen derer, denen Sie die Nachricht unbedingt sofort überbringen müssen.

Überlegen Sie jetzt, wem Sie die Nachricht nur mit Bauchgrummeln erzählen. Gibt es Personen, die regelmäßig eifersüchtig reagieren und denen gegenüber Sie Ihren Überschwang lieber etwas dämpfen?

Wem wollen Sie die gute Nachricht lieber gar nicht erst erzählen?

Wissenschaftler illustrieren mithilfe von sogenannten Venn-Diagrammen, wie zwei Mengen überlappen. Ziehen Sie einen Kreis um die Menschen, die Sie regelmäßig sehen, und einen anderen Kreis um die Menschen, die sich über Ihr Glück uneingeschränkt freuen. Die Schnittmenge ist »Ihr Team«. Und das sollte Ihr Ziel sein: Die Menschen, denen Sie im Leben am häufigsten begegnen, sollten zugleich diejenigen sein, von denen Sie die meiste Unterstützung erhalten. Wenn das nicht der Fall ist, haben Sie eine Aufgabe. Vielleicht stellen Sie fest, dass die Menschen, denen Sie am häufigsten begegnen – und die permanent Ihre Gefühle und Ihr Verhalten beeinflussen –, nicht gerade die sind, die Ihnen Kraft geben und ein Wohlgefühl vermitteln.

Wenn Sie noch nie eine Mentorin hatten, wissen Sie vielleicht auch nicht, wonach Sie suchen sollen. Überlegen Sie zuerst, was Sie gern wüssten. Wie man ein Team leitet? Wie man Geldgeber findet? Wie man eine Gehaltserhöhung aushandelt? Erstellen Sie eine Liste von Fähigkeiten und Qualitäten, die Sie gern von einer Mentorin lernen würden. Behalten Sie diese Liste stets im Kopf. Sie wird Ihnen helfen, potenzielle Mentorinnen ausfindig zu machen.

9. Kapitel – Ihr persönlicher POP-Plan

Auch wenn ich Sie über weite Strecken des Buches ermuntert habe, Ihre To-do-Liste zu halbieren und zu vierteln, heißt das nicht, dass ich nicht wüsste, wie befriedigend eine Liste sein kann. Es fühlt sich verdammt gut an, Dinge von einer Liste streichen zu können – das ist wie ein Strike beim Bowling. Psychologen beobachten seit Langem, dass das Anlegen von To-do-Listen auf den menschlichen Geist beruhigend wirkt. Es baut Ängste ab, schafft Strukturen und macht sichtbar, was wir schon geschafft haben. Entscheidend ist wie gesagt, dass wir vernünftige und ausgewogene Schätzungen zugrunde legen, was wir in einem Tag, in einem Monat und in einem Jahr schaffen können und darum sinnvollerweise versuchen sollten.

Ein ebenso faszinierendes Element unserer Beziehung zu Listen ist der sogenannte »Zejgarnik-Effekt«. Der von der russischen Psychologin Bljuma Zejgarnik entwickelte Effekt beschreibt unsere Tendenz, uns auf das zu fokussieren, was wir noch tun müssen, und das auszublenden, was wir bereits getan haben. Sie stützt sich dabei auf die Beobachtung von Kellnern und Kellnerinnen. Sie konnten sich nur an Bestellungen erinnern, die sie noch nicht ausgeführt hatten. Nachdem sie den Gästen die bestellten Mahlzeiten serviert hatten, konnten sie sich nicht mehr erinnern, wer was bestellt hatte. Weil diese Information nicht länger benötigt wurde, tilgte das Gehirn sie.

Die Negativseite dieser wichtigen Hirnfunktion ist, dass wir leicht vergessen, uns unsere eigenen Leistungen positiv anzurechnen. Eine Liste (oder ein Tagebuch), die darlegt, wie wir unsere Zeit nutzen, ist wichtig, um im Vorfeld einer Tätigkeit die nötige Struktur zu schaffen, aber es hilft uns auch zurückzublicken. Der Blick auf das, was wir geschafft haben, erzeugt in uns ein Erfolgsgefühl (wenn wir umsetzen konnten, was wir uns vorgenommen haben) und dient uns als Warnung (bei Dingen, die offenbar unsere Kräfte überstiegen). Ein Blick zurück auf die Liste ist ein Akt der Achtsamkeit, der uns hilft, auf Kurs zu bleiben. Das hat selbst dann Wert, wenn wir bestimmte Dinge nicht abhaken können. Wenn etwas immer wieder auf der Liste erscheint, ohne dass wir es erledigen konnten, dann erzählt uns das etwas. Entweder müssen wie die Aufgabe in Mikroziele unterteilen und uns mit der Sprint-Methode durch sie hindurcharbeiten, oder aber wir müssen uns Hilfe holen beziehungsweise die Aufgabe ganz delegieren.

Um Ihnen zu einer Struktur und einem Erfolgsgefühl zu verhelfen, während Sie die Übungen in diesem Buch durchgehen, habe ich die ultimative POP-System-Checkliste entworfen. Erledigte Übungen können Sie hier abhaken. Vielleicht möchten Sie sich einzelne Übungen später noch einmal anschauen. Dabei entdecken Sie vielleicht – und ich hoffe das sehr! –, dass sich Ihre ursprünglichen Antworten und Gedanken verändert haben. Gestatten Sie sich, Ihre Ansichten mit der Zeit zu ändern. Gehen Sie zurück und nehmen Sie Änderungen vor. Vor allem aber: Klopfen Sie sich selbst auf die Schulter, dass Sie sich diese Arbeit machen. Selbstreflexion und die Etablierung neuer Gewohnheiten und Verhaltensmuster sind harte Arbeit, und Sie sollten sich das hoch anrechnen.

Wir haben ein unglaubliches Pensum an Informationen in diesem Buch besprochen und es gibt für Sie viel zu verdauen. Ich möchte Sie deshalb auf die folgenden Kurzzusammenfassungen der einzelnen Kapitel aufmerksam machen. Schauen Sie sich diese Kurzversionen und auch die zugehörigen Übungen an. Wenn Sie sie noch nicht gemacht haben, ist jetzt ein guter Zeitpunkt, es nachzuholen. Sie werden sie alle benötigen, um mit dem Entwurf Ihres 30-Tage-POP-Plans zu beginnen.

Und hier geht es los. Atmen Sie tief durch ...

1. Kapitel – POP (Persönlichkeit, Ort, Produktivität)

Im 1. Kapitel haben Sie sich mit der Idee vertraut gemacht, Ihre endlose To-do-Liste beiseitezulegen, um stattdessen eine schlanke und einfache Prioritätenliste zu erstellen, deren erster Eintrag Sie selbst sind.

Dieser neue Ansatz des »Ich zuerst« ist alles andere als selbstsüchtig. Er hilft Ihnen vielmehr, Ehrlichkeit sich selbst gegenüber zu praktizieren und zuverlässigen Mut zu entwickeln, anstatt sich von den veränderlichen Winden der kulturellen Erwartungen hin- und hertreiben zu lassen.

Ich habe Ihnen die POP-Methode vorgestellt und gezeigt, wie Sie das umsetzen können. POP steht für *Persönlichkeit, Ort* und *Produktivität*. Wir haben uns angeschaut, was die einzelnen Konzepte bedeuten und wie sie zusammenwirken (Persönlichkeit + Ort = Produktivität), auf dass Sie Ihre begrenzte Lebensenergie auf die Dinge fokussieren können, die es wirklich wert sind.

Zuerst müssen wir uns selbst und unsere Persönlichkeit verstehen, und deshalb bestand unser erster Schritt im Erstellen unseres *POP-Persönlichkeitsprofils*, das betont, wie wichtig es ist, dass wir erfahren, wer wir wirklich sind. Manchmal fördern wir dabei Dinge zutage, die uns nicht gefallen, und deswegen erfordert es Mut und brutale Ehrlichkeit, die Wahrheiten zu Papier zu bringen, die uns am meisten definieren.

Das sind keine einfachen Dinge, aber sobald wir die Blaupause dessen entdeckt haben, wer wir wirklich sind, können wir beginnen, Entscheidungen zu treffen, die diese Blaupause unterstützen, anstatt sie zu sabotieren.

Wir Frauen fokussieren uns seit jeher darauf, uns selbst zu beweisen, indem wir in der uns zur Verfügung stehenden Zeit ein *Maximum* an Dingen zu erledigen versuchen. Wir wünschen uns ein tadellos aufgeräumtes und sauberes Heim, gesunde und leckere Mahlzeiten, leitende Positionen im Beruf, artige Kinder, ein reiches spirituelles Leben, eine Biografie voller ehrenamtlichem Engagement und noch dazu Zeit, um auszuspannen und uns zu erholen. Wir betrachten uns als Versagerinnen und als nicht gut genug. Anstatt Zeit für uns selbst zu nutzen, uns selbst kennenzulernen und uns zu lieben, wie wir sind, definieren wir unseren Wert als die Fähigkeit, Einträge von To-do-Listen abzuarbeiten. Wir nehmen uns zu viel vor, melden uns allzu oft freiwillig für Tätigkeiten, die uns niemand dankt, und messen uns an Erwartungen, die wir unmöglich erfüllen können. Und wenn wir dann scheitern (weil wir uns von Anfang an selbst das Leben schwer gemacht haben), prügeln wir uns dafür, dass wir nicht gut genug sind. Wir sind Hamster in einem

Rad und »leisten« viel, aber wir kommen damit an keinen Ort, der uns wirklich etwas bedeutet.

In diesem Abschnitt haben wir außerdem »Produktivität« neu definiert – zum Zeichen einer veränderten Vorstellung davon, was es heißt, etwas zu »schaffen«, und um Ihre Erwartungen neu auszurichten, wie Ihre Tage aussehen und sich anfühlen sollten. Produktivität handelt nicht länger davon, in der kürzesten Zeit möglichst viel zu tun. Produktivität heißt vielmehr, alles außer Ihren zentralen Lebenszielen wegzulassen und dann nur Dinge zu tun, die Sie diesen Zielen näher bringen.

Ran an die Hanteln

- Fragebogen zu Ihrer Persönlichkeit
- Zusammenfassung Ihrer Persönlichkeit
- Straßensperren, Hindernisse und offene Straßen
- Perfekter Tag, realer Tag

2. Kapitel – Das einzige Okay, das Sie brauchen, ist Ihr eigenes

Im 2. Kapitel haben wir darüber gesprochen, wie wichtig es ist, das eigene Leben zu beobachten. Das ist die entscheidende Denkweisenveränderung, auf die sich Tausende von Selbstoptimierungsartikeln herunterbrechen lassen: Wenn Sie Ihr Leben verändern wollen, müssen Sie in Ihrem Leben gegenwärtig bleiben. *Sie müssen die innere Kritikerin zum Schweigen bringen*, dürfen nicht länger auf den externen Druck der Gesellschaft reagieren oder den Abstumpfungstechniken (ob gedankenloses Essen und Trinken, Instagram oder was auch immer, womit Sie sich aus der Realität stehlen) nachgehen. Das ist der erste Schritt, um Ihre innere und äußere Welt in die eigenen Hände zu nehmen und im Augenblick gegenwärtig statt frustriert, enttäuscht und verzettelt zu sein.

Jahrhundertelang war es für uns Frauen nahezu unmöglich, Entscheidungen zu treffen, die sich an unseren wahren Zielen orientieren statt an Zielen, die uns aufgezwungen wurden. Man hat uns kontrolliert, bewertet und untersucht, mit der Folge, dass wir so gearbeitet und uns verhalten haben, wie es anderen und nicht uns selbst gefiel. Das ist der Grund, warum wir ständig versuchen, so viel zu tun; solange wir nicht alle um uns herum glücklich machten, haben wir das Gefühl, nicht zu genügen. Wenn wir uns die Kontrolle über unser Leben, unser Glück und unsere Produktivität zurückholen, brauchen wir nicht länger darauf zu reagieren, wie andere uns wahrnehmen.

In diesem Kapitel haben wir außerdem darüber gesprochen, wie wir uns freimachen von der Meinung anderer bezüglich der Art und Weise, wie wir uns verhalten, und den Gründen, warum wir das tun. Es fällt schwer, die Gewohnheit, ständig nach Zustimmung zu gieren, in dieser Gesellschaft der Sofortbelohnung zu durchbrechen, aber dieser Schritt ist wichtig, wenn wir Frauen aus der Rolle der Beobachteten in die Rolle der Beobachterin wechseln wollen.

Ran an die Hanteln

- Benennen Sie eine Situation, in der Angst oder die Sorge, beurteilt zu werden, Ihr Handeln bestimmt hat.
- Und benennen Sie eine Situation, in der Sie ohne die Sorge, beurteilt zu werden, gehandelt haben.
- An wessen Urteil denken Sie am häufigsten?
- Erinnern Sie sich an einen Fall, als Sie vor einer Gruppe von Menschen auftreten mussten und Sorge hatten wegen Ihres Erscheinungsbildes und darüber, was die Leute von Ihnen denken würden.
- Nennen Sie Ihre drei stärksten Eigenschaften.
- Nennen Sie Ihre drei bezeichnendsten Eigenschaften.
- Besinnen Sie sich vor einem schwierigen Augenblick auf diese Eigenschaften.

3. Kapitel – Sie und Ihre kluge Sprache

Im 3. Kapitel haben wir ein Fragezeichen hinter die verbreitete Vorstellung gesetzt, ein Ja würde uns in jedem Fall voranbringen, während ein Nein für Stillstand stehen würde. Wir haben untersucht, wie der Mut, den es erfordert, um Nein zu sagen, Sie den Dingen näher bringt, die Sie *wirklich* wollen, anstatt den Dingen, von denen andere wollen, dass Sie sie wollen.

In diesem Kapitel haben wir uns außerdem auf die Wörter fokussiert, die häufig verwendet werden, um uns Frauen zu definieren und uns klein und unglücklich zu halten. Wir haben untersucht, wie die Sprache, die wir verwenden, unseren Wert herabsetzt kann. Frauen haben insbesondere die Tendenz, sich ständig zu entschuldigen, selbst wenn es nichts zu entschuldigen gibt. Der permanente Entschuldigungsmodus untergräbt unsere Botschaft und projiziert ein Bild, dem zufolge wir keine Macht über unser eigenes Handeln und unsere eigenen Reaktionen haben (ein Bild, das häufig verinnerlicht wird und eine negative Feedbackschleife erzeugt). Die Entschuldigungseinstellung muss weichen, bevor nachhaltige Veränderungen Wurzeln schlagen können.

Wir Frauen sagen ständig Ja, wenn wir eigentlich Nein sagen wollen (und sollten). Warum? Weil wir uns genötigt fühlen, höflich zu sein, und weil Aufrichtigkeit und Ehrlichkeit gegenüber Höflichkeit stets den Kürzeren zu ziehen scheinen. Begreifen Sie das Leben nicht als Popularitätswettbewerb, wenn Sie glücklich sein wollen. Ich hasse dieses Höflichkeitsdiktat, und ich möchte, dass die Frauen erkennen, welchen Schaden sie davon haben. Wir sollten versuchen, freundlich zu sein, aber nicht höflich. Ja zu sagen, ist jedoch so viel einfacher (und verschafft uns scheinbar mehr Freunde), als Nein zu sagen. In diesem Kapitel haben wir gelernt, auf gedankenloses Ja-Sagen, auf das Wörtchen *sollte* und die Entschuldigungseinstellung zu verzichten und stattdessen zu Dingen, die uns keinen Nutzen bringen, stolz Nein zu sagen.

Ran an die Hanteln

- Nennen Sie einige Ja-Szenarien.
- Zählen Sie einige Dinge auf, zu denen Sie gern ja sagen.
- Üben Sie, nein zu sagen.
- Zählen Sie, wie häufig Sie im Lauf eines Tages »Tut mir leid« oder »Entschuldigung« sagen.
- Was sind Ihre »Ich sollte«? Können Sie auf einige verzichten?

4. Kapitel – Wie das Internet uns Frauen in die Hände spielt

Im 4. Kapitel haben wir betont, in was für einer wunderbaren Zeit wir leben: Es fühlt sich wirklich so an, als wenn der Online-Fortschritt ein unglaubliches Geschenk für uns Frauen ist – sofern wir ihn zu nutzen wissen. Das Internet kann unser bester Freund und unser ärgster Feind sein. Mütter können heute von zu Hause aus arbeiten. Wir können unsere Arbeitszeiten selbst bestimmen. Wir können eine Nebentätigkeit beginnen, indem wir unsere Energie in ein Hobby stecken, aus dem sich ein Unternehmen entwickeln kann. Aber mehr und mehr nutzen wir dieses mächtige Instrument, um unser Leben mit dem von anderen zu vergleichen und uns zu ärgern, dass unser Leben nicht nur eitel Sonnenschein ist. Andererseits aber haben wir auch von vielen erfolgreichen Frauen erfahren, denen es gelungen ist, eine Online-Präsenz einzurichten und daraus ein florierendes Geschäft zu machen – Chancen, die sie früher nicht gehabt hätten.

Zuletzt haben wir alle Möglichkeiten analysiert, wie das Internet uns einerseits wirklich helfen kann und uns andererseits behindern kann, wenn wir es nicht richtig nutzen.

Ran an die Hanteln

- Nennen Sie drei Möglichkeiten, wie Sie mit dem Internet Ihr Leben effizienter gestalten können.

- Nennen Sie drei Fälle, in denen die sozialen Medien Ihnen negative Gefühle vermittelt haben.

- Was *glauben* Sie, wie viel Zeit Sie täglich in sozialen Netzwerken verbringen?

- Nennen Sie drei Möglichkeiten, wie Sie Ihre Online-Zeit so organisieren können, dass sie Sie unterstützt und nicht beeinträchtigt.

5. Kapitel – Fokussieren Sie sich auf drei Dinge

Im 5. Kapitel haben wir darüber gesprochen, wie wichtig es ist, einen Lebensplan zu entwerfen, indem Sie sich *drei große Ziele* setzen, auf die Sie hinarbeiten können, um Erfüllung zu finden und wirklich produktiv zu sein. Wie Sie zu diesen drei Zielen kommen, ist ebenso wichtig wie die Ziele selbst. Durch den Prozess des Definierens Ihrer drei Lebensbereiche – in Übereinstimmung mit Ihrem neu gefundenen POP – sind Sie jetzt in der Lage, Mittelmäßigkeit gegen Glück einzutauschen. Wenn Sie sich klar auf diese drei Bereiche fokussieren, können Sie Ihre Entscheidungen zur Nutzung Ihrer Zeit und Ihrer Energie besser treffen. Hier beginnt eine Reise der Selbstentdeckung, die Sie zu den drei wichtigsten Aspekten Ihres Lebens führt, wo Sie nicht nur produktiv sein, sondern überdies Glück für sich selbst (und die Menschen um Sie herum) produzieren werden.

Ran an die Hanteln

- Zählen Sie Ihre Ziele auf.
- Grenzen Sie Ihre Ziele auf die großen Drei in den Bereichen Karrierewachstum, persönliches Wachstum und Beziehungswachstum ein.
- Stimmen Sie Ihr persönliches Leitbild auf diese Ziele ab.

6. Kapitel – Erledigen Sie nicht alles selbst

Sobald Sie sich für Ihre großen drei Ziele entschieden haben, sollten Sie auf alle Aktivitäten und Handlungen verzichten, die nicht Teil davon sind und Sie lediglich aufhalten.

Im 6. Kapitel haben wir einen genaueren Blick darauf geworfen, wie Sie Ihre Zeit verwenden und mit welchen Aktivitäten Sie sich beschäftigten. Sie müssen sich harte Fragen dazu stellen, wie Sie (wenn überhaupt) mit jeder einzelnen Tätigkeit Aufwand und Energie in Ihre drei Ziele investieren. Diese Analyse dient dazu, dass Sie anhalten, in sich gehen und sich der Wahrheit stellen, wie Ihr Leben aussieht und warum es so aussieht.

Wenn wir weniger Zeit auf profane Aufgaben verwenden, haben wir mehr Freiheit, auf unsere großen Ziele hinzuwirken, und werden häufiger tiefe Augenblicke des Glücks erleben. Mit dieser Freiheit und diesen Augenblicken können wir Frauen große Schritte machen – sowohl was unserer *berufliches* als auch was unser *persönliches Glück* betrifft.

Ran an die Hanteln

- Siebentägiges Zeitnutzungsprotokoll: Protokollieren Sie eine Woche lang Stunde für Stunde, wie Sie Ihre Zeit nutzen. Berücksichtigen Sie dabei, wie Sie sich fühlen und ob Sie Ihre Zeit im Sinne eines Ihrer großen drei Ziele nutzen.
- Welche Aufgaben fordern Sie am meisten heraus?
- Welche Aufgaben beabsichtigen Sie zu delegieren? Machen Sie eine Notiz, wie Sie diese Einträge von Ihrer Liste bekommen wollen.

7. Kapitel – Wie Sie Ihre Zeit besser nutzen

Nachdem Sie nun wissen, wie Sie Zeit sparen können, indem Sie vieles von dem, was Ihnen keinen Nutzen bringt, eliminieren oder outsourcen, handelt das 7. Kapitel davon, wie Sie die Zeit maximieren, die Sie auf Dinge verwenden, die Sie Ihren großen Drei näher bringen. Mit anderen Worten: Wie erreichen Sie tatsächlich Ihre Ziele? Ich habe hier das Konzept der *Mikroziele* eingeführt, die die Makroziele in Form der großen Drei ergänzen. In diesem Kapitel wird gezeigt, wie Sie Ihren Tag mit Energie anreichern können, um motiviert und inspiriert zu bleiben. Zusätzlich habe ich das Konzept der Produktivitätssprints eingeführt – ein Intervalltraining für das Gehirn. Mithilfe dieser Sprints können Sie Ihren Output in 10- bis 15-minütigen Sprintsitzungen verzehnfachen und so Ihr Ziel erreichen und dennoch Zeit für Dinge übrighaben, die Sie glücklich machen.

Ran an die Hanteln

- Erstellen Sie eine Liste jener drei Tätigkeiten, auf die Sie sich am meisten freuen. Das sind Ihre »Flow«-Aktivitäten.

- Erstellen Sie eine Liste jener drei Tätigkeiten, vor denen Sie sich am liebsten drücken würden. Das sind Ihre »Sprint«-Aktivitäten.

- Erstellen Sie eine Liste mit drei bis fünf außerberuflichen Aktivitäten, die Sie Ihrem Wochenplan hinzufügen wollen und die Ihre Lebensbalance verbessern (beispielsweise Sex, ein Spaziergang, Lesen, ein Bad, Brunch mit Freundinnen).

- Schaffen Sie den idealen Zeitplan, der an jedem Tag einen Aspekt jedes Ihrer drei Ziele umfasst.

8. Kapitel – Ihre POP-Truppe

Das 8. Kapitel war ebenfalls ein wichtiges Kapitel, in dem es um ein potenziell heikles Thema ging. Quer durch das Buch habe ich die unüberlegten Entscheidungen, die wir treffen, solange unser einziges Ziel darin besteht, so viel wie möglich zu tun, kritisch untersucht. In diesem Kapitel haben wir dasselbe in Bezug auf den Einfluss gemacht, den andere Menschen auf unser Leben haben, indem wir jede *Beziehung geprüft* und sie entweder aufpoliert oder verworfen haben. Es gibt Menschen, die Ihnen Kraft rauben, und andere, die Ihnen Kraft schenken. Manche Menschen nehmen und andere geben. Um das produktivste Ökosystem um sich herum zu haben, müssen Sie die Menschen, mit denen Sie die meiste Zeit verbringen, analysieren und kritisch bewerten – dahin gehend, ob sie eine konstruktive oder eine destruktive Kraft sind. Beziehungen, die nicht produktiv sind, müssen aufgelöst oder wenigstens auf Sparflamme gesetzt werden, während Beziehungen, die Ihnen helfen, erfolgreich zu sein, in den Vordergrund gehören.

Ran an die Hanteln

- Erstellen Sie eine Liste mit den Menschen, mit denen Sie täglich Zeit verbringen.
- Machen Sie sich klar, wie Sie sich in ihrer Gegenwart fühlen.
- Notieren Sie die Werte, die Sie mit jedem von ihnen teilen.
- Wem teilen Sie gute Neuigkeiten mit?
- Wem teilen Sie gute Neuigkeiten nicht mit?
- Was möchten Sie von einer Mentorin lernen?

Puh!

Nachdem Sie jetzt all das getan haben, ist es an der Zeit, dass Sie mit Ihrer Erfolgsgeschichte beginnen. Und die gute Nachricht ist, dass die Formel einfach ist. Sie haben bereits den härtesten Teil hinter sich gebracht. Um Ihren 30-tägigen POP-Plan zu entwickeln, werden wir einfach Woche für Woche darlegen, wie Sie Ihre Zeit verwenden, und dabei achtgeben, dass alle Ihre Ziele Berücksichtigung finden.

Beginnen wir mit Woche 1:

Notieren Sie auf einem großen Wandkalender, in einem digitalen Kalender oder in einem Tagebuch Ihren siebentägigen Zeitplan von Montag bis Sonntag. Berücksichtigen Sie alles vom morgendlichen Aufwachen über Ihre sämtlichen Besprechungen und Begegnungen während des Tages bis zum Tagesausklang und dem Zubettgehen. Verwenden Sie fünf verschiedenfarbige Marker oder Schrifttypen für Aktivitäten, die einem Ihrer großen drei Ziele zuzuordnen sind, für eine Kategorie »Verschiedenes« und für Dinge, die Sie als Zeitverschwendung empfinden. Wenn Sie potenziell schwierige Termine in Ihrer Woche haben, sollten Sie vorher jeweils fünf Minuten reservieren, um innerlich zur Ruhe zu kommen, sich auf ihre Stärken zu besinnen und so bewusst Ihren Erfolg zu kanalisieren.

Notieren Sie am Ende jedes Tages, wie Sie sich den Tag über gefühlt haben – was Ihnen Kraft gab und was Ihnen Kraft raubte.

Planen Sie am Sonntag (oder Ihrem siebten Tag) 45 Minuten für die Durchsicht Ihrer Notizen ein. Notieren Sie, welche Aktivitäten Ihnen am meisten geholfen haben, Ihren großen Drei näher zu kommen, und welche Sie zurückgeworfen haben. Nutzen Sie diese Erkenntnisse, um die neue Woche ab dem folgenden Tag zu planen.

Verfahren Sie in derselben Weise für den ganzen Monat.

Am Ende des ersten Monats werden Sie feststellen, dass Sie mit der Protokollierung und Analyse Ihrer Schritte hinsichtlich dessen, ob sie Sie Ihren großen Drei näher bringen, und den Konsequenzen, die Sie daraus ziehen, eine echte Eigenbewegung in Gang gesetzt haben.

Wenn Sie diese Methode weitere zwei Monate durchhalten, sollten Sie zu dem Punkt kommen, an dem Sie vollkommen mit sich im Einklang sind und einer so rigorosen Planung schon nicht mehr bedürfen. Nach Ablauf von drei Monaten sollten Sie bei der Wahl Ihrer Schritte Ihrer Intuition und Ihren bis dahin eingespielten Gewohnheiten vertrauen können. Dorthin wollen Sie kommen. Jetzt bewegen Sie sich in einem frei fließenden Zustand, hören auf sich selbst und wissen wahrhaftig, wo Sie sind und wo Sie sein müssen.

Nachdem Sie schließlich diesen Autopilotzustand erreicht haben, bleibt es weiterhin wichtig, dass Sie regelmäßig in sich gehen und sich Zeit nehmen – beispielsweise 45 Minuten –, um sicherzustellen, dass Sie Ihre großen Drei immer noch frisch im Kopf haben und dass diese immer noch die Ziele widerspiegeln, die Sie am sehnlichsten erreichen wollen. Es könnte außerdem hilfreich sein, monatlich oder immer dann, wenn Sie das Gefühl haben, »vom Kurs abzukommen«, zur Auffrischung noch einmal dieses Kapitel aufzuschlagen.

10. Kapitel – Wie Sie ein Burn-out vermeiden

Frankreich, August 2011

A ls unser Flieger zum Landeanflug ansetzte, ging ich hastig noch einmal alles durch, was ich vorbereitet hatte, um es während meiner zehntägigen Ferien in Frankreich – meiner ersten echten Ferien seit zwei Jahren – in den sozialen Medien zu posten. Damals arbeitete ich noch immer am Mode-Start-up, »Pick the Brain« lief auf vollen Touren und entwickelte die Kraft eines Flächenbrands, und Geri und ich waren mitten in unserer Investorensuche für LEAF. Es war keine gute Zeit, um sich aus dem Staub zu machen, aber andererseits hatte ich das nun schon zwei Jahre lang gesagt. Ich hatte allen, die es wissen mussten, eine E-Mail geschickt. Ich hatte stolz meinen E-Mail-Autoresponder eingerichtet, um jeden, der was von mir wollte, wissen zu lassen, dass ich mich *im Urlaub* befand. Punkt.

Warum, hatte sich Louis laut – und scheinbar irritiert – gewundert, als wir unsere Sachen packten, nahm ich überhaupt meinen Laptop mit, wenn ich doch gar nicht vorhatte zu arbeiten?

»Ich muss auf dem Flug noch ein paar letzte Dinge zu Ende bringen, und dann bin ich durch damit. Versprochen!«, versuchte ich ihn zu beruhigen.

Er reagierte lediglich mit einem sehr wissenden Blick.

Jetzt im Taxi, das uns vom Flughafen zur Pariser Wohnung seiner Eltern brachte, nahm ich die Stadt begeistert in mich auf und wartete darauf, dass die Ferienstimmung vollständig von mir Besitz ergriff. Als ich mich umblickte, fiel mir auf, dass viele – vielleicht 90 Prozent – der Geschäfte und Restaurants, an denen wir vorbeikamen, geschlossen waren.

»Es ist August«, erinnerte mich Louis. »*Alles ist zu*. Es sind Sommer-ferien.« Ich wusste natürlich, dass die Franzosen (und ganz generell die Europäer) ihre Ferien sehr ernst nehmen, aber ich hatte vergessen, dass sie sie *so* wörtlich nehmen. Ich war etwas geknickt wegen der geschlos-senen Geschäfte, aber dann fiel mir ein, dass ich selbst ja auch im Ur-laub war – kein Kalender, nichts zu tun, nur *Entspannung*.

Nach einem kurzen Stopp in der Wohnung, in der wir duschten und die Kleider wechselten, sprangen wir ins Auto und brachen geradewegs zum Landhaus der Familie in der Normandie auf, wo Louis' Eltern, Schwestern, Cousins und Cousinen uns erwarteten. Die Reise der letz-ten 24 Stunden mit all den Zügen, Flugzeugen und Autos fühlte sich ein bisschen wie eine Achterbahnfahrt an, aber ich dachte, dass ich mich auf dem Land schon erholen würde. Die nächsten Tage waren sehr lus-tig, aber nicht gerade das, was ich als »ruhig machen« bezeichnen wür-de – mit sieben wilden Kindern unter zwölf, die ständig um uns herum-rannten und um die Aufmerksamkeit ihres »oncle Louis« wetteiferten, mit Gesprächen, die in Anbetracht meines eingerosteten Französischs meine 100-prozentige Aufmerksamkeit erforderten, und mit meinem brutalen Jetlag. Ich war guter Dinge, aber in Wahrheit ziemlich er-schöpft. Meine einzige Rettung war, dass meine abendliche Schlaflosig-keit mir die Gelegenheit bot, meine E-Mails zu lesen – und einige davon zu beantworten. Schließlich war ich ja ohnehin wach, während Louis zufrieden neben mir schnarchte. Da war das doch nur natürlich, *non*?

Was ich bei meinen Vorbereitungen nicht bedacht hatte, war der Umfang an Echtzeit-Kommentaren und Anfragen aus meinen verschie-denen sozialen Netzwerken zu »Pick the Brain«. Zu jedem Artikel, den ich auf Facebook im Voraus eingestellt hatte, gab es Dutzende Kom-mentare und Direktnachrichten. Ich postete dreimal täglich, und drei Tage Abwesenheit hatten genügt, dass ein großer Berg unbeantwor-teter Fragen aufgelaufen war. Ihre Beantwortung nahm wenig Zeit in Anspruch, aber mein Publikum legte auf diesen unmittelbaren Draht zu mir großen Wert. Ich nahm mir deshalb vor, von jetzt an täglich in mein E-Mail-Fach zu schauen, nur um auf alles antworten zu können, was zeitkritisch war.

Als wir am vierten Tag im Auto Richtung Cap Ferret im Südwesten Frankreichs aufbrachen, fühlte ich mich zum ersten Mal in Ferienstimmung. Neun Stunden später erreichten wir das wunderschöne Strandanwesen von Louis' Familienfreunden. Ich war etwas müder, als ich gehofft hatte, aber *jetzt* würden die Ferien offiziell beginnen.

Wir entledigten uns unserer Kleidung, zogen unsere Badesachen an und begaben uns für ein erstes Bad an den Strand. Es war perfekt. Als wir duschten und uns für das Abend-Diner und die Drinks ankleideten, dachte ich, das wäre eine gute Gelegenheit, um nur mal eben *zu schauen*.

Fehler. Großer Fehler.

Nicht nur hatte ich eine E-Mail von einer meiner Softwareentwicklerinnen, die mich über einen unmittelbar bevorstehenden Algorithmuswechsel bei Google informierte, der »Pick the Brain« völlig aus der Bahn werfen könnte und ein *sofortiges* Strategiegespräch erforderlich machte. Ich hatte auch eine E-Mail von einer meiner Start-up-Mitarbeiterinnen, die gehört hatte, dass eine meiner wichtigsten Mitarbeiterinnen auf dem Sprung war, uns zu verlassen. Mich überfiel die Panik, aber ich konnte angesichts der Zeitdifferenz während der nächsten Stunden niemanden erreichen. Ich schickte also an beide je eine E-Mail, um sie zu bitten, sich zu melden, sobald sie in ihren jeweiligen Büros waren, damit wir reden könnten. Ich ging hinunter zum Diner ... *mit meinem Handy.*

Während sich also alle beim Pool von der Sonne beschienen ließen und fantastischen Käse und Brot zu kühlem Rosé genossen, entschuldigte ich mich alle 20 Minuten höflich, um die »Waschräume« aufzusuchen (sprich mein Telefon zu checken). Bis zum Ende des Abends waren erstens sicherlich alle überzeugt, dass ich eine akute Blasenentzündung haben musste, während ich zweitens zwar mit beiden Seiten kommuniziert hatte, ohne dass jedoch eine Lösung in Sicht war.

Als ich an diesem Abend ins Bett kroch, fragte mich Louis, was los sei. Ich erzählte ihm alles, und er zeigte große Anteilnahme, denn er wusste, wie wichtig mir beides war, aber er wunderte sich dennoch.

»Aber hast du denn niemanden, der sich darum während deiner Abwesenheit kümmern kann?? Schließlich bis du doch *im Urlaub*.«

Mir war nicht nach meinem üblichen »Bébé, du weißt doch, das Internet schläft nicht« zumute, das er schon tausendmal gehört hatte, und so versicherte ich ihm, dass bis zum Morgen alles geregelt sein würde, und versuchte zu schlafen. Natürlich konnte ich zwischen meinem nicht endenden Jetlag und meiner wachsenden Sorge nicht schlafen, und so startete ich mehrere Chats mit Mitarbeitern in beiden Büros, um vielleicht eine Lösung für diese eskalierenden Probleme zu finden.

Am folgenden Morgen erwartete mich, erschöpft wie ich war, eine neue Situation. Geri und ich steckten mitten in der Investorensuche, und sie war einer Investorin vorgestellt worden, die wunderbar zu uns passen würde. Das einzige Problem war: Wir mussten unsere Präsentation überarbeiten, und zwar für ein Treffen, das am Tag meiner Rückkehr stattfinden sollte. Das waren aufregende Neuigkeiten. Und schreckliche zugleich. Ich musste irgendwie die Zeit dafür finden.

Die nächsten Tage verbrachte ich überwiegend damit, die 200 Stufen vom Strand (wo es kein Internet gab) zum Haus (wo es sporadisch Internet gab) rauf und runter zu rennen. Jedes Mal, wenn ich wieder auftauchte, machte die Gruppe cooler Freunde und Familienangehöriger, mit denen wir unsere Tage verbrachten, eine schockierte Bemerkung dazu, wie viel ich im Urlaub arbeitete. Sie konnten es nicht begreifen – sie dachten, ich sei völlig ausgetillt. Nicht nur einmal hörte ich Louis auf Französisch erklären: »Wisst ihr, in Amerika ist das anders ... und das Internet schläft nie ...« Ich betete, dass ich nicht so idiotisch klang, wenn ich ihm dasselbe auf Englisch sagte.

Am siebten Tag tat ich schon gar nicht mehr so, als müsste ich mal die Waschräume aufsuchen. Nach einer Stunde am Strand (während mein Büro noch geschlossen hatte) ging ich einfach noch oben, um zu arbeiten. Und während ich zwischen den E-Mails auf Antworten wartete, reagierte ich auch auf Kommentare in den sozialen Medien, schaute von Zeit zu Zeit nach, wie sich meine Bilder auf Instagram machten, und arbeitete an der modifizierten Präsentation. Ich befand mich in einem äußerst hübschen Büro, aber ein Büro war es dennoch. Ich erinnere mich noch an einen Moment, als ich bei einer Austernfarm, zu der wir alle gewatet waren, um uns mit frischen Austern einzudecken, mein Handy in die Höhe hielt. Ein Glück, dass meine französischen Gastgeber mein Verhalten nicht despektierlich, sondern lediglich lustig fanden – sie stießen einander an und zeigten auf mich wie auf ein seltsames entlaufenes Zirkustier, wann immer ich versuchte, ein Signal einzufangen. Wenn Sie noch dazu berücksichtigen, dass ich kaum die Zeit gefunden hatte, meine superblasse Haut zu bräunen, dann war ich willkommenes

Opfer des Gespötts für diese braun gebrannten und ausgeruhten mediterranen Götter und Göttinnen.

Dann erreichten die Dinge ihren Höhepunkt. Es war mir, wie es schien, gelungen, mit meiner geschätzten Kollegin, die sich mit dem Gedanken trug, uns zu verlassen, zu einer Übereinkunft zu kommen. Geri und ich hatten einen Plan für die Präsentation, und das einzige noch ausstehende Problem war der bevorstehende Wechsel des Google-Algorithmus. Das war eine große Sache – solche Veränderungen hatte es schon vorher gegeben, und ich hatte andere, zehnmal größere Websites als die unsere quasi über Nacht kollabieren sehen. Ich war bislang verschont geblieben, aber wer wusste schon, was für verrückte Dinge sich möglicherweise diesmal ändern würden. (Das war zugleich der Augenblick, in dem ich beschloss, meine Strategie bei »Pick the Brain« zu ändern und mich weniger abhängig von den Besuchern zu machen, die die Suchmaschinen uns zuführten – das nur nebenbei.) Meine freiberufliche Softwareentwicklerin wollte eine Skype-Konferenz abhalten, um über die notwendigen Änderungen zu sprechen, nachdem sich der Austausch über E-Mail als schwierig herausgestellt hatte. Wegen der Zeitdifferenz bot sich als einzige Möglichkeit der späte Vormittag an, was mit einer geplanten Bootstour über die Bucht mit Picknick auf den wunderschönen Sanddünen kollidierte.

Ich versprach Louis, dass ich bis um 12 Uhr fertig wäre und dann ganz ihm gehören würde.

»Für die nächsten 48 Stunden?«, fragte er und puffte mich in die Rippen.

Ich antwortete nicht darauf, sondern sagte, dass ich zur Abfahrt am Kai sein würde.

Natürlich gab es Probleme mit dem Einloggen auf Skype und die Verbindung war so langsam, dass wir ständig unterbrochen wurden. Als wir schließlich unsere Ergebnisse zusammengefasst und einen Plan formuliert hatten, bei dem wir beide ein gutes Gefühl hatten, war es zehn Minuten nach zwölf. Ich klappte meinen Computer zu, griff nach meiner Tasche und rannte los.

Drei Minuten später, als ich immer noch den Abhang hinunterlief, konnte ich sehen, wie das Boot losgemacht wurde. Ich ruderte mit den Armen und rief der Reihe nach ihre Namen.

»Attend! Attend! J'arrive!«, schrie ich.

Aber als ich schließlich am Anleger war, verschwand das Schiff bereits in der Ferne. Ich war zu spät. Ich sank auf die Planken, ließ meine Beine ins Wasser hängen und versuchte hektisch, Louis' Handy zu erreichen. Aber natürlich hatte er es nicht mitgenommen. *Warum auch?* Er war ja im Urlaub!

Den Kopf in die Hände gestützt, heulte ich los. Ich schämte mich, dass ich alle hatte warten lassen. Dabei versuchten sie doch nur, mir die Zeit so angenehm wie möglich zu gestalten. Nicht nur hatte ich mich verspätet – sie mussten denken, dass ich gar nicht versucht hatte, rechtzeitig zu kommen. Dieser Gedanke versetzte mir einen Stoß in den Magen. Noch dazu konnte ich mir vorstellen, wie sich Louis fühlen musste.

Als ich schluchzend zum Haus zurückging, wurde mir erst so richtig bewusst, wie erschöpft ich war. Müder als zu der Zeit, als wir von LAX gestartet waren. Wie das möglich war, wusste ich nicht. Es war, als hätte irgendein Roboter die Kontrolle über mich übernommen, und ich wusste nicht, wie ich ihn stoppen konnte. Alles erschien mir wie ein unmittelbares Problem, das gelöst werden musste. Und ganz offensichtlich dachte ich, nur ich könnte alle diese Dinge lösen.

Als ich so am Pool saß und versuchte, meine Sorgen mit einem Glas perfekten französischen Weins hinunterzuspülen, kam Louis' Patentante (in deren Haus wir logierten) zu mir herunter. Sie war eine unglaubliche deutsch-französische Schönheit, die geschäftlich äußerst erfolgreich gewesen war und dennoch die Gelassenheit selbst ausstrahlte. Es war, als schwebte sie. Als sie sich neben mir niederließ, entschuldigte ich mich für mein Verhalten während der vergangenen Tage. Sie erwiderte aufs Freundlichste, dass es nichts zu entschuldigen gäbe. »Keine Sorge, Chérie, das macht mir überhaupt nichts aus. Es ist dein Problem und nicht meines.«

Als ich ihr dankte, begann ich, ihre Äußerung zu analysieren. Was war mein Problem?? Und so fragte ich sie.

»Du hast vergessen, wie man sich erholt. Wie man sich wirklich erholt. In Wahrheit kämpfst du dagegen an. Du greifst nach jeder Ausrede, die dir einfällt, um dich abzulenken und nicht mit dir allein zu sein und zu entspannen. Und wozu? Erfolg ist schließlich zu nichts gut, solange du ihn nicht genießen kannst.«

Ich starrte sie mit aufgerissenen Augen an und sog alles ein, was sie sagte.

»Aber du brauchst dir deswegen nicht mehr lange Sorgen zu machen, denn wenn du in diesem Tempo weitermachst, wirst du nicht besonders erfolgreich sein. Du wirst ausgebrannt sein, lange bevor du den Ort, an den du dich wünschst, erreicht hast ...«

Und damit stand sie auf und griff im Gehen nach dem Kühleimer.

»Noch etwas Wein?« Ihre Frage hing in der Luft. Und ohne auf eine Antwort zu warten, war sie entschwunden.

POP-Wahrheit

Sie sollten die Reise genießen.

Erfolg um jeden Preis?

Investieren Sie in Ihr eigenes Wohlergehen.

Die Moral von der Geschichte scheint auf der Hand zu liegen. Das Beängstigende jedoch ist, wie weit ich damals von dem entfernt war, was in diesem Augenblick tatsächlich vor sich ging. Das Hamsterrad wirkt äußerst hypnotisierend. Was ich aus dieser Erfahrung vor allem gelernt habe, ist: Je mehr ich Dinge nur tue, um sie von meinem Zettel zu streichen, um das Gefühl zu haben, dass ich beschäftigt bin, um mich wichtig und gebraucht zu fühlen, desto weiter entferne ich mich von mir selbst. Je mehr Ablenkungen ich an mich heranlasse, nur um nicht mit mir allein zu sein, desto weiter entferne ich mich von dem, was ich wirklich will und was mir Kraft gibt, anstatt mir Kraft zu rauben.

Auf Dauer ist das kein nachhaltiges Modell – ein mentaler und vermutlich auch ein körperliches Burn-out sind uns dann sicher. Aber selbst wenn es uns gelänge, in dieser Weise fortzufahren, wohin würde das führen? Nirgendwohin. Jedenfalls nicht dahin, wohin wir uns wünschen. Wir haben arbeiten hart, um an diesen Ort in unserem Leben zu gelangen, und es wäre beschämend, wenn wir, anstatt unser optimales

Tempo zu finden, nur wie Besessene durch diesen spannendsten Teil unseres Lebens hetzen und uns verzetteln würden, bevor wir unser Ziel wirklich erreicht hätten.

In der geschilderten Episode steht außer Frage, dass 80 Prozent dessen, was ich erledigen musste, genauso gut andere hätten erledigen können, dass weitere 10 Prozent in dieser Zeit überhaupt nicht hätten erledigt werden müssen und dass die verbleibenden 10 Prozent (die Überarbeitung der Präsentation zusammen mit Geri) anders hätten gelöst werden können. Überdies hätte ich – privat und beruflich – sehr viel effektiver sein können, wenn ich ausgeruht und voll frisch getankter Energie aus dem Urlaub zurückgekehrt wäre – und nicht ebenso müde, wie ich in die Ferien gestartet war.

Als die Kreativchefin Linda Honan von Australien nach New York ging, war sie voller Energie und Enthusiasmus für die Abenteuer, von denen sie sicher war, dass sie vor ihr lagen. Und tatsächlich zahlten sich Ihre Arbeit und Ihre Leidenschaft, mit der sie ihre Karriere betrieb, aus. Ein Jahrzehnt ununterbrochener Arbeit führte zu einer Beförderung nach der anderen. »Es war ein aufregendes und spannendes, aber zugleich körperlich strapaziöses Leben, weil ich die Kerze von beiden Enden abbrannte. Mein Fuß stand zehn Jahre lang auf dem Gaspedal.«

So befriedigend diese Zeit auch war, stellte Linda gegen Ende doch fest, dass ihre einst grenzenlose Energie und Leidenschaft zu erschlaffen begannen. »Mein Schritt war nicht mehr so elastisch, wie ich das von früher kannte, und ich fragte mich, ob ich wirklich die Dinge tat, die ich am besten konnte.« Teil des Problems war, dass sie so oft befördert worden war, dass sie nicht mehr so dicht dran war an den Projekten, die sie beaufsichtigte. Die kreative Arbeit, die sie immer so gemocht hatte, schien jetzt weit weg. Und je höher sie die Postenleiter in der Agentur kletterte, desto abstrakter wurde ihre Arbeit. Was sie tat, berührte sie nicht mehr so. Würde ein neuer Job in einem anderen Unternehmen sie vielleicht neu beleben? Oder wäre es nur immer noch mehr vom selben? Sie fühlte sich verloren.

> »Mein Schritt war nicht mehr so elastisch, wie ich das von früher kannte, und ich fragte mich, ob ich wirklich die Dinge tat, die ich am besten konnte.«

»Mir war, als hätte ich meinen Glanz verloren, und ich wusste nicht, wie ich ihn zurückgewinnen konnte. Das machte mir Angst. Ich weiß noch, wie ich mit einer wunderbaren Freundin, einer sehr starken Unternehmerin, zu Abend aß und sie zu mir sagte: ›Mir scheint, du versuchst, den Affen zu spielen; du lässt den einen Ast nicht los und hältst dich mit eisernem Griff daran fest, bis du einen neuen Plan hast. Aber du bist so müde, dass du die Frage, was als Nächstes kommen soll, möglicherweise gar nicht beantworten kannst. Warum also lässt du dich nicht einfach fallen? Wie wäre es, wenn du, auch ohne dass du einen Plan hast, einfach entscheiden würdest, etwas anderes zu machen – ohne zu wissen, was es ist?‹ Und ich erwiderte an diesem Abend: ›Das geht nicht, das könnte ich nicht. Was sollte ich den Leuten sagen? Ich bin schließlich die, die immer einen Plan hat.‹ So ging ich also nach Hause und legte mich schlafen. Am nächsten Morgen wachte ich auf, schlug die Augen auf und sagte: ›Ja, genauso werde ich es machen.‹«

Und das tat sie. Sie vermietete ihr Apartment, scherte sich nicht darum, was andere dachten, und flog eine Freundin in Südamerika besuchen. Sie reiste durch Brasilien, besuchte den Amazonas und kletterte in den Anden. Auch wenn Linda immer viel gereist war, war dies das erste Mal, dass sie wirklich von der Arbeit abschaltete – von den Millionen E-Mails und von der Notwendigkeit, immer in Rufweite eines Projekts zu sein. Diese sechs Monate, in denen sie nichts anderes tat, als zu reisen, verschafften ihr die Zäsur, die sie brauchte, um sich darüber klar zu werden, was sie wirklich wollte. Während sie durch die Anden wanderte, ging sie ihre New Yorker Erfahrungen durch und überlegte, was ihr Kraft gegeben hatte und was ihr Kraft geraubt hatte. Dabei wurde ihr bewusst, dass sie am liebsten mit anderen schöpferisch tätigen Menschen zusammenarbeitete. »Unternehmerinnen, so schien mir, waren mein Kryptonit und ich fand es toll, ihnen nah zu sein und ihre Visionen zu erblicken.«

Am Ende dieser Zeit kam aus London ein total verlockendes Jobangebot. »Aber meine Intuition sagte mir: Du kannst in diese Welt nicht zurückkehren.« Und diese neue Art, das Tempo zu drosseln und auf die eigene Intuition zu hören, hat ihre Herangehensweise an die Arbeit verändert. Heute lebt Linda in L. A. und arbeitet nur noch für Projekte, zu denen sie sich persönlich hingezogen fühlt, mit Menschen, von denen sie etwas lernen zu können glaubt und deren Werte sie bewundert oder mit denen sie sich identifizieren kann. Sie arbeitet bevorzugt mit Unternehmerinnen. Ihre Arbeitsmoral ist ungebrochen, aber heute lässt sie sich von echter Begeisterung für die Arbeit, die sie macht, anfeuern.

Nachdem Sie jetzt ein System haben, wie Sie Ihre Ziele erreichen und gleichzeitig die Balance in Ihrem Leben wahren können, müssen Sie aufpassen, dass Sie nicht in die Burn-out-Spur zurückfallen.

Erschöpfung oder Burn-out?

Was genau ist eigentlich ein Burn-out? Ist es einfach nur Müdigkeit? Nicht ganz. Viele Dinge machen uns müde, ohne dass wir »ausbrennen«. Ein Tag voller Arbeit, ein Lauf durch den Park und anschließend Zeit mit Freundinnen lassen Sie vielleicht völlig erschöpft ins Bett sinken, jedoch ohne das Gefühl der völligen Leere, wie es typisch ist für das Burn-out. Wenn es wirklich nur Müdigkeit ist, die Sie träge macht, dann gehen Sie ein oder zwei Abende früher zu Bett, und alles ist wieder im Lot. Nicht so beim Burn-out. Die American Psychiatric Association definiert Burn-out anhand von drei Faktoren:

Emotionale Erschöpfung. Im Falle eines Burn-outs fühlen Sie sich ununterbrochen müde und schlapp, auch wenn Sie gerade nicht arbeiten. Die Müdigkeit wird zum chronischen Zustand.

Verlust des Selbstgefühls. Ein Burn-out haben sie, wenn Sie negative Gedanken zu sich und anderen herumtragen, wenn Sie häufiger Kritik äußern und es Ihnen schwerer fällt, Empathie zu zeigen.

Gefühl des Scheiterns. Sie zweifeln an sich selbst und ihren Fähigkeiten und fühlen sich nicht gebührend wertgeschätzt.

Mit anderen Worten: Burn-out ist ein mentaler und emotionaler und nicht nur ein körperlicher Zustand. Die American Psychological Association weist darauf hin, dass Burn-out zwar nicht dasselbe wie Depression ist, seine Existenz aber ein Anzeichen sein kann, dass Sie sich auf dem Weg in die Depression befinden. Sie dürfen ihn also keinesfalls auf die leichte Schulter nehmen. Viele Frauen nehmen ein Burn-out als selbstverständliche Begleiterscheinung der Tatsache hin, dass sie viel beschäftigte und fähige Personen sind, während er in Wirklichkeit ihre Fähigkeit einschränkt, auf hohem Niveau zu funktionieren. Wir Frauen sind besonders anfällig für ein Burn-out, sehen wir uns doch der ständigen Erwartung ausgesetzt, nicht nur Tag für Tag im Beruf »unseren Mann zu stehen«, sondern anschließend nach Hause zu gehen und uns um die häuslichen Arbeiten und das Glück aller Beteiligten zu kümmern.

Es ist wichtig, dass wir diese Gedanken zum Burn-out nicht nur auf unser Verhalten am Arbeitsplatz, sondern auch auf unser häusliches Leben anwenden. Ihr Zuhause ist ein Ort, an dem Sie Glück und Ruhe finden – ein Ort, an dem Sie sich erneuern. Es ist kein Ort, der von Ihnen erwartet, dass Sie, kaum betreten Sie ihn, sich die nächste To-do-Liste schnappen. Natürlich gibt es dort diverse Dinge zu tun, aber ebenso gibt es viele Dinge, die nicht getan werden müssen – schon gar nicht von Ihnen. Ich verstehe, dass die meisten Frauen in jeder Weise perfekt sein wollen (und sich andernfalls schlecht fühlen), aber niemand honoriert wirklich all diesen häuslichen Überstundenfleiß. Wie bei allen Dingen gilt auch hier das Gesetz des abnehmenden Ertrags. Sie müssen den Punkt erkennen, jenseits dessen sich Ihr Einsatz nicht mehr auszahlt, damit Sie nicht von Ihrem Zuhause ins Burn-out getrieben werden. Um diesen schlimmen Burn-out-Typ zu vermeiden, müssen Sie anfangen, Ihr Zuhause als einen geschützten Bereich zu betrachten und nicht als einen Ort, an dem es viel zu tun gibt. Denn andernfalls tauschen Sie die wirklich guten Dinge – Ruhe, Heiterkeit, Liebe, Fokus und Beziehungen – gegen Dinge ein, die letztlich entbehrlich sind. Um auf meine französischen Ferien zurückzukommen: Hierauf lässt sich das wunderbar anwenden. Sie brauchen nicht alles zu machen. Geben Sie Kontrolle ab und erlauben Sie denen, die Ihnen nahestehen, dass sie Ihnen unter die Arme greifen. Ermächtigen Sie sie dazu. Das wird Ihnen Kraft geben.

Im Wissen darum, dass die Welt es darauf angelegt hat, Sie in ein Burn-out zu treiben, müssen Sie Ihre Entscheidungen bewusst treffen, um ihm aus dem Weg zu gehen. Und das geht auch – vorausgesetzt, Sie berücksichtigen einige nicht verhandelbare Punkte.

Leben Sie nach Ihren Werten

Der schnellste Weg ins Burn-out ist, Zeit mit Dingen zu verbringen, an die Sie nicht glauben. Ihre Termine mögen noch so locker gesät sein – wenn darunter nur Aufgaben und Tätigkeiten sind, zu denen Sie keine Beziehung haben, fühlen Sie sich sehr schnell ausgelaugt. Umgekehrt können Sie viel aus sich herausholen, wenn Sie sich mit Dingen beschäftigen, die Sie als erfüllend empfinden. Dann haben Sie vermutlich kein Problem damit.

Sie müssen sich selbst kennen, um den Unterschied zwischen den zwei sehr unterschiedlichen Arten von Beschäftigtsein zu erkennen. Als ich darüber mit der Psychiaterin Dr. Anita Chakrabarti sprach, bestätigte sie, dass ihr dieses Phänomen aus ihrer Praxis sehr vertraut ist. Wenn Sie sich vom Leben ausgelaugt fühlen, besteht der erste Schritt in Richtung Besserung möglicherweise darin, dass Sie in den Spiegel schauen. »Nehmen Sie sich Zeit und überlegen Sie, welche Werte Ihnen wirklich wichtig sind und ob Ihr Handeln diese Werte wirklich widerspiegelt. Ich denke, viele Menschen zwischen 30 und 50 haben das Gefühl, sich in einem Hamsterrad zu bewegen, das nicht wirklich ihre Werte widerspiegelt.« Das ist eine Nachwirkung davon, dass wir es in den Jahren zwischen 20 und 30 versäumt haben, uns die nötige Zeit zu nehmen, um uns zu fragen, wer wir wirklich sind, und uns einen Plan zu machen (worüber wir bereits ausführlich gesprochen haben). Wir müssen uns die Zeit nehmen, um uns unsere Werte klarzumachen und uns zu fragen, ob wir unsere Zeit und unsere Kraft in einer Weise einsetzen, die uns diesen Werten näher bringt oder uns davon entfernt. »Wenn Ihr Verhalten nicht mit Ihren Werten harmoniert, werden Sie über kurz oder lang den Eindruck bekommen, dem allen nicht gewachsen zu sein. Wenn aber Ihr Verhalten mit Ihren Werten übereinstimmt, können Sie viel aushalten. Wenn Sie Dinge tun, hinter denen Sie nicht stehen, passiert es leicht, dass Sie sich überfordert fühlen.«

Meditieren Sie täglich

Zu wissen, wer Sie sind und was Ihnen wichtig ist, ist eine Gewohnheit wie jede andere auch. Wenn Sie nur häufig genug zuerst an die anderen denken, sich in sie hineinfühlen und für ihre Bedürfnisse empfänglich sind, werden Sie richtig gut darin. Okay, Sie machen das bereits. Wenn Sie im Gleichgewicht bleiben wollen, indem Sie sich Ihre eigenen Gedanken und Bedürfnisse bewusst machen, müssen Sie auch dafür etwas Zeit aufwenden. Mit ein wenig täglicher *Meditation* lernen Sie das, was Sie brauchen, um ein Gefühl für sich selbst zu entwickeln. Indem Sie ihren umtriebigen, arbeitsamen Kopf zur Ruhe bringen und fünf oder zehn Minuten bewusst ein- und ausatmen, lernen Sie sich selbst besser kennen. Es wird Ihnen schwerer fallen, jene Entscheidungen zu treffen, die zum Burn-out führen, solange Sie kontinuierlich mit sich selbst in Tuchfühlung bleiben.

Profitipp: Meine zwei Lieblings-Apps für Meditationsanfänger sind:

1 Giant Mind: Das ist meiner Ansicht nach der einfachste Weg, um einzutauchen. Es beginnt mit einem großartigen 12-tägigen Programm, das es Ihnen erleichtert, mit sich selbst allein zu sein, um Sie anschließend in das volle Erlebnis mit diversen Optionen mitzunehmen.

Headspace: Mit sehr viel mehr Schnickschnack wie Zeiterfassung und Social-Media-Optionen, um sich mit Freundinnen zusammenzutun, wartete diese App auf. Sie enthält neben allen klassischen Elementen des Meditierens noch viele weitere Features.

Und hier ist dann noch meine bevorzugte Atemübung, die ich nutze, bevor ich meditiere und bevor ich mich abends schlafen lege. 4-7-8-Atemtechnik von Dr. Andrew Weils hilft mir sehr, rasch runterzukommen, und sie ist supereinfach.

Setzen Sie sich bequem hin. Schließen Sie Ihre Augen. Legen Sie Ihre Zungenspitze gegen die Rückseite Ihrer oberen Frontzähne. Atmen Sie durch die Nase ein und zählen Sie dabei im Kopf bis vier. Halten Sie die Luft an und zählen Sie bis sieben. Atmen Sie anschließend mit etwas Kraft durch Ihren Mund aus, während Sie bis acht zählen. Wiederholen Sie diese Übung viermal.

So einfach diese Übung klingen mag – ich schwöre darauf. Sobald Sie sich daran gewöhnt haben, werden Sie die beruhigende Wirkung unmittelbar spüren. Für weitere Einzelheiten suchen Sie einfach auf YouTube nach »Andrew Weil 4-7-8-Atemtechnik«.

Setzen Sie Grenzen

Weiter vorn im Buch sprachen wir darüber, wie wichtig es ist, dem eigenen Wortschatz das Wörtchen »nein« hinzuzufügen, und mit wie viel Angst dieser Schritt verbunden sein kann. Diese Angst ist legitim. Was wird Ihre Chefin dazu sagen, wenn Sie nach halb neun Uhr abends grundsätzlich keine eintreffenden E-Mails mehr beantworten? Wie wird sich das auf Ihr nächstes Personalgespräch auswirken, wenn Sie Nein zu Meetings sagen, die Ihren Kalender wie einen Flickenteppich aussehen lassen? Und werden die übrigen Mütter Sie womöglich schief anschauen, wenn Sie sich nicht in der Schule Ihrer Kinder engagieren?

Zweifelsohne sind Grenzen, die Sie setzen, mit einem gewissen Risiko verbunden. Sie wissen nie, wie Ihre Umwelt auf neue Verhaltensweisen reagiert. Wenn Sie bislang immer zu allem Ja gesagt haben und plötzlich Ihre Marschrichtung ändern, missfällt das vielleicht der einen oder anderen Person in Ihrem Umfeld. Veränderungen können hart sein. Andererseits wissen wir auch, was passiert, wenn wir zu allem Ja sagen – Burn-out lässt grüßen! –, und Sie wollen das um jeden Preis vermeiden. Unterm Strich heißt das: Wenn Sie wollen, dass die Menschen Sie anders behandeln, müssen Sie sie erziehen – und zuallererst sich selbst.

Zuerst müssen Sie entscheiden, welche Grenzen für Sie am sinnvollsten sind. Denken Sie an die Anforderungen in Ihrem Leben, die Sie am meisten strapazieren. Geben Sie sich nicht genug Zeit neben der Arbeit, um sich zu erholen? Haben Sie sich vorschnell zu einer ehrenamtlichen

Tätigkeit bereit erklärt und es schon bald bereut? Ist Ihre Familie überzeugt, nur Sie verstünden es, den Geschirrspüler zu bedienen? Beginnen Sie mit einer dieser Sachen, und entwerfen Sie einen Plan, wie Sie sich ihrer entledigen wollen, indem Sie kommunizieren, dass Sie sich fortan nicht mehr darum kümmern werden. Damit will ich nicht sagen, dass Sie sich in Diva-Manier von einem Augenblick zum nächsten vor jeder Verantwortung drücken sollten. Sorgen Sie für einen geschmeidigen Übergang, indem Sie eine Alternative vorschlagen. Zuerst fühlt sich das vielleicht wie noch ein Eintrag auf Ihrer To-do-Liste an – und zwar desto mehr, je weniger Sie an einen Erfolg glauben. Geben Sie nicht zu schnell auf! Investieren Sie Zeit, um am Ende mehr Zeit für sich selbst zurückzuerobern.

Wenn Ihre berufliche Vorgesetzte die Angewohnheit hat, Sie den ganzen Abend über mit E-Mails zu traktieren, haben Sie möglicherweise den Eindruck, es bliebe Ihnen nichts anderes übrig, als umgehend zu antworten. In einem kompetitiven Umfeld, wo jeder ständig erreichbar ist, ist das eine ernst zu nehmende Stressquelle. Aber wenn es Ihrer Chefin um Produktivität geht, lohnt es sich vielleicht, mit ihr einmal darüber zu sprechen und ihr zu erklären, dass Sie Ihre Produktivität dadurch sichern möchten, dass Sie Ihre Auszeiten schützen. Es gibt Studien zuhauf, die diese Einstellung stützen, und viele Unternehmen (und Länder!) haben Regeln, die das Recht der Arbeitnehmer auf arbeitsfreie Stunden festschreiben.

Wenn es sich bei der Aufgabe, die Sie loswerden wollen, um eine häusliche handelt, können Sie einen ähnlichen Weg beschreiten. Geben Sie Ihrer Familie zu verstehen, dass die Aufgaben neu verteilt werden müssen. Erläutern Sie Ihre Gründe: Sie wollen zu Hause weniger gestresst und glücklicher sein und eine gleichmäßigere Verteilung der häuslichen Aufgaben würde da hilfreich sein. Bringen Sie ein paar Vorschläge mit. Ein Zehnjähriger kann lernen, sich jede Woche um ein oder zwei Waschmaschinenladungen zu kümmern. Eine Achtjährige kann den Müll zum Müllschlucker bringen und Ihr Partner kann sich morgens um das Frühstück kümmern. Verkünden Sie, dass Sie sie in der ersten Zeit noch an ihre Pflichten erinnern werden, dass es aber schön wäre, wenn es längerfristig auch ohne Aufforderung geht. Anschließend – und der Punkt ist wichtig – müssen Sie bereit sein hinzunehmen, dass diese Aufgaben anders gelöst werden, als Sie sie lösen würden. Besteht das Frühstück jetzt aus einer Schüssel Müsli, obwohl Sie zuletzt stets über Nacht Chia-Pudding vorbereitet haben? Vergessen Sie nicht: Die schnellste Art, Ihre ganzen Anstrengungen zunichtezumachen, ist, die Ergebnisse zu kritisieren.

Behalten Sie die Kontrolle über Ihre Zeit

Einer der Gründe, warum Menschen ein Burn-out erleiden, ist, dass sie ihrem Terminkalender erlauben, sie an der Leine zu führen. Der Kalender ist ihr Herr und Meister, und wenn es viel zu tun gibt, dann werden immer größere Teile dieses Kalenders dunkel. Noch mehr Meetings, noch mehr Abgabefristen, noch mehr Verpflichtungen. Eine Kalenderwoche, die keine Zeit für Geselligkeit, Sport und Familie lässt, ist ein Problem. Ein Zeitplan, der nicht einmal Zeit vorsieht, in der Sie in Ruhe Ihre Mahlzeiten zu sich nehmen können (Essen am Arbeitstisch zählt nicht), ist ein Problem. Von Zeit zu Zeit mag es einen außergewöhnlichen Termindruck geben, der dazu führt, dass bestimmte kraftspendende Aktivitäten wegfallen. Aber wenn das häufiger vorkommt oder gar zur Regel wird, wissen Sie, dass Sie auf dem besten Weg zum Burn-out sind. Halten Sie an Aktivitäten fest, von denen Sie wissen, dass sie aus Ihnen einen ganzen Menschen machen, und gleichen Sie Ihren Verpflichtungskalender damit aus.

Und was vielleicht noch wichtiger ist: Machen Sie sich klar, dass viele Menschen dazu neigen, ihre Kalender mit Dingen aufzufüllen, nur um keine Zeit zum Nachdenken zu haben und nicht mit sich allein sein zu müssen. Je umtriebiger Sie sind und je länger dieser Zustand andauert, desto weniger wissen Sie, wer Sie wirklich sind und wo Sie wirklich sein sollten. Dies zu begreifen, ist eine wichtige Voraussetzung für *echte* Effizienz.

> Je umtriebiger Sie sind und je länger dieser Zustand andauert, desto weniger wissen Sie, wer Sie wirklich sind und wo Sie wirklich sein sollten.

Lori Deschene, die Schöpferin der beliebten Gesundheits- und Wellness-Website »Tiny Buddha«, erzählte mir von ihrer eigenen Beziehung zu ihrem Kalender. Zu Beginn ihrer Karriere, solange sie als Freelancerin arbeitete, nahm sie jede Gelegenheit zum Schreiben an. Aus Erfahrung lernte sie, dass Frust über sich selbst ein sicheres Zeichen dafür ist, dass sie zu viele Aufträge angenommen hatte und mit dem Burn-out flirtete. »Ich erinnere mich an einen Moment, als ich all die unerledigten Dinge auf meiner To-do-Liste sah und dachte: Okay, ich habe heute zwölf Stunden gearbeitet – was hätte ich noch mehr tun können? Dann begriff ich, dass nicht ich das Problem war, sondern meine To-do-Liste. Ich tat nicht nur so viel, wie ich konnte, sondern mehr als das. Ich arbeitete buchstäblich jede wache Stunde – und fast immer auf Hochtouren. Das war der Moment, in dem ich begriff, dass Unzufriedenheit mit mir selbst ein Zeichen dafür war, dass ich versuchte, zu viel zu machen. Weil ich weiß, dass ich jemand bin, der gute Arbeit leistet. Ich gebe mich nicht mit halben Sachen zufrieden. Ich stürze mich mit Haut und Haaren hinein. Wenn ich dennoch nicht mit mir zufrieden war, dann hatte ich vermutlich einfach zu viel auf dem Zettel.«

Schlafen Sie ausreichend

Ich weiß, ich habe Ihnen gerade erst gesagt, dass Burn-out nicht mit Müdigkeit gleichzusetzen ist. Eine kontinuierliche Vernachlässigung der eigenen Grundbedürfnisse in Sachen Schlaf und gesunde Ernährung ist jedoch der beste Weg, um die eigenen Energievorräte zu plündern und schließlich ein Burn-out zu bekommen. Die radikalste Maßnahme, um in verantwortlicher Weise für sich selbst zu sorgen, ist, sich eine regelmäßige Zubettgehzeit zu setzen. Wenn zu viele Dinge auf Ihrer To-do-Liste stehen, scheint die einzige Chance, ihrer Herr zu werden, darin zu bestehen, länger aufzubleiben. Aber Schlafmangel steht weit oben auf der Liste der Gesundheits-, Kreativitäts- und Glückskiller. Sämtliche Teile unseres Seins – unser Körper, unser Geist und unsere Gefühle – brauchen die tiefgreifende Erneuerung, die sich im Schlaf vollzieht. Menschen, die häufig zu wenig Schlaf bekommen, wie beispielsweise

Schlafwandler, haben fast immer auch noch andere chronische Gesundheitsprobleme wie Bluthochdruck, Herzkrankheit, Angstneurosen und Depression, um nur einige zu nennen.

Laut Auskunft der National Sleep Foundation benötigen wir Nacht für Nacht sieben bis neun Stunden Schlaf. Aber 40 Prozent der US-Amerikaner schlafen pro Nacht nur sechs oder noch weniger Stunden.

Um auf die erforderliche Zahl von Stunden zu kommen, müssen Sie Schlaf zu einer Priorität machen. Hier ist ein Zitat von der »National Sleep Foundation«, das es auf den Punkt bringt: »Machen Sie Schlaf nicht zu etwas, für das Sie erst Zeit haben, nachdem Sie alles andere erledigt haben – unterbrechen Sie Ihre übrigen Tätigkeiten, um den Schlaf zu bekommen, den Sie brauchen.« Wenn Ihnen das schwerfällt, können sie sich auf Ihrem Handy einen Wecker stellen, um sich daran zu erinnern, dass es Zeit ist, den Tag zu beenden.

In früheren Kapiteln sprachen wir über die Bedeutung von Morgenritualen, aber auch das Ende des Tages profitiert von einem guten Ritual. Schalten Sie Ihre elektronischen Geräte aus, verbringen Sie etwas Zeit mit einem Buch, meditieren Sie, um Ihren Kopf frei zu bekommen, oder haben Sie Sex. Entscheiden Sie selbst, wie Ihr Tagesende aussehen soll. Es gibt viele Möglichkeiten, wie Sie sich vom Tag verabschieden und in den Schlaf finden können, und je regelmäßiger Sie sich an diese Rituale halten, desto schneller reagieren Körper und Geist darauf. Vergleichbar mit dem Muskelaufbau im Fitnessstudio können Sie auch Ihren »Schlafmuskel« durch regelmäßige Wiederholung trainieren, und Sie sollten ihm *mindestens* ebenso viel Aufmerksamkeit schenken, denn der Schlaf ist die tägliche Neugeburt, der tägliche Neustart Ihres Systems.

Wie alles andere, über das wir gesprochen haben, erfordert auch der Schlaf eine kleine Selbsteinschätzung. Über weite Strecken meines Lebens war ich eine schlechte Schläferin und das besserte sich erst, als ich den Schlaf zu einer echten Priorität machte, um zur Wurzel des Problems vorzustoßen. Diese Besserung verdanke ich größtenteils einer kritischen Analyse meiner bisherigen Schlafgewohnheiten. Darf ich vorstellen: Sleep Cycle.

Mit dieser App können sie die Qualität Ihres Schlafes analysieren, wie viel Schlaf Sie bekommen und ob Sie schnarchen oder mit Unterbrechungen schlafen – und die Informationen, die Sie bekommen, sind wirklich wertvoll. Sie können persönlich verfolgen, in welchen Nächten Sie gut geschlafen haben und was Sie anders gemacht haben als in den Nächten, in denen Sie weniger gut geschlafen haben. Der Wecker weckt Sie in Ihrer leichtesten Schlafphase behutsam auf, sodass der Übergang zum Bewusstheitsstadium weniger abrupt ist und Sie erfrischter aufwachen. Ich lege jedem, der auch nur die geringsten Schlafprobleme hat, wärmstens ans Herz, diese App auszuprobieren, denn sie hat mein Leben von Grund auf verändert.

Das Burn-out zu verstehen und es zu vermeiden, ist der letzte Schritt auf dem Weg zu einem Lebensplan für Sie selbst, der Erfolg, Glück und Erfüllung umfasst und Ihnen das Gefühl gibt, in Ihrem Leben wirklich produktiv zu sein. Indem Sie, nachdem Sie Ihren Prozess eingerichtet haben, auf Ihren körperlichen und emotionalen Zustand achten und in der Lage sind, kontinuierlich Ihre »Temperatur« zu messen, gewährleisten Sie, dass all die harte Arbeit, die Sie anfangs investiert haben, in Ihrer Zukunft und darüber hinaus Früchte trägt. Und bedenken Sie: Es wird immer noch etwas anderes geben, das Sie glauben erledigen zu müssen, aber wie häufig werden Sie Gelegenheit haben, an einem Strand im Süden Frankreichs herrlichen Rosé zu schlürfen? Genießen Sie jeden Augenblick, auf dass er ewig anhält.

Epilog: Und jetzt?

Im Lauf der letzten rund 60 000 Wörter habe ich viele Geschichten zum Besten gegeben, um die extreme Lern- (und Selbstreflexions-)Kurve zu verdeutlichen, die ich durchlief, um schließlich einige ziemlich fundamentale Wahrheiten darüber zu entdecken, wie ich mein Leben geführt, meine Beziehungen gepflegt und mein Geschäft betrieben habe. Es war ein langer, aber am Ende sehr erfüllender Weg, weil ich zwei entscheidende Dinge kennenlernte: die Macht der Chance, die wir als Frauen gegenwärtig haben, und die Notwendigkeit, eine personalisierte Definition von Produktivität zu entwickeln, wenn wir von dieser Chance Gebrauch machen wollen. Es ist wichtig, dass wir in uns selbst, unseren Beziehungen und unseren Karrieren, die wir nach unseren eigenen Bedingungen verfolgen, Balance, Erfüllung und Kraft finden.

Wenn Sie also gerade denken, dass Sie den Dreh raushaben, wird Ihnen ein angeschnittener Ball zugespielt – das ist die Schönheit des Lebens. Denn wenn immer alles perfekt wäre, würden wir uns nur zu Tode langweilen.

Zu Beginn des Buches habe ich Ihnen einen meiner Lieblingssätze geschenkt, das zu wiederholen sich hier lohnt:

»Wenn Sie Gott zum Lachen bringen wollen, erzählen Sie ihm einfach Ihre Pläne.«

Und während ich dabei bin, die erste Fassung meines Buches abzuschließen und Teile dieser langen, etappenreichen Reise noch einmal hervorzuheben, wird mir wieder einmal bewusst, wie treffend dieses Zitat ist.

Zwei Monate bevor die erste Entwurfsfassung dieses Buches fällig war, arbeiteten Geri und ich begeistert an unserer jüngsten Iteration von LEAF – einem Abo-Service namens »The Year of Wellness«, bei dem Mitglieder jeden Monat eine Box zu einem Themenschwerpunkt rund um eines der wesentlichen Wellness-Prinzipien (denken Sie an Detox, Ruhe, Glow usw.) erhalten sollten. Man hatte uns eine sechsmonatige Versuchszeit eingeräumt, um registrierwillige Kundinnen zu finden und zu begeistern. Schon kurz nach dem Start war der Hype riesig. »Self«, »In-Style«, »Forbes«, »WWD«, »mindbodygreen«, »Well + Good« und »LA Confidential« schrieben über uns, und ich könnte die Liste noch lange fortsetzen. Zwischen der großen Presse und unserer kleinen Testgruppe hatten Geri und ich zum ersten Mal seit langer Zeit wieder eine prickelnde Vorstellung davon, wohin sich LEAF entwickeln könnte. Übrigens passte das Wellness-Thema perfekt in unser Konzept. Nach sechs Jahren, in denen wir Tausende von Videos produziert, uns ein wunderbares Publikum aus Frauen zugelegt und viele unglaubliche Markenbeziehungen kultiviert hatten, waren wir fest davon überzeugt, dass wir hier das nächste große Dinge für LEAF zu fassen bekamen.

Es fühlte sich gut an.

Vor die Frage gestellt, wie wir dieses Testkonzept umsetzen könnten, arbeiteten wir fleißig an einem Plan. Wir zogen einige der besten Kreativen, Branchenexperten und Lifestyle-Influencer an Land, um Teil von »The Year of Wellness 2.0« zu werden. Die Begeisterung war rundherum groß.

Als wir das Programm unserem neuen Chef vorstellten, war seine Begeisterung verhalten. Er fragte, wie es möglich wäre, dass wir diesen neuen Unternehmenszweig starteten, während wir noch immer maßgeblich an der Produktion von Inhalten beteiligt waren. Nach vielen Hin-und-Her-Überlegungen stimmten Geri und ich zu, dass wir bei den Inhalten – die sechs Jahre lang unser täglich Brot gewesen waren – Abstriche machen mussten, um nach dem Gold greifen zu können, das wir in diesen Boxen vermuteten. Es war eine große Entscheidung voller Risiken und deshalb höchst beängstigend, aber uns einte die Vision, dass es nicht nur die richtige, sondern auch die einzig mögliche Entscheidung war. Unsere einzige Bedingung war, dass wir es auf die richtige Art und Weise – ohne Kostenkürzung – machen mussten, wenn es der Erfolg werden sollte, den wir für möglich hielten.

Nach diversen Meetings mit unserem neuen Chef, der für den gesamten E-Commerce-Bereich zuständig war, hatten wir den Eindruck, dass wir ein gutes Stück vorangekommen waren. Bis ...

Ich betrat mein Büro, wie ich es so ähnlich jeden Montagmorgen tat: leicht besorgt, was die Woche so bringen würde, aber begeistert über unsere neue Richtung und froh, wieder mein Team um mich zu haben.

Zehn Minuten später gesellte sich Geri zu mir und wir begannen, den Rest unseres Tages zu planen – wir befanden uns in den letzten Zügen unseres neuen Abenteuers und warteten nur noch auf das »Go« von höchster Stelle.

Dann geschah etwas Seltsames. In ein und demselben Augenblick erhielten wir beide vom Leiter der Personalabteilung und unserem Chef Einladungen zu Meetings – 15 Minuten versetzt. Und das Seltsamste war genau das: Geri und ich würden diese Meetings nicht gemeinsam bestreiten. *Wir waren niemals getrennt.* (Wir hingen sogar so sehr zusammen, dass man uns schon den Spitznamen Gerin gegeben hatte.)

»Was ist hier los?«, flüsterten wir einander ins Ohr. Theorien entspannen sich. Aber nichts, was uns einfiel, ergab Sinn.

Ich war zuerst an der Reihe. Ich machte mich auf den Weg in Richtung Konferenzraum, wo das Meeting stattfinden sollte.

Meine Beine fühlten sich an wie Beton.

Als ich die Glastür schwungvoll öffnete, warteten mein Chef und der Personaler bereits auf mich. Beide hielten Ordner in den Händen. Keiner erwiderte meinen Blick.

Keine sieben Minuten später öffnete ich ebenso schwungvoll dieselbe Glastür und verließ den Konferenzraum, während mir Sätze wie »Es ist eine Geschäftsentscheidung ...«, »Wir haben so viel Respekt ...«, »Was Sie da aufgebaut haben, ist unglaublich« durch den Kopf schwirrten.

Die Details tun nichts zur Sache. Worauf es ankam, war dies: Wir hatten klar kundgetan, was wir für erforderlich hielten, um die Sache auf die nächste Ebene zu heben. Sie waren nicht einverstanden. Wir waren zu keinen Kompromissen bereit, genauso wenig wie sie.

In weniger als sieben Minuten war alles, für das wir mehr als sechs Jahre lang gearbeitet hatten, mit einem Donnerschlag vorüber.

Zurück im Büro, feuerte ich schnell meinen Kurzbericht an Geri ab, bevor sie zu ihrem Meeting aufbrach. Sie starrte mich nur sprachlos an. Dann war sie auf und davon.

Als ich mich in Erwartung ihrer Rückkehr im Stuhl zurücklehnte, ließ ich mir das soeben Geschehene noch einmal durch den Kopf gehen. Ich war zutiefst geschockt. Dieser Fall war in meinen Plänen nicht vorgekommen.

Es war nicht gut. Es war nicht schlecht. Es war ... *nichts*.

Als Geri zurückkam und lediglich dieselbe Nachricht mitbrachte, ließ auch sie sich in ihren Stuhl fallen.

Wir schauten uns an, und nach einer langen Pause lachten wir schallend los. Und nachdem wir einmal angefangen hatten, konnten wir nicht mehr aufhören. Ich weiß nicht, ob es nervöse Energie oder die absolut notwendige Erleichterung war, aber ich hatte lange nicht mehr so gelacht.

Als wir uns einigermaßen beruhigt hatten, fragte ich: »Was sagt dein Gefühl?«

Sie zögerte, schaute mich dann an und sagte: »Ehrlich gesagt, bin ich *erleichtert*.«

Und in der vielleicht schockierendsten Kapriole des Tages sagte ich: »Mir geht es absolut genauso.«

In Wahrheit hatte ich keine 24 Stunden früher in meinem Wohnzimmer gestanden und Louis nervös vorgerechnet, was mir alles noch für mein Buch zu tun blieb. Ich hatte keinen Schimmer, wie ich das alles schaffen sollte. Und jetzt saß ich hier und hatte, wie es schien, alle Zeit der Welt.

Der Vertrag, den wir geschlossen hatten, als wir unser Unternehmen veräußerten, garantierte uns ein umfangreiches Abfindungspaket und Krankenversicherung bis zum Ablauf der regulären Vertragsdauer, sodass wir finanziell nicht viel anders dastanden, als wenn wir bis zum Jahresende weitergearbeitet hätten. Das milderte das schnelle Ende etwas ab.

Was die Geschichte hingegen noch komplexer macht, ist die zweite Fügung des Schicksals. Nur einen Monat vor unserer großen Trennung hatte ich – mit Schrecken – festgestellt, dass ich schwanger war. Nach Jahren des Versuchens und nachdem ich fast aufgegeben hatte, starrte ich ungläubig auf zwei blaue Linien auf dem Schwangerschaftstest. Weil es noch so früh war und ich wusste, was alles noch passieren konnte, erzählte ich fast niemandem davon. Nur Geri hatte ich es eine Woche zuvor verraten. Ich brauchte eine Sekunde, um mich an den Gedanken zu gewöhnen, dass ich plötzlich schwanger war und ohne meine berufliche Hauptstütze dastand.

Die alte Erin wäre vermutlich ausgeflippt und hätte überstürzte Entscheidungen getroffen. Schließlich musste ich ein Buch abliefern und anschließend ein Baby zur Welt bringen, und das alles ohne irgendeine Gewissheit, was danach kam. Nimmt man dann noch die verrücktspielenden Hormone hinzu, so war die Gefahr eines Zusammenbruchs definitiv nicht auszuschließen. Ich wartete darauf, dass die Angst zuschlug. Darauf, dass mir meine prekäre Lage voll zu Bewusstsein kam und ihren Tribut forderte. Aber zwei Monate später: nichts. Und ich warte nicht länger. Ich bin erfüllt von einem Gefühl des Friedens und der Ruhe. Ich bin gespannt, aber nicht ängstlich.

Was ist diesmal anders?

Ich habe einen Plan.

Ich weiß, wer ich bin. Ich bin mir darin ganz sicher.

Ich weiß, was ich will. Und ich bin mir auch darin ganz sicher.

Ich bin mir heute sämtlicher Facetten meines Lebens zutiefst bewusst, und dieses Studium und diese Praxis finden täglich ihre Fortsetzung.

Ich weiß aus eigener Erfahrung, wie es sich anfühlt, Zeit und Energie zu verschwenden. *Viel Zeit und viel Energie.* Und ich habe gelernt, wie unendlich viel wert es ist, diese Dinge zu schützen.

Weil ich durch meine definierten und richtigen Prozesse, die mich erkennen lassen, was für mich quer durch alle Aspekte meines Lebens am meisten zählt, zur inneren Balance gefunden habe, verspüre ich nicht die Notwendigkeit, auf meine neuen Realitäten »eine Antwort« zu finden. Ich habe meine Arbeit getan und vertraue vollkommen auf den Prozess. Ich weiß, dass die Antwort kommen wird, wenn ich weiter achtsam meine Arbeit tue und empfänglich bin für das, was das Universum mir vorschlägt.

Und ich weiß schließlich um die Macht und die Chance jener Zeit, in der wir *heute* leben. Nicht nur bin ich überzeugt, dass ich selbst – nach all der Arbeit, die ich geleistet habe – in der einzigartigen Position bin, die produktivste und erfüllteste Version meiner selbst zu sein. Ich bin ebenso überzeugt, dass wir Frauen aufgrund des digitalen Zeitalters in der einmaligen Lage sind, uns das nehmen zu können, was uns rechtmäßig gehört. Unter uns Frauen existiert ein – bewusstes oder unbewusstes – Gefühl der Kameradschaft, des gegenseitigen Verstehens und der Begeisterung, *dass wir auf dem richtigen Weg sind*. Wir trommeln gegen die Glasdecke. Wir protestieren gemeinsam. Wir stehen füreinander auf. Wir mobilisieren sämtliche Kräfte der Weiblichkeit und verwerfen zugleich antiquierte Begriffe der Damenhaftigkeit. Und im Unterschied zu jeder anderen geschichtlichen Epoche verfügen wir heute über die Tools des Internets. Wir müssen lediglich lernen, sie richtig zu nutzen. Und ganz gleich, ob Sie im Internet geschäftlich unterwegs sind, als Ärztin oder Kellnerin arbeiten oder zu Hause Ihre Kinder betreuen – es mangelt nicht an Tools, um Arbeit, Leben und *Denken* neu zu strukturieren. Wir haben 2000 und mehr Jahre gebraucht, um hierherzukommen. Verpassen wir nicht unsere Chance! Und lassen wir sie uns nicht von anderen nehmen!

Das Leben ist ohne Zweifel komplex. Etwas anderes wäre gar nicht denkbar. Aber Ihre Herangehensweise an das Leben sollte einfach sein. Das heißt nicht, dass dazu nicht eine Menge Arbeit erforderlich ist. Einfachheit lässt sich häufig am schwierigsten erreichen. Aber in der Einfachheit – indem Sie sich auf drei Ziele beschränken, die es Ihnen ermöglichen, produktiv zu sein, indem Sie klar sagen, was Sie wollen, was Sie wissen, wer Sie sind, sich mit nichts weniger zufriedengeben als dem, was Sie verdienen, und einen kristallklaren Plan für sich entwickeln – werden Sie Schönheit, Kraft und Stärke finden. Das alles sind Dinge, die es Ihnen ermöglichen, ein wahrhaft produktives Leben zu führen.

Was also erwartet mich? Ich weiß es nicht. Was ich aber weiß, ist, dass ich trotz aller Unsicherheit innerlich nicht unsicher bin. Das, was kommt, macht mir nicht länger Angst. Ich bin vielmehr höchst gespannt darauf.

Das ist die Kraft hinter dem Wissen darum, wie man »sein Ding macht« oder »how to #GetShitDone«.

Worauf also warten Sie?

Danksagung

Zu Beginn dieses Buches spielte ich auf meinen ursprünglichen Traum an, wie ich dereinst bei den Academy Awards meine Dankesrede halten würde, nachdem George Clooney mir meinen Oscar und seine Telefonnummer überreicht hätte. Aber wenn ich heute hier so sitze, kann ich mir eigentlich nichts Besseres vorstellen, als öffentlich allen danken zu können, die mir geholfen haben, dieses Buch zu schreiben.

Das Einzige, was ich mir immer noch ersehne, ist die Nummer von Amal Clooney, Georges Frau ...

Ich hätte nicht annähernd erreichen können, was ich erreicht habe, hätte ich nicht die Liebe und die bedingungslose Unterstützung meiner Familie gehabt. Ein herzliches Dankeschön an meinen Vater Clark, selbst Autor und mir eine fortlaufende Inspirationsquelle. Danke an meine Mutter Johan, ein fantastisches Beispiel einer starken Frau, die weiß, wie man »sein Ding macht«. Und an meinen Bruder Harris, meinen lebenslangen Kumpel. Ein riesiger Dank geht an meine Stiefmutter Anita, die mich wie niemand sonst ermuntert hat, am Buch dranzubleiben, und die mir auch konkret sehr geholfen hat. Und an meinen Stiefvater Rod, dessen positive Art und Begeisterungsfähigkeit keine Grenzen kennt.

Dank auch an meine Agentin Maria Ribas von Stonesong, die sich für mich und die Idee dieses Buch einsetzte, lange bevor es Gestalt annahm. An meine Lektorin Diana Ventimiglia und meine Herausgeberin Michele Martin von North Star Way / Simon & Schuster dafür, dass sie das Wagnis einer unbekannten Autorin eingegangen sind. Ihre Begeisterung für dieses Projekt war für mich ein großer Ansporn, und ohne sie hätte ich es sicherlich nicht geschafft.

Ich danke allen starken Frauen, die diesem Projekt ihre Stimmen und ihren Sachverstand geliehen haben: Jaclyn Johnson, Linda Honan, Alexia Brue, Sam Negrin, Jane Francisco, Jewel Burks, Lori Deschene, Tracy Moore, Leah Mclaren und Ceri Marsh – nicht nur für all die guten Tipps zu diesem Projekt, sondern für die tägliche Inspiration, die sie so vielen jungen Frauen geben.

Ein sehr spezieller Dank geht an meine LEAF-Komplizin und Beitragende zu diesem Buch Geri Hirsch, von der und mit der ich so viel gelernt habe.

Für ihre allgemeine Unterstützung und ihren Lebenswitz danke ich meinen besten Freundinnen Kayleen, Sophie, Larissa, Shereen, Peggy und Melu.

Und nicht zu vergessen natürlich: *Mille bisous à mon partenaire, Louis, qui n'a de patience et d'amour que de me donner. Merci! Merci!*

Und jetzt, wo das Orchester zu spielen beginnt, heißt es auf dem Teleprompter: »Kommen Sie zum Schluss …«

Ein letztes Dankeschön an die Santa Monica Public Library dafür, dass ich dort sitzen durfte, um dieses Buch zu schreiben. Das hat mir wirklich sehr geholfen.

Referenzen

1. Kapitel

19th Amendment to the U.S. Constitution, Library of Congress, https://www.loc.gov/rr/program/bib/ourdocs/Images/41stat362.pdf.

Ericsson, Anders K., »The Influence of Experience and Deliberate Practice on the Development of Superior Expert Performance«, in: The Cambridge Handbook of Expertise and Expert Performance, Cambridge University Press, 2006.

Hegewisch, Ariane, und Williams-Baron, Emma, »The Gender Wage Gap by Occupation 2016; and by Race and Ethnicity«, Institute for Women's Policy Research, 4. April 2017.

Heilman, Madeline E., und Chen, Julie J., »Same Behavior, Different Consequences – Reactions to Men's and Women's Altruistic Citizenship Behavior«, Journal of Applied Psychology 90(3): 431–441, Juni 2005.

Jabr, Ferris, »Why Your Brain Needs More Downtime«, Scientific American, 15. Oktober 2013, https://www.scientificamerican.com/article/mental-downtime.

Planned Parenthood, »The Birth Control Pill – A History«, letztes Update Juni 2015, https://www.plannedparenthood.org/files/1514/3518/7100/Pill_History_FactSheet.pdf.

The World's Women 2015 – Trends and Statistics. United Nations Statistics Division, Department of Economic and Social Affairs.

2. Kapitel

Ainley, Vivien, »Body Conscious? Interoceptive Awareness, Measured by Heartbeat Perception, Is Negatively Correlated with Self-Objectification«, PLOS ONE, 6. Februar 2013.

Grippo, Karen P., und Hill, Melanie S., »Self-objectification, habitual body monitoring, and body dissatisfaction in older European American women – Exploring age and feminism as moderators«, Body Image 5(2): 173–82, Juni 2008.

Hanh, Thích Nhất, »Five Steps to Mindfulness«, Mindful.org, 23. August 2010, https://www.mindful.org/five-steps-to-mindfulness.

McGilchrist, Iain, The Master and his Emissary – The Divided Brain and the Making of the Western World, Yale University Press, 2012.

Mintz, Laurie, »Stop Spectatoring – Mindfulness to Enhance Sexual Pleasure«, Psychology Today, 29. März 2013, https://www.psychologytoday.com/blog/stress-and-sex/201303/stop-spectatoring-mindfulness-enhance-sexual-pleasure.

Mulvey, Laura, »Visual Pleasure and Narrative Cinema«, Screen 16(3): 6–18, Oktober 1975.

3. Kapitel

Bennett, Jessica, »I'm Sorry, But Women Really Need to Stop Apologizing«, Time, 18. Juni 2014, https://time.com/2895799/im-sorry-pantene-shinestrong.

Friedman, Ann, »Can We Just, Like, Get Over the Way Women Talk?«, The Cut, 9. Juli 2015, https://www.thecut.com/2015/07/can-we-just-like-get-over-the-way-women-talk.html.

Heilman, Madeline E., und Chen, Julie J., »Same Behavior, Different Consequences – Reactions to Men's and Women's Altruistic Citizenship Behavior«, Journal of Applied Psychology 90(3): 431–441, Juni 2005.

Hochschild, Arlie Russell, »The Managed Heart – Commercialization of Human Feeling«, University of California Press, 2012.

Kanter, Rosabeth Moss, »Men and Women of the Corporation«, Basic Books, 1993.

Schumann, Katrina, und Ross, Michael, »Why Women Apologize More Than Men – Gender Differences in Thresholds for Perceiving Offensive Behavior«, Sage Journals 21(11): 1649–1655, September 2010.

Tannen, Deborah, »Talking from 9 to 5 – Women and Men at Work«, William Morrow, 2013.

4. Kapitel

Collins, Rebecca L., »For Better or Worse – The Impact of Upward Social Comparison on Self-Evaluations«, Psychological Bulletin 119: 51–69, Januar 1996.

Denti, Leif, u. a., »Sweden's Largest Facebook Study«, University of Gothenburg, Gothenburg Research Institute, 2012.

Dreyer, Kate, »Women Spend More Time Social Networking than Men Worldwide«, comScore, 22. Dezember 2011, https://www.comscore. com/Insights/Data-Mine/Women-Spend-More-Time-Social-Networking-than-Men-Worldwide.

Huang, Chiungjung, »Internet Use and Psychological Well-Being – A Meta-Analysis«, Cyberpsychology, Behavior, and Social Networking 13(3): 241–249, Juni 2010.

Hwong, Connie, »Chart of the Week – How Do We Spend Our Time Online?«, Verto Analytics, 24. November 2016, https://www.vertoanalytics. com/chart-of-the-week-how-do-we-spend-our-time-online.

Morris, David Z., »New French Law Bars Work Email After Hours«, Fortune, 1. Januar 2017, https://fortune.com/2017/01/01/french-right-to-disconnect-law.

New Data on the Rise of Women, TED Talk, 2010, https://www.youtube. com/watch?v=7ZymFMmpOao.

Pénard, Thierry, Poussing, Nicolas, und Suire, Raphael, »Does the Internet Make People Happier?«, Journal of Socio-Economics 46: 105–116, 2013.

Primack, Brian A., u. a., »Use of Multiple Social Media Platforms and Symptoms of Depression and Anxiety – A Nationally Representative Study Among U.S. Young Adults«, Computer in Human Behavior 69: 1–9, April 2017.

Rosin, Hanna, »The End of Men – And the Rise of Women«, Riverhead Books, 2012.

Status of Women in the States, Institute for Women's Policy Research, https://statusofwomendata.org/explore-the-data.

5. Kapitel

Hofmann, Wilhelm, u. a., »Yes, But Are They Happy? Effects of Trait Self-Control on Affective Well-Being and Life Satisfaction«, Journal of Personality 82(4): 265–277, 2014.

Macnamara, Brooke N., Hambrick, David Z., und Oswald, Frederick L., »Deliberate Practice and Performance in Music, Games, Sports, Education, and Professions«, Psychological Science 25(8): 1608–1618, 2014.

6. Kapitel

Vanderkam, Laura, »The Busy Person's Lies«, New York Times, 13. Mai 2016.

7. Kapitel

Ackerman, Jennifer, »Sex Sleep Eat Drink Dream – A Day in the Life of Your Body«, Mariner Books, 2008.

Barker, Eric, »Here's the Schedule Very Successful People Follow Every Day«, The Week, 23. Juli 2014, https://theweek.com/articles/445444/heres-schedule-successful-people-follow-every-day.

Cirillo, Francesco, »The Pomodoro Technique – The Acclaimed Time-Management System That Has Transformed How We Work«, Crown Business, 2013.

Gifford, Julia, »The Rule of 52 and 17 – It's Random, But It Ups Your Productivity«, The Muse, https://www.themuse.com/advice/the-rule-of-52-and-17-its-random-but-it-ups-your-productivity.

Hillman, Charles H., u. a., »The Effect of Acute Treadmill Walking on Cognitive Control and Academic Achievement in Preadolescent Children«, Neuroscience, 3. Februar 2009.

Lang, Susan S., »When Workers Heed Computer's Reminder to Take a Break, Their Productivity Jumps, Cornell Study Finds«, Cornell Chronicle, 24. September 1999, https://news.cornell.edu/stories/1999/09/onscreen-break-reminder-boosts-productivity.

Medina, John, »Brain Rules – 12 Principles for Surviving and Thriving at Work, Home, and School«, Pear Press, 2008.

Oswald, Andrew J., Proto, Eugenio, und Sgroi, Daniel, »Happiness and Productivity«, IZA Discussion Paper 4645, Dezember 2009.

Perry, Christopher G.R., u. a., »High-Intensity Aerobic Interval Training Increases Fat and Carbohydrate Metabolic Capacities in Human Skeletal Muscle«, Applied Physiology, Nutrition, and Metabolism 33(6): 1112–1123, 2008.

Vanderkam, Laura, »What the Most Successful People Do Before Breakfast – A Short Guide to Making Over Your Morning … and Life«, Portfolio, 2012.

8. Kapitel

Baxter, Judith, »Survival or Success? A Critical Exploration of the Use of ›Double-Voiced Discourse‹ by Women Business Leaders in the UK«, Discourse & Communications 5(3): 231–245, 2011.

Fowler, James H., und Christakis, Nicholas, »Dynamic Spread of Happiness in a Large Social Network – Longitudinal Analyses Over 20 Years in the Framingham Heart Study«, BMJ, 5. Dezember 2008.

Hatfield, Elaine, Cacioppo, John T., und Rapson, Richard L., »Emotional Contagion«, Cambridge University Press, 1994.

Oswald, Andrew J., Proto, Eugenio, und Sgroi, Daniel, »Happiness and Productivity«, Journal of Labor Economics 33(4), Oktober 2015.

TalentSmart, »About Emotional Intelligence«, https://www.talentsmart.com/about/emotional-intelligence.php.

9. Kapitel

Zeigarnik, Bluma, »On Finished and Unfinished Tasks«, Psychologische Forschung, 1927.

10. Kapitel

Onyemaechi, Chinenye, »Recognizing Burn-out in Women as We Continue to ›Lean In‹«, Psychiatry.org, 8. März 2016, https://www.psychiatry.org/news-room/apa-blogs/apa-blog/2016/03/recognizing-burnout-in-women-as-we-continue-to-lean-in.

National Sleep Foundation, »Lack of Sleep Is Affecting Americans, Finds the National Sleep Foundation«, Dezember 2014, https://sleepfoundation.org/media-center/press-release/lack-sleep-affecting-americans-finds-the-national-sleep-foundation.

Weil, Andrew, »Video: Breathing Exercises: 4-7-8 Breath«, https://www.drweil.com/videos-features/videos/breathing-exercises-4-7-8-breath.

Die Autorin

Erin Falconer ist Chefredakteurin und Mitinhaberin von »Pick the Brain«, einer der am schnellsten wachsenden und erfolgreichsten Communitys zur Persönlichkeitsentwicklung im Internet. Mit über 1,8 Mio. Seitenaufrufen im Monat und 200 Bloggern aus der ganzen Welt ist »Pick the Brain« zu einer starken globalen Stimme und Marke im Bereich der Persönlichkeitsentwicklung geworden und wird täglich in über 35 Ländern gelesen. Darüber hinaus wurde »Pick the Brain« in mehr als 100 »Best-of-the-Web«-Listen aufgenommen, und »Refinery29« hat Erin zu einer der Top-10-Frauen ernannt, die die digitale Landschaft nachhaltig verändern. Erin ist außerdem Mitbegründerin von LEAFtv, einer Video-Lifestyle-Marke für Millennials. Sie hat eine abwechslungsreiche Karriere als Drehbuchautorin, Komikerin und politische Beraterin hinter sich und hat sich nun ganz und gar dem Bloggen verschrieben. Sie lebt in Los Angeles / USA. »How to Get Shit Done« ist ihr erstes Buch.

www.pickthebrain.com